普通高等学校"互联网+"立体化教材

大学体育立体化实用教程

《大学体育立体化实用教程》编委会　编

北京体育大学出版社

策划编辑：刘付锡
责任编辑：姜艳艳
责任校对：宋志华
版式设计：李朝辉

图书在版编目（CIP）数据

大学体育立体化实用教程 /《大学体育立体化实用教程》编委会编. -- 北京：北京体育大学出版社, 2018.7（2022.7重印）
ISBN 978-7-5644-2980-5

Ⅰ. ①大… Ⅱ. ①大… Ⅲ. ①体育－高等学校－教材 Ⅳ. ①G807.4

中国版本图书馆CIP数据核字（2018）第173161号

大学体育立体化实用教程
DAXUE TIYU LITIHUA SHIYONG JIAOCHENG　　《大学体育立体化实用教程》编委会　编

出版发行：北京体育大学出版社
地　　址：北京市海淀区农大南路 1 号院 2 号楼 2 层办公 B-212
邮　　编：100084
网　　址：http://cbs.bsu.edu.cn
发 行 部：010-62989320
邮 购 部：北京体育大学出版社读者服务部 010-62989432
印　　刷：三河市聚河金源印刷有限公司
开　　本：787mm × 1092mm　1/16
成品尺寸：185mm × 260mm
印　　张：17.5
字　　数：446 千字
版　　次：2018 年 7 月第 1 版
印　　次：2022 年 7 月第 3 次印刷
定　　价：42.00 元

《大学体育立体化实用教程》编审委员会

主　审　郑晓康　杨爱华

主　编　金　萍　杨　科

副主编　钟灵波　唐　觅　米勇诚　邓　力
吴婷婷　杨雪清

编　委　（按姓氏笔画排序）
王永生　邓　力　叶钰海　米勇诚
苏焕龙　李　江　杨　科　杨雪清
杨德俊　吴婷婷　何　平　何　盛
张婷婷　金　萍　胡曦临　钟灵波
侯金成　唐　觅　程远义

前　言

强化学校体育是实施素质教育、促进学生全面发展的重要途径，对于促进教育现代化、建设健康中国和人力资源强国、实现中华民族伟大复兴的中国梦具有重要意义。《“健康中国 2030”规划纲要》特别提出，要把健康摆在优先发展的地位，立足国情，将促进健康的理念融入公共政策制定实施的全过程，加快形成有利于健康的生活方式、生态环境和经济社会发展模式，实现健康与经济社会的协调发展；尤其要加大学校健康教育的力度，将健康教育纳入国民教育体系，把健康教育作为所有教育阶段素质教育的重要内容。要建立学校健康教育推进机制，构建相关学科教学与教育活动相结合、课堂教育与课外实践相结合、经常性宣传教育与集中式宣传教育相结合的健康教育模式。

为了进一步推动学校体育的改革发展，促进学生的身心健康，强健学生体魄，《国务院办公厅关于强化学校体育促进学生身心健康全面发展的意见》要求“以‘天天锻炼、健康成长、终身受益’为目标，改革创新体制机制，全面提升体育教育质量，健全学生人格品质，切实发挥体育在培育和践行社会主义核心价值观、推进素质教育中的综合作用，培养德智体美全面发展的社会主义建设者和接班人”；同时提出，强化学校体育要坚持课堂教学与课外活动相衔接、坚持培养兴趣与提高技能相促进、坚持群体活动与运动竞赛相协调、坚持全面推进与分类指导相结合。因此，高校体育教育应注重对学生体育文化素养的培养，注重运动技能与体育锻炼方法的传授，以全面提高学生的综合素质，使学生终身受益。

编者以“健康第一”为指导思想，注重体育文化的传承，以培养学生终身体育意识、掌握两项运动技能为目标编写了本书。编者以系统性、科学性、实用性为原则，在书中构建了相对完整的运动知识体系，体现了以学生发展为本的教育理念。

本书具有以下特点。

1. 内容丰富，实用性强

本书首先介绍了大学生健康与科学运动基础、吃动平衡与自我监控、体育课程的思政教育等理论知识，编写了田径、足球、篮球、排球、乒乓球、羽毛球、网球、游泳、跆拳道、健美、健美操、啦啦操、体育舞蹈、瑜伽、花样跳绳等多项体育运动的学练方法，最后讲述了学生体质健康测试的相关内容。学生学习本书，可以丰富体育知识，提高运动技能，还能提高社会适应能力，具有较强的实用性。

2. 激发兴趣，培养习惯

本书通过多种手段激发学生的学习兴趣，旨在提高学生的运动动机，设定健身目标，制订运动计划，养成每天锻炼的好习惯，不断提高体质健康，促进心理健康。

3. 版式新颖，视觉享受

本书版式新颖、美观，能够给读者带来视觉享受，有助于学生提高学习效率。

4. 视频微课，可视性强

编者采用先进的信息技术，在实践项目章节设置了二维码，使本书直观性和可视性大大增强。学生扫描二维码即可观看相关项目技战术的视频，有利于全面、快速地理解、学习并掌握技术动作和战术要点。这体现了“互联网+”立体化教学的特色。

在编写本书的过程中，编者参阅和借鉴了一些文献资料，在此谨向相关文献的作者表示衷心的感谢。由于编者水平有限，书中若有疏漏或不妥之处，敬请广大读者批评和指正，以便本书进一步完善和提高。

西华大学体育学院简介

2003年，经教育部批准，四川工业学院和成都师范高等专科学校合并组建西华大学，设立体育系；2008年，四川经济管理干部学院体育部整体并入体育系；2009年4月，西华大学体育学院（以下简称“学院”）正式成立。

体育学院师资力量雄厚，共有专职和兼职教师67名，其中教授9人、副教授25人，硕士生导师6人，43%的教师具有硕士或博士学位。教师队伍中有奥运冠军1人，国家级指导员3人，国际级裁判员1人，国家级裁判员2人。

近年来，该学院教师在全国核心刊物上发表学术论文110余篇；撰写专著15部、教材10余部；承接省厅及校级课题30余项，获四川省优秀教学成果奖二等奖1项；获评省市精品课程4项。该学院教师在四川省普通高校体育专业讲课比赛中获得二等奖2人次，三等奖7人次。

体育学院现有体育系、体育表演系、公体教学部、高水平运动中心（乒乓球、健美操、跆拳道）和体育产业管理专业方向硕士点，全日制本科、硕士在校学生近600人。公体教学部承担全校4万余学生的公共体育课的教学、课外锻炼指导及《国家学生体质健康标准（2014年修订）》测试任务。

近年来，体育学院强化教学训练，成绩突出：在2008年第14届全国大学生乒乓球锦标赛中获得高水平甲组女子单打第2名和第3名，在成都市第11届运动会上取得男女团体亚军。2012级乒乓球高水平运动员朱雨玲于2014年获得第52届世界乒乓球锦标赛团体赛冠军，以及韩国仁川亚运会女子团体、女子双打冠军和女子单打亚军，并于2015年获得苏州世界乒乓球锦标赛女子双打冠军。2012级乒乓球高水平运动员赖佳新荣获第29届世界大学生夏季运动会乒乓球男子团体冠军。2012级乒乓球高水平运动员许锐锋获2016年第21届全国大学生乒乓球锦标赛超级组男子单打冠军。2014年，西华大学学生荣获全国大学生跆拳道锦标赛两项冠军。2015年，学院荣获中国大学生跆拳道突出贡献单位奖和大学生跆拳道比赛一等奖。学校啦啦操队先后受邀参加2008年北京奥运会、2010年广州亚运会及2011年世界大学生夏季运动会开幕式表演，并于2015年代表中国参赛，荣获世界啦啦操锦标赛国际公开组爵士比赛第3名，并获全国大学生啦啦操锦标赛4项冠军，于2017年获亚洲啦啦操锦标赛技巧项目精英组第6名。在2019年的世界啦啦操锦标赛决赛上，学校啦啦操队凭借稳定的表现荣获世界全明星啦啦操比赛国际公开组的混合集体爵士第5名的好成绩。

体育学院拥有运动场地16.18万平方米，其中室内场地1.28万平方米。体育学院现有400米标准跑道田径场3个、标准足球场3个、篮球场39个、网球场8个、标准羽毛球馆1个、标准游泳池4个、体育馆1座、高水平训练中心1个、专业健身房1个，还有多个乒乓球场等一流体育设施，并建有“运动解剖、运动生理、运动医学综合实验室”“学生体质健康测试中心”。

体育学院是四川省和成都市健美、健美操重点基地，是四川省健美操协会会员单位，是四川省跆拳道协会会员单位，还是成都市跆拳道协会副主席单位，具有社会体育指导中心健身健美操 3～5 级的评审资格和跆拳道 10 级至 1 级的评审资格。

回首过去，体育学院在人才培养、科学研究、社会服务等方面均取得了突出的成绩。展望未来，体育学院将不断深化教育改革，提高人才培养质量，加强学科建设，提升社会服务水平，推进体育教育各方面健康发展。

西华大学高水平运动队简介

西华大学高水平运动队（乒乓球、健美操、跆拳道高水平运动队）于2005年获准成立，2006年正式面向全国招生，迄今为止已连续招生12届，共计运动员278人。西华大学体育学院共培养运动健将16人、一级运动员119人、二级运动员143人。

“培养全面发展的高水平体育人才”是西华大学高水平运动队建设的核心指导思想。西华大学立足自身实际，确立高水平运动队“以育人为核心，服务学校发展，服务社会发展”的特色发展理念，充分利用西华大学综合性大学的教育资源优势，创造性地构建体育学院和文化学院协同培养人才模式，实现文化育人、第二课堂育人、训练育人和竞赛育人的互动共振，有效地提高运动员自身综合素养和能力，最终取得了突出的人才培养成绩。

建队以来，西华大学高水平运动队共计获得国家级团体冠军40余个、个人冠军20余个、世界级奖项14项。乒乓球高水平运动队荣获2014年世界乒乓球锦标赛女子团体冠军（朱雨玲）、2015年和2017年世界大学生夏季运动会乒乓球男子团体冠军（赖佳新、朱霖峰）。西华大学啦啦操队先后应邀参加2008年北京奥运会、2010年广州亚运会、2011年世界大学生夏季运动会现场体育展示表演，并在2015年世界啦啦操锦标赛国际公开组爵士比赛中获得第3名。跆拳道高水平运动队荣获第二届亚洲大学生跆拳道锦标赛团体季军和两个单项冠军、2017年世界大学生夏季运动会跆拳道项目女子49公斤级比赛第5名。西华大学高水平运动队整体实力位居国内同类高校前列。

截至2017年年底，西华大学高水平运动队共有1人荣获国家奖学金，9人荣获国家励志奖学金，40余人荣获校级优秀三好学生、50余人荣获校级三好学生、国际、国内交换生各1人、20余人考取硕士研究生、23人获得体育教育专业双学位。西华大学高水平运动队还培养出校级优秀学生干部6人、校级优秀团干部10人、校级优秀毕业生11人。西华大学高水平运动员毕业率和就业率都在95%以上。西华大学高水平运动队涌现出陈正硕（学校主持人大赛金话筒奖、校辩论队队长）、洪世贤（世界大学生夏季运动会火炬手）、郭静楠（中美国际交换生）、刘磐（2013成都财富论坛优秀志愿者）和杨博文（2014年全国高校校园好声音冠军、2015年全国高校“校园好声音”大赛亚军）等优秀高水平运动员代表。

西华大学充分发挥高水平项目的区域布局优势，切实推进乒乓球、啦啦操和跆拳道在全校范围内的普及和推广，引导并营造特色校园体育文化。西华大学啦啦操队特色显著，进一步扩大了西华大学的办学知名度和社会影响力。

西华大学高水平运动队荣誉纪录

2005 年，教育部批准西华大学乒乓球、健美操和跆拳道高水平运动项目资格。

2006 年 7 月，西华大学高水平运动队正式面向全国招生。

2007 年 5 月，西华大学啦啦操队于美国奥兰多，获 2007 年世界啦啦操锦标赛国际公开组花球第 8 名（世界级）。

2008 年 8 月，西华大学啦啦队参加中央电视台《奥运加油，中国加油》手势推广大使选拔赛。

2008 年 8 月，西华大学啦啦队参加 2008 年北京奥运会体育展示现场表演。

2009 年 5 月，西华大学高水平运动队建设领导小组成立。

2010 年 4 月，西华大学啦啦操队于美国奥兰多，获 2010 年世界啦啦操锦标赛爵士舞蹈组第 10 名（世界级）。

2010 年 5 月，西华大学校务会讨论通过决议，引进乒乓球奥运冠军陈龙灿担任乒乓球高水平运动队主教练。

2010 年 5 月，西华大学啦啦操队于广东广州，获 2010 年“健力宝”亚运啦啦队全国选拔赛总决赛冠军（国家级）。

2010 年 7 月，西华大学与四川省体育局签订战略合作框架协议书。

2010 年 7 月，第 16 届全国大学生乒乓球锦标赛和第 5 届全国大众跆拳道锦标赛在西华大学隆重举行。

2010 年 7 月，西华大学乒乓球运动员于四川成都，获第 16 届全国大学生乒乓球锦标赛甲组女子团体冠军、甲组男子双打亚军（国家级）。

2010 年 10 月，西华大学荣获“2010 年中国大学生乒乓球运动贡献奖”。

2010 年 11 月，西华大学啦啦操队应广州亚组委之邀前往广州参加亚运会体育展示现场表演。

2010 年 12 月，西华大学跆拳道运动员获第 6 届全国大学生跆拳道（竞技）锦标赛男子三人团体冠军、品势男子团体季军、品势女子团体季军、甲组男子竞技 72 公斤级冠军、甲组男子竞技 62 公斤级冠军（国家级）。

2011 年 2 月，西华大学跆拳道运动员于深圳，获第 26 届世界大学生夏季运动会跆拳道比赛暨第 2 届亚洲大学生跆拳道锦标赛选拔赛甲组男子竞技 74 公斤级冠军、甲组男子竞技 63 公斤级冠军、甲组男子竞技 63 公斤级亚军、甲组男子竞技 58 公斤级亚军（国家级）。

2011 年 5 月，西华大学跆拳道运动员于哈萨克斯坦，获第 2 届亚洲大学生跆拳道锦标赛男子竞技 54 公斤级冠军、女子竞技 73 公斤级冠军、男子竞技 58 公斤级亚军、男子竞技团体季军（亚洲级）。

2011 年 7 月，西华大学乒乓球运动员于山东泰安，获第 17 届全国大学生乒乓球锦标赛甲组女子团体亚军（国家级）。

2011 年 8 月，西华大学啦啦操队于深圳参加第 26 届世界大学生夏季运动会开幕式表演，荣获“突出贡献奖”。

2011 年 8 月，在第 26 届世界大学生夏季运动会跆拳道项目中，西华大学运动员高昌民、史艳辉及教练员刘利丽在领队何建平副校长的带领下参加比赛，成绩优异。

2011 年 11 月，西华大学跆拳道运动员于吉林，获第 7 届全国大学生跆拳道锦标赛甲组男子竞技 62 公斤级冠军、甲组男子竞技 58 公斤级冠军、甲组男子竞技 62 公斤级亚军（国家级）。

2012 年 5 月，西华大学跆拳道运动员在浙江卫视“中国梦想秀 · 梦想盛典”上，西华大学啦啦操队以其活力、阳光、激情及零失误的完美表演荣获“激情团队奖”。

2012 年 9 月，西华大学跆拳道运动员于天津，获第 9 届全国大学生运动会女子 55 公斤级跆拳道铜牌、男子 54 公斤级跆拳道铜牌（国家级）。

2012 年 12 月，西华大学啦啦操队于江苏常州，获 2012 年全国啦啦操联赛总决赛暨中国啦啦之星争霸赛总决赛舞蹈精英组（舞蹈）年度总冠军（国家级）。

2013 年 4 月，西华大学啦啦操队于美国奥兰多，获 2013 年世界啦啦操锦标赛国际公开组花球第 5 名、爵士第 7 名（世界级）。

2014 年 5 月，西华大学啦啦操队于韩国首尔，获 2014 年中日韩国际啦啦操健美操精英赛大学组技巧亚军、大学组有氧舞蹈亚军（亚洲级）。

2014 年 5 月，西华大学乒乓球运动员于日本东京，获第 52 届世界乒乓球锦标赛女子团体冠军（朱雨玲）（世界级）。

2014 年 7 月，西华大学跆拳道运动员于广西桂林，获 2014 年全国大学生跆拳道锦标赛女子乙组团体亚军、女子乙组 46 公斤级冠军、女子乙组 53 公斤级冠军（国家级）。

2014 年 8 月，西华大学乒乓球运动员于山东潍坊，获第 19 届全国大学生乒乓球锦标赛超级组男子团体亚军、女子团体第 3 名、男子单打亚军，女子单打亚军、女子双打亚军、男子单打第 3 名、女子单打第 3 名、混合双打第 3 名（国家级）。

2015 年 4 月，西华大学跆拳道运动员于美国奥兰多，获 2015 年世界啦啦操锦标赛国际公开组爵士比赛第 3 名、国际公开组花球第 6 名（世界级）。

2015 年 8 月，西华大学乒乓球运动员于内蒙古呼和浩特，获第 20 届全国大学生乒乓球锦标赛甲组女子团体冠军、甲组混合双打季军（国家级）。

2015 年 8 月，西华大学跆拳道运动员于吉林建筑大学，获 2015 年全国大学生跆拳道锦标赛女子丁组 49 公斤级亚军、女子丁组 57 公斤级第 3 名、男子丁组 80 公斤级第 3 名、男子乙组 63 公斤级第 3 名（国家级）。

2015 年 12 月，西华大学啦啦操队于福建师范大学，获 2015 年全国学生啦啦操锦标赛暨 2015 年中国大学生全明星啦啦操冠军赛爵士、花球、技巧和街舞四项冠军（国家级）。

2016 年 12 月，西华大学乒乓球运动员于河北迁安，获第 21 届中国大学生乒乓球锦标赛超级组男子单打冠军、混合双打亚军、男子双打第 3 名（国家级）。

2017 年 5 月，西华大学啦啦操队于美国奥兰多，获 2017 年世界啦啦操锦标赛混合集体爵士第 5 名。

2017 年 8 月，西华大学乒乓球运动员于中国台北，获 2017 年世界大学生夏季运动会乒乓球男子团体冠军（赖佳新、朱霖峰）（世界级）。

2017 年 8 月，西华大学跆拳道运动员于中国台北，获 2017 年世界大学生夏季运动会跆拳道女子 49 公斤级第 5 名（张晓）（世界级）。

西华大学乒乓球高水平运动队主教练简介

陈龙灿

一、个人基本信息

姓名：陈龙灿　　性别：男　　民族：汉族

政治面貌：中国共产党党员　　职称：教授　　学历：研究生

二、个人主要简历

（1）1972—1976年，就读于四川新都玉庭小学。

（2）1976—1978年，在四川省乒乓球集训队训练。

（3）1978年，进入四川省乒乓球队。

（4）1983年，进入国家乒乓球队。

（5）1992—2002年，在日本雅马哈强化训练俱乐部、日本横滨日产汽车俱乐部执教。

（6）2002—2005年，担任四川乒乓球女队领队、四川川威女子乒乓球俱乐部总经理。

（7）2006—2007年，担任四川省乒乓球队总教练、男队主教练、四川川威女子乒乓球俱乐部总经理。

（8）2008—2009年，担任四川省运动技术学院乒羽中心主任助理。

（9）2009—2010年5月，担任四川省运动技术学院乒羽中心副主任兼四川省川威女子乒乓球俱乐部总经理。

（10）2010年6月至今，担任西华大学乒乓球高水平运动队主教练。

三、个人主要荣誉

（1）先后在世界锦标赛、世界杯赛和奥运会上夺得世界冠军 5 次、亚军 4 次、季军 3 次，并在亚洲比赛中夺得 6 枚金牌、7 枚银牌、5 枚铜牌。标志性成就为获 1988 年奥运会男子双打冠军。

（2）1984 年 3 月，荣获四川省劳动模范，曾当选四川省人大代表及中华全国青年联合会委员。

（3）1987 年当选全国十佳运动员并获世界最佳乒乓球运动员奖——约拉奖。

（4）1987 年 4 月，荣获“全国五一劳动奖章”。

（5）1988 年当选奥运十佳，先后共 5 次当选十佳运动员，4 次荣获体育运动荣誉奖章。

（6）1989 年 5 月，荣获“巴蜀十佳青年精英奖”。

四、带队主要成绩

（1）2010 年 7 月，第 16 届全国大学生乒乓球锦标赛，西华大学获得甲组女子团体冠军，甲组男子团体第 5 名，甲组男子双打亚军，甲组混合双打第 3 名、第 5 名，甲组女子单打第 5 名，甲组女子双打第 5 名。

（2）2015 年 7 月，第 20 届全国大学生乒乓球锦标赛，西华大学获得超级组女子团体冠军。

（3）2016 年 7 月，第 21 届全国大学生乒乓球锦标赛，西华大学获得超级组男子单打冠军。

五、现担任社会职务

（1）四川省乒乓球协会副主席。

（2）西南财经大学 MBA 联合会副会长。

（3）中国大学生乒乓球协会副主席。

西华大学啦啦操队高水平运动队主教练简介

张讴

一、个人基本信息

姓名：张讴　　性别：女　　民族：汉族
政治面貌：群众　　职称：教授　　学历：研究生

二、个人主要简历

（1）1996—2000 年，就读于成都体育学院运动训练专业。
（2）2000—2008 年，西华大学体育学院助教。
（3）2008—2011 年，西华大学体育学院副教授。
（4）2000 年至今，西华大学啦啦操队主教练。
（5）2011 年至今，西华大学体育学院体育表演专业系主任。
（6）2015 年至今，西华大学体育学院教授。

三、带队主要成绩

（1）2007 年，西华大学啦啦操队在美国奥兰多举办的世界啦啦操锦标赛中，跻身世界 8 强，为中国赢得了荣誉。

（2）2008 年 8 月，西华大学啦啦操队收到北京工人体育场奥运会足球项目的现场展示表演任务。

（3）2010 年 10 月，西华大学啦啦操队收到广州亚运会的现场展示表演任务。

（4）2008 年，西华大学啦啦操队荣登央视一套《奥运有我》、央视三套《舞蹈世界》。

（5）2009 年，西华大学啦啦操队凭借新颖独特的编排和造型、极具张力的现场表演，在全球近 70 个国家 600 多支队伍中脱颖而出，取得世界啦啦操队锦标赛和国家杯第 6 名的佳绩。

（6）2010 年，在世界啦啦操锦标赛赛场上，西华大学啦啦队凭借极具中国特色的舞蹈成套，在国际公开爵士比赛中取得了世界第 10 名的好成绩。

（7）2010 年，在广州亚运会比赛中场，西华大学啦啦操队以完美的表演征服了评委和观众，荣获全国总冠军。

（8）2011 年，在第 26 届世界大学生夏季运动会中，西华大学啦啦操队承接开幕式现场表演工作。

（9）2012 年，西华大学啦啦操队参加浙江电视台《中国梦想秀·梦想盛典》现场表演。

（10）2013 年，在世界啦啦操锦标赛中，西华大学啦啦操队荣获国际公开组花球第 5 名。

（11）2015 年，西华大学啦啦操队荣获世界啦啦操锦标赛国际公开组爵士比赛第 3 名，刷新中国纪录。

（12）2017 年，西华大学啦啦操队荣获世界啦啦操锦标赛混合集体爵士第 5 名，获得历届最高分。

四、现担任社会职务

（1）啦啦操导师级教练员。

（2）国家健身指导员培训师。

（3）啦啦操国际级裁判员。

（4）国际运动舞蹈联盟爵士项目技术部主任。

（5）中国大学生体育协会健美操艺术体操分会理事。

西华大学跆拳道高水平运动队主教练简介

刘利丽

一、个人基本信息

姓名：刘利丽	性别：女	民族：汉族
政治面貌：中国共产党党员	职称：讲师	学历：研究生

二、个人主要简历

（1）2003 年毕业于成都体育学院，运动训练学专业，获得学士学位

（2）2010 年毕业于河南师范大学，体育教育训练学，获得硕士学位。

三、个人重要荣誉

（1）1999 年，“万基杯”全国跆拳道冠军赛女子组 55 公斤级第 3 名。

（2）1998—2001 年，连续四年参加全国跆拳道精英赛，均获女子组前 3 名。

（3）2000 年，获得河南省第 9 届运动会跆拳道比赛女子组 55 公斤级第 1 名。

（4）2001 年，获得中华人民共和国第 9 届运动会跆拳道比赛女子组 67 公斤级第 5 名。

（5）2006 年至今，获得 9 次全国大学生跆拳道锦标赛优秀教练员称号。

（6）2006—2014 年，连续被评为西华大学体育学院优秀教师。

（7）2009 年，代表中国参加塞尔维亚世界大学生锦标赛，获得优秀运动员称号。

（8）2009 年、2015 年，获得西华大学“优秀教师”称号。

（9）2012 年，获得四川省跆拳道协会突出贡献奖。

（10）2015 年，获得中国大学生体育协会跆拳道分会突出贡献个人奖。

四、带队主要成绩

（1）2007 年，参加中国大学生跆拳道锦标赛，获得 2 金、3 银、5 铜和体育道德风尚奖。

（2）2008 年，代表中国参加埃塞俄比亚世界大学生跆拳道锦标赛获得第 9 名。

（3）2008 年，带队参加中国大学生跆拳道锦标赛，获得 2 金、1 银、1 铜，竞技男子团体总分第 7 名和体育道德风尚奖。

（4）2009 年，西华大学学生刘晓代表中国参加第 25 届世界大学生跆拳道锦标赛，同时，她获得了优秀运动员称号，获得第 9 名。

（5）2009 年，带队参加中国大学生跆拳道锦标赛，获得 2 金、1 银、2 铜和体育道德风尚奖。

（6）2012 年，获得四川省跆拳道协会突出贡献奖。

（7）2015 年，获得中国大学生体育协会跆拳道分会突出贡献个人奖。

（8）2009—2017 年，带领西华大学跆拳道队连续 9 年获得中国大学生跆拳道协会体育道德风尚奖。

（9）2010 年，带队代表中国参加亚洲大学生跆拳道锦标赛，获得 2 金、1 银的成绩（中国大学生亚洲跆拳道锦标赛史上最好成绩），受到了教育部领导的表扬。

（10）2010 年，带队参加中国大学生跆拳道锦标赛，获得 3 金、3 银、5 铜，女子团体总分第 2 名和体育道德风尚奖。

（11）2011 年，带队参加中国大学生跆拳道锦标赛，获得 2 金、1 银、2 铜和体育道德风尚奖。

（12）2011 年，带队代表中国参加第 26 届世界大学生运动会跆拳道项目比赛。

（13）2012 年，带队代表四川省参加第 9 届全国大学生运动会跆拳道项目比赛并获得 2 枚铜牌，为四川省在跆拳道项目取得的最好成绩。

（14）2013 年，带队参加中国大学生跆拳道锦标赛，获得 1 金、3 银、3 铜和“优秀文明运动队”称号。

（15）2014 年，带队参加中国大学生跆拳道锦标赛，获得 2 金、3 银、3 铜和“优秀文明运动队”称号。

（16）2014 年，西华大学代表中国参加世界大学生运动会跆拳道项目比赛。

（17）2016 年，带队参加中国大学生跆拳道锦标赛，获得 2 金、1 银、3 铜，以及 1 个第 5 名，乙组女子团体总分第 3 名，带领西华大学获得体育道德风尚奖。

（18）2016 年，带队参加中国大学生跆拳道冠军赛，获得男子团体第 3 名、女子团体第 3 名，带领西华大学获得体育道德风尚奖。

（19）2017 年，西华大学学生张晓代表中国参加第 29 届世界大学生运动会跆拳道项目比赛，获得女子 49 公斤级第 5 名。

（20）2017 年，带队参加中国大学生跆拳道锦标赛，获得 2 银、3 铜，以及 5 个第 5 名、男子团体第 7 名、女子团体总分第 4 名，带领西华大学获得体育道德风尚奖。

五、现担任社会职务

（1）中国大学生跆拳道协会西南区培训基地竞赛部主任。

（2）中国大学生跆拳道协会委员。
（3）四川省大众体育联合会跆拳道委员会副主任。
（4）四川省空手道协会裁判委员会副主任。
（5）四川省跆拳道比赛裁判长。
（6）成都市跆拳道协会副秘书长。
（7）成都市运会跆拳道裁判长。
（8）全国跆拳道锦标赛裁判。
（9）全国中学生跆拳道联赛裁判长。

目 录

第一章　大学生健康与科学运动基础

本章导读

大学体育是高等教育的重要组成部分，是学校完成高等学校教育目标和人才培养工作的重要途径。体育运动是现代生活中人们增强体质、保持身体健康的积极、有效的手段之一。大学生应该养成良好的生活方式和体育锻炼习惯。科学的体育运动要求人们在锻炼的过程中遵循体育锻炼的基本原则，掌握身体素质的锻炼方法。

学习目标

1. 了解健康的生活方式的重要性。
2. 掌握体育锻炼的基本原理、科学原则。
3. 掌握身体素质的锻炼方法。

第一节　健康的生活方式

传统的健康观是“无病即健康”，现代人的健康观是整体健康。世界卫生组织提出：“健康不仅为疾病或羸弱之消除，而系体格、精神与社会之完全健康状态。”健康是指一个人在身体、精神和社会等方面都处于良好的状态。身体健康包括两个方面的内容：一是主要脏器无疾病，身体形态发育良好，体型匀称，人体各系统具有良好的生理机能，有较强的身体活动能力和劳动能力；二是对疾病的抵抗能力较强，能够适应环境的变化、各种生理刺激及致病因素对身体的作用。健康是人的基本权利，是人生的第一财富。维护健康的四大基石：平衡饮食、适量运动、戒烟限酒、心理健康。

世界卫生组织对影响健康的因素进行过如下总结：

健康 = 60% 生活方式 + 15% 遗传因素 + 10% 社会因素 + 8% 医疗因素 + 7% 气候因素

由此可见，健康的生活方式是个人健康管理中最重要的一种策略。生活方式管理的理念强调个体对自己的健康负责。

人民健康是民族昌盛和国家富强的重要标志。2007 年 9 月 1 日，卫生部（今国家卫生健康委员会）和中国疾病预防控制中心在全国范围内发起了以“和谐我生活，健康中国人”为主题，以“我行动，我健康，我快乐”为口号的全民健康生活方式与行动，并确定每年的9月1日为“全民健康生活方式行动日”。第一阶段行动为“健康一二一”行动，其内涵为鼓励人们“日行一万步，吃动两平衡，健康一辈子”，以合理膳食和适量运动为切入点，倡导和传播健康生活方式与理念，推广技术措施和支持工具，开展各种全民参与的有益健康的活动。随着活动的推进和深入，全民健康生活方式行动最终将涵盖与健康相关的所有生活方式和行为。

2016年8月18日，在以“三减+三健，十年续新篇”为主题的第五届中国健康生活方式大会上，全民健康生活方式行动2017—2025年的工作正式启动。会议提出开展“三减三健”行动，提倡“减盐、减油、减糖，健康口腔、健康体重、健康骨骼”6项专项活动，以“和谐我生活，健康中国人”为主题，以“三减三健”专项行动为抓手，着重加强对西部地区的技术支持，突出授予技能的特点，强化深入社区行动。

党的十八大以来，以习近平同志为核心的党中央，坚持以人民为中心的发展思想，把人民健康放在优先发展的战略位置。党的十九大，又作出了实施健康中国战略的重大决策部署。健康中国行动实施几年来，大学生的健康素养稳步提升，健康生活方式得到逐步推广，疾病预防控制工作取得了积极进展和明显成效。广大在校大学生养成良好的生活、学习、锻炼习惯，必将终身受益。

第二节　体育锻炼的生物学基础

一、动作技能的形成原理

动作技能实质上是一种复杂的、连锁的、本体感受性的条件反射。动作技能的形成过程，也就是以神经活动为基础的条件反射的建立的生理和心理过程，分为以下四个阶段。

（一）泛化阶段

锻炼者表现出动作不准确，肢体不协调、僵硬，多余、错误动作多，动作不连贯，分不清动作的主次环节，不能用语言描述完整的动作过程等特点。在运动锻炼初学时期，锻炼者应先了解动作的主要环节，观察他人标准的动作示范，尽量体会并增强肌肉的运动感觉，消除消极防御反射的干扰。必要时，教学者应降低动作难度。

（二）分化阶段

锻炼者表现出多余动作减少，动作基本正确，能比较顺利、连贯地完成动作，能分清动作的主次，能用语言准确地描述自己完成动作的情况，但易因受到新异外界刺激的干扰而出现错误动作或完不成动作的状况。因此，锻炼者应在锻炼中牢记动作术语、口诀等，理解动作细节，提高动作质量，彻底纠正错误动作，以免错误动作在这一时期定型。该阶段提倡“想练结合”，锻炼者在练习前应尽量回想动作要领及节奏，克服难点，使条件反射建立得更加牢固。

（三）巩固阶段

锻炼者表现出动作准确、优美，某些环节的动作很流畅，不易受到新异外界刺激的干扰和破坏。锻炼者在此阶段的练习中应加大练习难度，进一步提高动作的精确度，进行技术理论的学习和动作分析的探讨，以便牢固掌握动作。锻炼者还可以通过集体项目有意识地锻炼自己的技战术等能力。

（四）自动化阶段

锻炼者表现出在潜意识的控制下自如地完成技术动作，动作出现“节省化”和“自动化”。在动作达到自动化程度之后，锻炼者仍应不断检查自己的动作质量，精益求精，尽量在运动锻炼中展示人体美，体现运动美，愉悦身心。

二、运动锻炼的生物学原理

（一）生物适应原理与机制

机体对个体内部和周围环境的变化会产生反应，当某种变化多次重复时，机体对同样的变化反应降低，即产生了适应性。

在运动锻炼中，一方面，运动打破人体系统的原有平衡；另一方面，人体系统在运动中建立新的、更高效功能状态的平衡，这一过程的生物学性质被称为运动性适应。长期、系统的运动锻炼使机体的组成、物质代谢和能量代谢发生适应性的改变，能提高人的运动能力，促进身体健康。

长期锻炼使人体系统从一种初始的相对稳定的平衡状态，逐渐上升到另一种更高效功能状态的平衡，这是一种螺旋式的上升。这个过程包括人体结构的重建和人体机能的重建两个方面。具体而言，长期锻炼使人的骨骼变得粗壮、坚固，骨密质增厚，骨小梁排列整齐，可以承受更大的力量，关节的稳固性和灵活性增强；肌纤维增粗，肌肉出现肥大特征，肌肉线粒体增多、增大，肌肉力量增大；心脏出现运动性肥大特征，心肌收缩力增强，心输出量增大，心率减慢，血压恢复或保持正常，血液循环畅通，血红蛋白含量增多；肺活量增大，呼吸效率提高；机体代谢增强，消化状态良好，神经系统机能得到改善，神经过程更加均衡，灵活性、稳定性、机体调节能力增强等。

（二）超量恢复原理与机制

1. 超量恢复原理

超量恢复指人体运动时消耗的能量，在运动后的恢复期，不仅恢复到原有水平，还在一定范围内出现超过原有水平的现象。

2. 机制

锻炼者的机体在承受各种负荷后，其机能和能源物质由减少到恢复再到超过原有水平的过程称为恢复过程，包括四个阶段：运动阶段、基本恢复阶段、超量恢复阶段、还原阶段。

（1）运动阶段：机体中能源物质的消耗大于同步恢复，因而能源物质减少，各器官的工作能力下降。

（2）基本恢复阶段：消耗过程减弱，恢复过程占明显优势，此时能源物质及各器官的工作能力逐渐恢复到原有水平。

（3）超量恢复阶段：能源物质及各器官的工作能力不仅能恢复到原有水平，还能超过原有水平。

（4）还原阶段：因超量恢复不能长久保持，一定时间后能源物质及各器官的工作能力又恢复到原有水平。

3. 超量恢复的特点

在适宜的负荷刺激下，能源物质的消耗随着刺激强度的增大而增大。在一定范围内，能源物质消耗得越多，超量恢复的效果越明显，但会出现时间延迟。反之，能源物质消耗得越少，超量恢复的效果越不显著，且出现时间早。过大的负荷和消耗过程不仅无法产生超量恢复，还会延长恢复时间。

在运动锻炼中，锻炼者应特别注意对恢复时间的测定和把握，并在超量恢复期进行锻炼，以期实现能量的累加和机能的增强，最终实现强身健体的目标。基于此，锻炼者在运动后要摄入含高碳水化合物、高蛋白质的食物，及时补充运动中消耗的能源物质。一般健身运动要求每周三四次，隔天一次的运动对身体的超量恢复更有利。

（三）用进废退理论

运动锻炼给人体带来的变化对人类生存是有利的，对人类的生存竞争是有帮助的。经常参加体育活动可以减缓人体骨关节退行性改变。一个成年人的颈、腰、膝等部位的关节不仅能在人从事体力活动时支撑人体的主动运动，还能让人在进行跑、跳等剧烈运动承受巨大的冲击力时不受损伤，从而使人体具有从事重体力活动和剧烈运动的能力。长期缺少剧烈运动或重体力活动可能导致关节、肌肉、心血管等相关人体组织和系统发生失用性变化。

第三节　体育锻炼原则与身体素质练习方法

一、体育锻炼原则

（一）循序渐进原则

在运动锻炼前，锻炼者应做充分的准备活动；运动量和运动强度宜由小到大，逐渐增加；学习动作技术要由易到难，由简单到复杂。

（二）系统性原则

学习动作技术宜保持系统性，否则已经形成的条件反射就会消失，出现遗忘动作技术的现象，同时也容易造成运动损伤。

（三）全面性原则

全面地锻炼人体，使身体的形态、机能和各种素质全面、均衡地发展。

（四）区别对待原则

不同年龄和性别的人具有不同的生理特点。因此，锻炼的项目和运动量的大小应符合不同个体的年龄、性别和身体素质等特征。

二、身体素质练习方法

（一）力量素质

1. 力量素质的概念

力量素质是人体神经肌肉系统在工作时克服或对抗阻力的能力。力量素质练习是指锻炼者徒手或借助各种器械，运用专门的动作方式和方法进行的以增强肌肉力量和肌肉耐力为目的的身体锻炼活动。

扩大肌肉横断面积练习的主要目的是塑形。发展肌肉力量及肌肉耐力素质练习的主要目的是抗疲劳，通过改善血管状态，减少心血管疾病的发生，增强骨骼、肌腱、韧带的力量，预防肩、背、腰、腿等疼痛症状的发生。

2. 力量素质的练习常用方法

（1）扩大肌肉横断面积的练习：通常采用中等强度的负重练习来塑形。由于在练习过程中，锻炼者的负重较轻，重复练习次数较多，消耗的总能量也大，此类练习主要发展肌肉体积，对发展力量也有一定作用。

（2）发展肌肉力量及肌肉耐力的练习：重负荷、少重复次数的练习有利于发展肌肉力量；中等负荷、重复次数多的练习则有利于发展肌肉耐力。

（3）渐进抗阻练习法：先测出待训练肌群连续 10 次等张收缩所能承受的最大负荷量器械最大重量，简称为 10 RM（Repetition Maximum）。取 10 RM 为制订运动强度的参考量，将每天的训练分 3 组进行，即第一组运动强度取最大负荷的 50%，重复 10 次；第二组运动强度取最大负荷的 75%，重复 10 次；第三组运动强度取最大负荷的 100%，重复 10 次。每组间可休息 1 分钟。1 周后复测 10RM 量。若肌力有所增强，则可按照 10% 的原则进行下一周的训练。

（4）等长练习（静止性练习）：指肌肉静态收缩，不引起关节活动，是一种简单而有效的肌力增强训练方法。在训练中，肌肉的每次等长收缩持续 10 秒，休息 10 秒，重复 10 次为 1 组训练，每次训练做 10 组。

（5）短促最大练习：肌肉在抗阻力等张收缩后维持最大等长收缩 5 ～ 10 秒，然后放松，重复 5 次，每次增加 0.5 千克负荷。

3. 力量素质练习的注意事项

进行力量素质练习需要注意以下事项：① 训练前要做准备活动，以防受伤。② 力量素质的发展要全面而有重点。在发展力量素质的过程中，应使四肢、腰、腹、背、臀等部位的大肌肉群都得到锻炼，也要注意发展小肌肉群的力量。③ 练习时，要使肌肉充分拉长和收缩；练习后，要使肌肉充分放松。④ 进行力量素质练习时要全神贯注，思维和行动保持同步，注意自我保护。⑤ 掌握正确的呼吸方法。⑥ 训练中要采用递增负荷的方法。⑦ 要系统科学地安排力量素质练习，并持之以恒。⑧ 不要过度训练。

（二）柔韧素质

1. 柔韧素质的概念

柔韧素质是人体关节在不同方向上的运动的能力及肌肉、韧带等软组织的伸展能力。柔韧素质练习是指通过一些伸展性的身体活动，提升人体关节在不同方向上的运动的能力及肌肉、韧带等软组织的伸展能力，如扩大肩、膝、髋等关节活动的幅度。

2. 柔韧素质的练习方法

（1）动态拉伸法。该方法是指有节奏地多次重复同一动作以使软组织逐渐被拉长的练习方法。动态拉伸法通过轻柔的动作，如摆动、跳跃等使身体的关节伸展至最大幅度。这种练习方法较其他拉伸方法更能将肌肉拉伸得更长，适用于准备活动。

（2）静态拉伸法。该方法通过缓慢动作将肌肉等软组织拉长，当拉伸到一定的幅度时暂时静止不动，使这些软组织持续被拉长。因为静态拉伸法速度慢，不易造成损伤，适用于整理活动。

（3）本体感受性神经肌肉练习法。练习包括 3 个步骤：① 移动肢体，使肌肉的伸展保持在初始长度，然后依靠固定的物体或同伴的帮助拉伸韧带，保持 3 秒；② 放松肌肉 2 秒；③ 依靠同伴帮助、自身重力或身体其他部位，通过收缩对抗肌立即伸展肌肉，保持 10 ～ 15 秒。

3. 柔韧素质练习的注意事项

（1）发展柔韧素质与力量素质相结合

（2）注意柔韧素质练习的时间和温度。温度低时，适当增加柔韧素质的练习时间。从事剧烈运动前，适当增加柔韧素质的运动时间。

（3）应经常进行柔韧素质练习。用进废退理论特别适用于柔韧素质练习，关节如果在正常的活动范围内得不到经常的锻炼，很快就会失去柔韧性。

（4）注意身体各部位柔韧性的练习。

（5）过分伸展容易使人受伤或阻碍技能的发挥。

（三）耐力素质

1. 耐力素质的概念

耐力素质是机体长时间工作克服疲劳及疲劳后快速恢复的能力。进行耐力素质练习时，应强调意志品质、呼吸深度和呼吸方法。常用的耐力素质练习方法主要有以下几种。

2. 耐力素质的练习方法

（1）持续练习法。持续练习法是指在相对较长的时间内（不少于 30 分钟），以较为恒定的强度持续无间歇地进行练习的方法。

持续练习法要求锻炼的持续时间较长，且没有明显的间歇，因此总的练习负荷量较大。持续练习法的运动强度较小，而且变化不大，一般在 60% 的强度上下波动，对机体产生累积性的刺激比较和缓。持续练习时，心率一般控制在 140 ～ 160 次 / 分的范围内为宜。

（2）重复练习法。重复练习法是指不改变动作结构和负荷数据，在相对固定的条件下，按照既定间歇要求，在机体完全恢复的情况下反复进行练习的方法。重复练习法每次练习的负荷量与强度可大可小，应根据具体任务、目的确定。由于每次练习前，锻炼者身体情况均需要恢复到第一次练习前的水平，故每次练习应保证强度在中等偏大或极限强度范围内，从而使机体的耐力水平得到明显的提高。长时间且运动强度稍大于持续练习法的重复练习有利于机体有氧耐力的提高，而运动强度在90%以上的练习，则有利于发展机体无氧耐力。

（3）间歇练习法。间歇练习法是指在一次（或一组）练习之后，锻炼者按照严格规定的间歇负荷和积极性间歇方式，在机体未完全恢复的情况下从事下一次（或下一组）练习的方法。采取间歇练习法，锻炼者的间歇后心率一般在120次/分以上，明显高于采取重复练习法时的心率，但间歇练习法的练习强度因间歇负荷水平较高而无法达到重复练习法的水平。采取间歇练习法练习时，心率一般在170～180次/分，运动强度为70%～80%。间歇练习法有利于提高机体的心肺功能和无氧代谢能力。

（4）变换练习法。变换练习法是在变换各种因素的条件下反复进行练习的方法。由于耐力素质练习比较枯燥，采用变换练习法可以调动锻炼者的练习兴趣和积极性，从而增强练习的效果。

变换练习法所变换的因素一般有练习的形式、练习的时间、练习的频率、运动强度、间歇的时间等。只要改变其中一个因素，就会对锻炼者机体产生负荷刺激的变化。

3.耐力素质练习的注意事项

（1）在耐力素质训练中，要改善肌肉活动(收缩与放松)的协调性，可使机体用最少的能量来完成更多的工作，即所谓的出现省力现象，这样才能延长工作时间。

（2）耐力素质训练的形式要多样化，同时注意循序渐进的原则。

（3）注意掌握正确的呼吸方法。

（4）应与力量素质训练相结合。

（四）速度素质

1.速度素质的概念

速度素质是指人体快速运动的能力。速度可分为反应速度、动作速度、位移速度。各种速度素质练习都应在体力充沛、精力饱满的情况下进行。

2.速度素质的练习方法

（1）反应速度的练习方法。在体育运动实践中，练习反应速度的方法一般有完整练习、分解练习、变换练习、运动感觉练习等。

（2）动作速度的练习方法。利用动作加速和器械重量变化来提高动作速度。例如，在跳高训练中，先穿沙袋背心进行负重跳，卸下负重后可获得重量减轻后的后效作用；跑步时，先下坡跑，下到坡底后转为在平地上的快速奔跑时，可获得加速的后效作用；在推标准铅球之前，可先用加重铅球做练习。

（3）位移速度的练习方法。常用的发展位移速度的练习有各种单双足跳、多级跳、跳深等形式。爆发力训练对位移速度的提高也具有相当重要的意义。

3.速度素质练习的注意事项

（1）使用间歇式训练方法，偶尔用最大的速度来完成一次练习。

（2）速度训练应放在训练课的前半部分，效果较好。

（3）采用游戏、比赛等形式训练速度素质，效果较好。

（五）灵敏素质

1. 灵敏素质的概念

灵敏素质是指在多变的运动环境中快速、协调、敏捷、准确地完成动作的能力。

2. 灵敏素质的练习方法

发展灵敏素质的途径主要包括徒手练习、器械练习等。

（1）徒手练习。

徒手练习主要有弓箭步转体、立卧撑跳转体、前后滑跳、屈体跳、腾空飞脚、跳起转体、快速后退跑、快速折回跑、躲闪摸肩、手触膝、过人等练习。

（2）器械练习。

器械练习主要有运球、传球、顶球、颠球、托球、双杠转体跳下、翻越肋木、钻栏架、钻山羊，及球类运动、体操运动的专项技术动作等。

3. 灵敏素质练习的注意事项

（1）应多采用让练习者做跟随各种信号而迅速改变动作的练习。

（2）灵敏素质只有在动作技术熟练之后才能表现出来。因此，大家要反复练习，达到熟能生巧，随心所欲。

（3）发展灵敏素质需要依靠提高速度素质、力量素质和柔韧素质等。

【参考文献】

[1] 唐觅.科学运动手册[M].北京：新华出版社，2016.
[2] 姚鸿恩.体育保健学[M].4 版.北京：高等教育出版社，2006.

第二章　吃动平衡与自我监控

本章导读

营养是人类维持和促进健康的重要物质基础。人体的各种生理活动和体力活动，乃至人体生命的存在，都离不开营养。随着科学的发展，科学的营养方式和合理的膳食不仅可被用于对体重进行合理控制和管理，而且可被用于保持和促进身体健康和良好体能。

学习目标

1. 学习七大营养素和中国膳食宝塔。
2. 了解体育锻炼期间的合理膳食。
3. 学会对体育锻炼进行自我监控。

第一节　体育锻炼的合理营养

营养是人体赖以生存的物质基础，对人体各方面都具有重要作用。营养能促进人体的生长发育，提高身体机能，增进健康，增强免疫力，预防疾病，延长寿命，提高工作效率和运动能力。

一、营养素

食物能在体内被消化，具有供给热能、构成机体组织、调节生理机能的作用，为机体进行正常物质代谢提供其所必需的营养物质被称为营养素。人体必需的营养素有几十种，按其化学组成和生理作用可分为蛋白质、脂类、碳水化合物、维生素、无机盐、水和膳食纤维等七大类。其中，三大供能营养素是碳水化合物、脂类和蛋白质，其余四大类营养素都几乎不提供能量。

（一）蛋白质

非必需氨基酸可以由人或动物机体自身合成，不需要由食物中的蛋白质供给；必需氨基酸不能由人或动物机体自身合成，必须由食物中的蛋白质直接供给。必需氨基酸有九种：亮氨酸、异亮氨酸、苯丙氨酸、色氨酸、甲硫氨酸、缬氨酸、苏氨酸、赖氨酸和组氨酸（对婴儿和尿毒症患者来说是必需氨基酸）。

2. 蛋白质的营养作用

蛋白质能够构成和修补机体组织，调节生理机能，供给热能（人体每天所需要的热量有 10% ～ 15% 来自蛋白质）。

3. 食物中蛋白质营养价值的评定

在评定食物中蛋白质的营养价值时，可按蛋白质的含量、蛋白质的消化率、必需氨基酸的含量及不同必需氨基酸相互间的比例和蛋白质生物价四个方面来评定。

4. 蛋白质的来源

含蛋白质较多的食物：肉类、鱼类，其蛋白质含量一般为 10% ～ 20%；奶类的蛋白质含量为 3% ～ 3.8%；蛋类的蛋白质含量为 11% ～ 15%；豆类的蛋白质含量为 20% ～ 49.8%；坚果类的蛋白质含量为 15% ～ 26%；谷类的蛋白质含量为 6% ～ 12%；薯类的蛋白质含量为 2% ～ 3%。

（二）脂类

1. 概述

广义的脂类包括中性脂肪和类脂，狭义的脂肪仅指中性脂肪。脂肪由碳、氢、氧三种元素组成。中性脂肪是由甘油的三个羟基和三个脂肪酸分子脱水缩合后形成的酯，又称甘油三酯。类脂包括胆固醇、磷脂等。

脂肪的基本单位是甘油和脂肪酸。甘油的分子结构比较简单，脂肪酸则因多种多样的结构而分为饱和脂肪酸、不饱和脂肪酸两类。不饱和脂肪酸分为单不饱和脂肪酸和多不饱和脂肪酸。在多不饱和脂肪酸中，有几种是体内不能合成的，必须由每日食物供给，称为必需脂肪酸。各种植物油、深海鱼油一般含必需脂肪酸较多，因此营养价值较高。

2. 脂类的营养作用

脂类能够构成机体组织，供给热能，促进脂溶性维生素的吸收和利用，提供必需脂肪酸，增加食物的美味程度和人的饱腹感。

3. 脂类的来源

人体要供给必需脂肪酸、脂溶性维生素并促进其吸收所需要的脂肪并不太多，一般每日摄入 50 克脂肪即能满足需要。

脂肪摄入过多的危害：摄入过多动物性脂肪，易得高血压、心脏病等疾病；若运动员体内脂肪过多，则其运动时耗氧增多，影响运动；易导致血液中胆固醇含量增高，不利于胃肠吸收；易导致血脂过高，容易造成严重的心脑血管疾病和消化系统疾病。

脂肪摄入过少的危害：正常人脂肪占人体体重的比例，男性为 8% ～ 18%，女性为 18% ～ 28%。身体脂肪过少的人，体型消瘦，易疲劳，畏寒，皮肤粗糙。女性身体脂肪过少还易导致月经不调等症，因此女性不应盲目减脂，应先测量身体成分、明确身体情况后再决定是否减脂。相较于皮下脂肪，人们更应关注血脂，原因是它与健康的关系更为密切。

脂肪酸广泛存在于各种食物中。动物性脂肪来自肉类、鱼肝油、骨髓、蛋黄等。植物性脂肪来自菜籽、芝麻、豆类、坚果类等。动物性脂肪和植物性脂肪都不能过量摄入。

（三）碳水化合物

1.概述

碳水化合物由碳、氢、氧3种元素组成。其中，氢、氧两种元素的比例为2∶1。碳水化合物按其分子结构分为单糖、双糖、多糖。单糖消化吸收快，多糖消化吸收慢。

食物中的碳水化合物主要是淀粉。淀粉是多糖，被分解成葡萄糖后，以主动方式吸收入血液。在机体的糖代谢中，葡萄糖居主要地位。碳水化合物的多聚体——糖原，是碳水化合物在人体内的储存形式，储存在肝脏和肌肉中，分别称为肝糖原和肌糖原。血液中运输的也是葡萄糖，称为血糖。

2.碳水化合物的营养作用

碳水化合物能够供给热能，构成机体组织，保肝解毒，维持中枢神经系统的正常机能，节约蛋白质及抗生酮，维持心肌和骨骼肌的正常机能。

3.碳水化合物的供给量和来源

中国居民膳食中碳水化合物供能占其一天总热量供给的50%～65%，通常成年人每天每千克体重需4～6克，运动员则要多1倍。

人体内碳水化合物储备量较少，约为500克，因此人必须从每天的食物中摄取碳水化合物。如果体内碳水化合物供给不足，人体会出现肌肉无力、神经系统反应迟钝的现象；如果碳水化合物供给过量，人体的需水量多，心脏负担增加，血液黏滞性增加，血钾下降，人会出现恶心、呕吐等现象。

碳水化合物是自然界中最丰富的物质之一，广泛地存在于几乎所有的生物体内，其中以植物中的含量最高，为85%～95%。碳水化合物的主要食物来源有糖类、谷物（如大米、小麦、玉米、大麦、燕麦、高粱等）、水果（如甘蔗、甜瓜、西瓜、香蕉、葡萄等）、干果类、豆类、根茎蔬菜类（如胡萝卜、土豆、红薯等）。

（四）维生素

维生素的种类很多，按其溶解性可分为脂溶性维生素和水溶性维生素两大类。脂溶性维生素不溶于水，易溶于脂类，包括维生素A、维生素D、维生素E、维生素K等，含脂溶性维生素的食物在加工时应放一点油；水溶性维生素包括B族维生素、维生素C、维生素P等，含这类维生素的食物不宜过度加工，否则水溶性维生素容易被破坏。

维生素多数以辅酶的形式参与酶系统活动，主要作用是调节物质代谢。

1.维生素A

天然维生素A只存在于动物性食品中。有些植物性食品中含有一种可在体内转变成维生素A的物质——胡萝卜素。

维生素A的作用是维持人体正常视觉功能及上皮组织的健康，预防肿瘤和癌症。缺乏维生素A易引起：夜盲症；眼角膜、眼结膜干燥和发炎，严重时出现眼角膜软化、穿孔从而导致失明；皮脂腺分泌减少，造成皮肤干燥、毛囊角化、皮肤出现棘状丘疹等情况；身体抵抗力降低，易感染疾病等。

含维生素A的食物有动物的肝脏、肾脏，鱼子，蛋黄，牛奶等，红、黄蔬菜可在体内生成维生素A。

一般人每天应摄入约1毫克维生素A，对视力要求高的人可适量增加，长期摄入超过人体正常需要量 10 ～ 20 倍的维生素 A，可能引发不良反应。

2. 维生素D

维生素D的主要作用是促进人体对钙、磷的吸收，有利于新骨的生成和骨骼的钙化。缺乏维生素D可导致软骨病和儿童佝偻病。

维生素D主要来自动物的肝脏、鱼肝油、禽蛋等；在阳光及紫外线的作用下，皮肤可以合成维生素D。一般人不需要补充维生素D，孕妇、儿童、结核病患者要适量补充，但超量服用可导致中毒。

3. 维生素E

维生素E是人体内最重要的抗氧化剂之一。其作用：保护细胞，使细胞的不饱和脂肪酸免于氧化破坏；能减少组织的耗氧量，改善肌肉营养状况，对心脏产生良好的影响；用于治疗先兆流产及习惯性流产；促进血红素的合成；抗衰老。

维生素E广泛存在于动植物组织中。一般情况下，人体内是不易缺乏维生素E的，但某些患有脂肪代谢吸收障碍等疾病的病人、孕妇、哺乳期的妇女和新生儿应注意补充。

4. 维生素B_1

维生素B_1（硫胺素）的作用是促进能量代谢特别是糖代谢，维持神经系统的机能，减轻疲劳，促进消化。

维生素B_1来源广泛，如粮谷类，豆类，酵母，坚果，动物的肝、肾、脑，瘦肉，蛋类，绿叶蔬菜和水果中都有维生素B_1，但其主要存在于种子的胚芽和外皮中。若米、面加工过于精细，则可导致维生素B_1损失。人体对维生素B_1的需要量与人体的劳动强度成正相关关系。

5. 维生素B_2

维生素B_2（核黄素）是体内酶的重要成分，其作用是保护眼睛、皮肤、口舌及维持神经系统的正常机能，缺乏时可引起口角炎、眼部炎症、阴囊炎。维生素B_2参与蛋白质的代谢，对肌肉的发育有重要作用。

维生素B_2来源广泛。动物的肝、肾、心，牛奶，鸡蛋，绿叶蔬菜，豆类等中含量较多，粮食和其他蔬菜中含量较少。维生素B_2的供给量基本与维生素B_1相同，因此平时要注意膳食的合理搭配。

6. 维生素B_3

维生素B_3（烟酸）的作用：维护消化系统的健康，减轻胃肠障碍；使皮肤更健康；预防和缓解严重的偏头痛；促进血液循环，使血压下降；减轻腹泻；减轻梅尼埃病的不适症状；使人体能充分地利用食物来增加能量；治疗口腔、嘴唇炎症，防止口臭；降低胆固醇及甘油三酯。

维生素B_3广泛存在于动植物性食物中，含量较丰富的有酵母、花生、稻谷、豆类及动物内脏。维生素B_3往往与维生素B_1、维生素B_2同时存在。对于维生素B_3，成年人每天的建议摄取量为 13 ～ 19 毫克，哺乳期女性每天的建议摄取量则为 20 毫克。若过量服用维生素B_3，则会产生副作用，严重的可能导致胎儿畸形。

7. 维生素C

维生素C（抗坏血酸）的作用是促进胶原蛋白的合成，增加机体的抵抗力，参与解毒，促进造血，提高三磷酸腺苷酶的活性，增强机体的应激能力。

维生素C主要存在于植物性食物中，分布较广，几乎所有的蔬菜和水果都含有维生素C。新鲜蔬菜和水果中的维生素C含量较高，在枣、猕猴桃、油菜、结球甘蓝等中，维生素C含量尤其高；蔬菜的叶部比茎部维生素C的含量高。维生素C的需求量与个体的工作性质、年龄、身体健康状况有关，一般成年人每天需100毫克。孕妇、哺乳期女性、运动强度大或能量消耗多的人，对维生素C的需求量在100毫克以上。

（五）无机盐

无机盐在人体内自身相对稳定，并对人体起着十分重要的作用。人体的骨骼和牙齿，大部分是由钙、磷和镁组成；机体的软组织含钾较多。体液中的无机盐离子调节细胞膜的通透性，控制水分，维持正常渗透压和酸碱平衡，参与神经活动和肌肉收缩等。其特点是不能在体内合成，除排泄外也不会在代谢中消失。无机盐分为常量元素和微量元素。在体内含量大于0.01%的无机盐称常量元素，如钙、磷、钠、钾、镁、氯、硫等。在体内含量小于0.005%的无机盐称微量元素，如铁、铜、锌、锰等。

1.钙

钙是人体内含量最多的无机盐，也是最重要的无机盐之一，占体重的2%，其中99%存在于骨骼及牙齿中，1%游离在血液和细胞外液里。

钙的作用：构成骨骼及牙齿，维持神经和肌肉活动；促进体内某些酶的活性，参与凝血的过程。

钙的吸收与年龄有关。随着人的年龄增长，人体对钙的吸收率会下降。婴儿对钙的吸收率超过50%，儿童约为40%，成年后只有20%。一般40岁之后，人体对钙的吸收率逐渐下降。由于我国居民的膳食以素食为主，植物性食品中钙元素的含量不足，植物性食品中的植酸和草酸在肠腔内与钙结合成不溶解的钙盐，这会减少人体对钙的吸收量。过高的脂肪摄入量或消化不良也会引起脂溶性维生素D的丢失，进而影响人体对钙的吸收。过量摄入氯化钠、动物蛋白、咖啡因、酒精，以及吸烟、大量饮用饮料（饮料含磷量高，常喝汽水会令体内的钙磷比例失衡。研究显示，过量磷会降低钙留在体内的水平）都会影响人体对钙的吸收。

补钙除了应合理选择钙制剂之外，多晒太阳、均衡营养、科学烹调等也很重要。日常有许多食物可作为钙源：乳类及乳制品，如牛奶、羊奶、马奶及其奶粉，乳酪，酸奶，炼乳；海产品，如带鱼、虾、螃蟹、海带、紫菜等；肉类与禽蛋，如羊肉、猪脑、鸡肉、鸡蛋、鸭蛋、猪肉松等。

2.磷

磷的作用是构成骨骼与牙齿，参与物质能量代谢，维持血液的酸碱平衡；磷与脂肪合成磷脂。人体对磷的需求量随年龄的增长而下降。大多数食物中都含有磷，其含量能满足人体的需求。一切富含蛋白质的食物中都含有磷，如蛋类、肉类、鱼类等。在植物性食物中，豆类和绿色蔬菜含磷量也较高。

3.铁

铁是人体必需的化学元素，铁在体内微量元素中是含量最高的一种。

含铁较多的食物有动物肝脏、动物全血、畜禽肉类、蛋黄、豆类、绿色蔬菜等。此外，人们平时做菜时最好用铁锅，醋、西红柿等酸性食物还可使铁锅的铁质溶解，增加食物中铁的供给量。

4. 氯化钠

氯化钠的作用是维持体内水分，防止水分流失，参与维持体内酸碱平衡。氯是胃酸的主要元素。氯化钠与肌肉活动关系密切。人体缺乏氯化钠时，肌肉软弱无力，易于疲劳，氯化钠大量流失可导致肌肉痉挛。此外，膳食中的氯化钠还有调味作用，可增进食欲。

氯化钠的摄入量与饮食习惯有关，而且个体差异很大。成年人每日需氯化钠 6 ～ 12 克。在炎热的气候或剧烈运动等大量出汗的情况下，人体对氯化钠的需求量增加，每排1升汗，须补充氯化钠约 3 克。

若人体摄入过多的钠离子，则会导致体内钾、钠比例失调，进而引发高血压、心脑血管硬化、心脏病等。患过高血压、肾脏疾病，肾上腺功能亢进及心、肾功能不全的人群，以及运动量不大、出汗不多的人群，都应严格控制氯化钠的摄入量。

（六）水

水是人体内含量最多的成分，各器官都含有水，水占成年人体重的 50% ～ 70%，是维持人体正常生理活动的重要物质。在人体与外界环境交换的物质中，水居首位。若人体流失的水分超过体重的 30%，生命活动将无法维持。水对于人类的生存而言是最为重要的营养素。

水是细胞和体液的重要成分，参与维持体温的恒定；水也是一种润滑剂；水还能够维持脏器的形态和机能。

成年人一般情况下每天应足量饮水，少量多次。男性低强度运动时，每日须饮食 1700 毫升以上；女性低强度运动时，每日须饮食 1500 毫升以上。建议多饮用白开水、矿泉水和淡茶水等。

（七）膳食纤维

膳食纤维是人类健康必不可缺的营养要素，被现代医学称为第七营养素。膳食纤维是食物中不能被人体肠胃消化酶分解的、人体不可消化的成分的总称，包括不能被人体消化的多糖类、纤维素、半纤维素、木质素、胶质等。

1. 膳食纤维的营养作用

增加排泄物的体积，缩短食物在肠道内的通过时间，降低人们患结肠癌的风险；降低血胆固醇水平，降低高血压、动脉粥样硬化的发生率；减少胆石症的发生；使人产生饱腹感，避免摄入过多的热量，有预防肥胖的作用；控制血糖的水平，预防糖尿病的发生。

2. 膳食纤维的来源

我国成人平均每天要摄入膳食纤维 25 ～ 30 克膳食纤维广泛存在于蔬菜、水果、杂粮、豆类和菌藻类食物中。在日常膳食中，大家应根据平衡膳食的原则，每天摄入蔬菜类 300 ～ 500 克，水果类 200 ～ 350 克，谷薯类食物 250 ～ 400 克，其中全谷物和杂豆类 50 ～ 150 克、薯类 50 ～ 100 克。

二、中国居民膳食宝塔

中国居民平衡膳食宝塔（2022）（图 2-1-1）是根据中国居民的膳食结构特点设计的，它把平衡膳食的原则转化成各类食物的组成，并以宝塔的形式直观地表现出来，便于人们理解和在日常生活中实行。

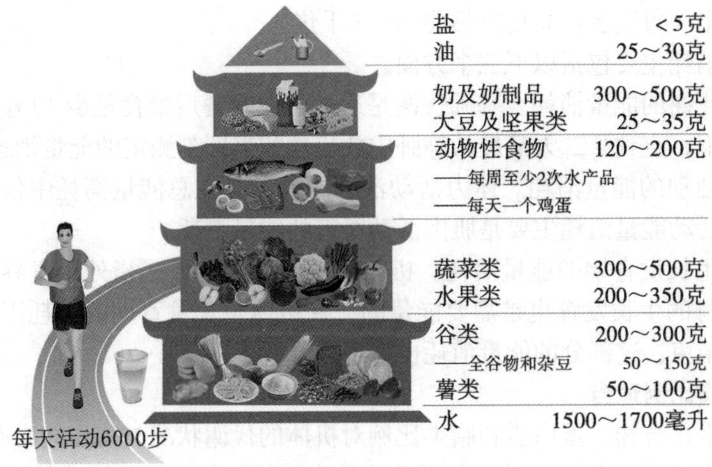

图 2-1-1

（资料来源：中国营养学会官网）

中国居民平衡膳食宝塔（2022）提出了一个营养上比较理想的膳食模式。人们在应用平衡膳食宝塔时，人们要注意以下几个要点：① 确定自己需要的食物；② 同类互换，调配丰富多彩的膳食；③ 合理分配三餐食量；④ 因地制宜，充分利用当地、当季的食材；⑤ 养成习惯，长期坚持。

三、健身运动周期中进行合理膳食

（一）健身运动周期中进行合理膳食的必要性

合理膳食与运动锻炼是维持和促进健康的两个重要条件。以科学合理的营养补充为物质基础，以运动锻炼为手段，用运动锻炼的消耗过程换取运动锻炼后的超量恢复过程，使机体积聚更多的能源物质，从而改善各器官的机能。此时，人体所获得的健康相较于单纯地以营养获取的健康上升了一个高度，因为合理补充营养加上运动锻炼能使人们在获得健康的同时还获得良好的身体素质。

（二）健身运动周期中进行合理膳食的基本原则

1. 能量平衡

能量平衡是指在膳食营养方面，人体对能量的摄入和消耗保持平衡。只有保持能量平衡，人体才能健康、正常地运行。

热量是能量的一种，人体内的能量主要来源于三大营养素：碳水化合物、脂肪和蛋白质。它们在体内被氧化消耗的过程中，可释放出大量的热量供机体使用。碳水化合物是人体内的主要供能物质，可以供给人体所需能量的 70%，尤其是脑组织，其机能正常运行所需的能量主要来源就是碳水化合物。每克碳水化合物提供热量 16.88 千焦。人体虽然可以依靠其他物质供给能量，但通过食用一定数量的碳水化合物获取能量的过程是不可取代的。碳水化合物也是维持正常血糖水平的重要因素。脂肪是机体储存能量的重要形式。只有在特定的条件下，脂肪才会被动员，并为机体供给能量。每克脂肪提供热量 37.5 千焦。蛋白质是机体组织的重要组成成分基础，也可以为机体提供能量，其代谢产物随尿液排出。每克蛋白质提供热能 16.75 千焦。

人体能量消耗主要包括以下三个方面。

（1）基础代谢的能量消耗。基础代谢是通过人在晚餐后禁食至少 12 小时，处在安静和恒温的条件下，直到第二天清晨从静卧中放松地醒来即刻测定的能量消耗。

（2）体力活动的能量消耗。体力活动消耗的能量是在总能量消耗中仅次于基础代谢的部分。体力活动能量消耗主要是肌肉活动所需的能量消耗。

（3）机体生长发育期的能量消耗。机体生长发育期主要是指处于青春发育期的少年时期。机体自身的生长发育也是需要能量的，在机体生长发育期的消耗因为凸显，随着青春发育期的结束，这部分的能量消耗也就逐渐降低了。

2. 热源物质比例适当

膳食中碳水化合物、蛋白质和脂类比例对机体的代谢状况与工作能力有一定的影响。人体内碳水化合物应主要由谷类、薯类等淀粉类食物提供，人们也应控制糖及其制品的摄入量；人体内脂肪应主要由植物油提供，人们也应减少动物性脂肪的摄入；人体内蛋白质应主要由含优质蛋白质（动物蛋白质和大豆蛋白质）的食物提供。

3. 维生素和无机盐充足、比例适当

锻炼者对维生素和无机盐的需求量较大的原因：一方面人体在运动时代谢加强，激素分泌和酶的活动增强，同时人体大量排汗，营养流失失较多；另一方面，人体内充足的无机盐储备可改善机体的工作能力，提高运动成绩。摄入维生素应遵照供给量标准，有特殊需要者另外增加。一般摄入的维生素 B_1、维生素 B_2 和维生素 B_3 三者之间的比例为 1 ∶ 1 ∶ 10 较为合理。膳食中，钙、磷比例为 2 ∶ 1 ～ 1 ∶ 1，基本满足机体的吸收及发育要求。若维生素 D 营养状况正常，则不必严格控制钙、磷比例。

4. 充足的水分和膳食纤维

水分是人体的主要成分，人体一切新陈代谢的物质交换和化学反应都是在水中完成的，充足的水分可以维持人体内环境的稳定。保证足够膳食纤维的摄入，有助于肠道健康。

5. 易于消化的食物

由于经常进行锻炼的锻炼者的身体经常处于交感神经兴奋的应激状态，消化机能较弱，因此应吃易消化的食物。

6. 食物种类、种属多样化

一日三餐中，食物的多样化能增进食欲，促进食物在体内的消化吸收。食物中的氨基酸种类齐全，能充分发挥蛋白质的互补作用。食物最好包括鱼类、肉类、蛋类、禽类、奶及奶制品、米、豆类及豆制品、蔬菜、水果，以及菌类、藻类食物。将动物性食物与植物性食物搭配食用，比将单纯植物性食物之间搭配食用更有利于提高蛋白质的营养价值。

7. 膳食制度合理

膳食制度的要素包括进餐次数、进餐时间和膳食分配。运动员应定时进餐，饮食有节，少喝酒，不吃刺激性大的食物。

四、减脂和增肌人群的膳食营养

（一）减脂人群的膳食营养

（1）控制能量摄入，将膳食总热量降低到原来水平的85%左右。

（2）减脂期间，应该适当补充蛋白质，保证低碳水化合物和适量脂肪的摄入。

（3）增加高膳食纤维食物的摄入，保持一定的食物体积。

（4）足量饮水。

（5）改变不良的饮食习惯。

（6）对于饮食的控制要循序渐进，摄入量应逐步降低，不可猛降。

（7）减脂健身期间，人体很容易产生饥饿感。富含膳食纤维的食物可产生饱腹感，减少能量摄入及吸收，增加肠胃蠕动，加快粪便排出。富含膳食纤维的食物：主食类，即全麦面包、蒸煮的玉米、粗杂粮等；蔬菜和水果如苹果、香蕉、甜菜等含有丰富的植物果胶。

（8）先吃蛋白质和蔬菜，再吃主食。吃饭速度适当减慢。不吃夜宵，少吃零食、甜食和含糖较高的水果。不喝碳酸饮料。每天保持约8小时的睡眠。晚餐时，控制淀粉类食物的摄入量。

（二）增肌人群的膳食营养

1. 力量训练是关键

（1）力量训练是肌肉破坏和重建的循环过程。高强度刺激肌肉后，如果能迅速补充以蛋白质和碳水化合物为主的营养物质，就能有效促进肌肉体积和力量的增长。

（2）恢复很重要，恢复甚至比训练重要。若身体未恢复就继续运动，会加重损伤，积累疲劳，降低运动能力，长时间如此会造成训练过度，出现肌肉生长缓慢、肌肉力量下降、肌肉酸痛、精神不佳、疲劳等情况。

2. 营养是保证

充足的优质蛋白质、碳水化合物和脂肪的摄入是增肌的保证。

3. 增肌人群的合理膳食注意事项

（1）不可过度限制脂肪。

（2）少吃多餐。

（3）补充足够的水。

第二节　体育锻炼的监控

体育锻炼的监控是指在体育锻炼的过程中，对锻炼者的身体健康和机能状况经常进行观察并定期记录的一种方法。

一、自我监督

自我监督是在体育锻炼期间，锻炼者经常观察自己的健康状况和生理机能变化的一种方法。这种方法能够评定运动量的大小，及早发现过度疲劳，预防运动性损伤。自我监控主要包括主观感觉和客观检查两大部分，应将相关情况记录在自我监督表（表 2–2–1）中。

表 2–2–1　自我监督表

姓名：　　　　　　　　　　　　　　　　　　填写日期：　　年　　月　　日

主观感觉	一般感觉	良好　一般　不好
	运动心情	很想锻炼　愿意锻炼　不想锻炼　厌烦锻炼
	不良感觉	肌肉酸痛　头晕　心悸　其他
	睡眠情况	良好　一般　不好
	食欲情况	良好　一般　不佳　厌食
	出汗情况	较多　一般　不多　有盐渍　盗汗
客观检查	基础脉搏	次/分　节律齐　不规律
	体重	________千克
	肺活量	________毫升
其他内容	运动成绩和伤病情况	

注：凡有征象的指标，可在相应的表现上打勾。

（一）主观感觉

1. 一般感觉

经常运动的人总是体力充沛、精神愉快的，但在过度训练后就会感到虚弱无力，精神萎靡不振，易疲劳，易激动。锻炼者可根据实际情况，记录为“良好”“一般”“不好”。

2. 运动心情

经常运动的人，一般是愿意参加运动的。若训练方法不当或过度疲劳，则会令锻炼者对运动提不起兴趣或产生厌烦。锻炼者可根据实际情况，记录为“很想锻炼”“愿意锻炼”“不想锻炼”“厌烦锻炼”。

3. 不良感觉

在参加剧烈运动后，由于身体过度疲劳，锻炼者往往会有四肢无力、肌肉酸痛、不愿活动等感觉，这是正常的生理现象，休息几天就会好转。若在运动较长一段时间后锻炼者还有头晕、恶心、心慌、气短、心前区疼痛等症状，则表明其运动方法不妥或运动量过大。

4. 睡眠情况

经常运动的人，其神经系统的机能比较稳定，一般睡眠良好，能够很快入睡，睡得熟，不易醒，早晨精神振奋、全身有力。若锻炼者晚上出现失眠、易醒、多梦的情况，早晨起来头晕、没精神，则说明锻炼方法不当或运动量过大。锻炼者可根据实际情况记录为“良好”“一般”“不好”。

5. 食欲情况

由于在运动时消耗了大量的能量，经常运动的人食欲较好，饭量较大；当过度训练时，食欲便会减退，饭量减小，但这种情况应与刚运动后不想马上吃饭区分开。锻炼者可根据实际情况记录为“良好”“一般”“不佳”“厌食”。

6. 出汗情况

运动时出汗的多少与气候、运动程度、衣着、饮水量、训练水平及身体素质有密切的关系。如果锻炼者突然大量出汗，可能是训练过度，应调整运动量。锻炼者可根据实际情况记录为“较多”“一般”“不多”“有盐渍”“盗汗”。

（二）客观检查

1. 基础脉搏

基础脉搏是指人在清晨清醒状态下，取卧位测得的脉搏频率。人们通常用每天早晨初醒时测量的脉搏作为基础脉搏。在自我监督中，常用早晨的脉搏来评定锻炼者的训练水平和身体机能的情况，记录为每分钟的脉搏数，每天记一次。基础脉搏的频率与训练水平有密切关系。如果其他因素相同，脉搏减少，则说明训练水平提高。脉搏可以反映前一天的训练情况，也可进一步评定训练水平。

（1）方法：在清晨，锻炼者空腹，卧于床，测量自己 1 分钟的脉搏数。

（2）测量部位：桡动脉、颈动脉。

（3）正常：每分钟 60 ～ 100 次；运动员每分钟 44 ～ 80 次。

（4）评定标准：① 若基础脉搏逐渐下降或不变，则说明身体反应良好，训练较为适宜；② 基础脉搏增加 10 次/分，表明机体不良，要找出原因并及时处理；③ 经常保持较快脉率，持续 3 天以上，又无生病等原因，应分析判断是否运动量安排不当或负担量过大。

2. 体重

体重可能有 3 种变化：① 刚参加训练的人，身体里的水分和脂肪大量消耗，体重下降；② 经过一段时间的锻炼，体重比较稳定，运动后减少的体重能逐渐恢复；③ 长期坚持锻炼的人，肌肉逐渐发达，体重在有所增加之后保持在一定水平上不变。

进行医务监督，最好每周选定一天早晨测量一次体重，并记录，也可在运动前后分别测量体重，以体重的差来了解运动量的情况。

（1）刚参加锻炼者的体重变化分为三个阶段：下降—稳定—增加。

（2）运动员一次训练后的体重变化大于 300 克，一般情况下经过一昼夜的时间，体重恢复到原来的水平为正常。

体重的测定要求：清晨，空腹，大小便后，赤足，单衣。

3. 肺活量

运动能使呼吸机能显著增强，肺活量的大小往往反映呼吸机能的好坏。经常参加体育锻炼能使人的肺活量增加，但是当人体过度疲劳时，肺活量就会减少。如果没有肺活量计，也可用呼吸次数进行比较。

（三）其他内容

自我监督还应注意记录运动成绩和伤病情况。坚持合理锻炼，运动成绩就有可能逐步提高，也有可能保持在较高的水平上。如果运动水平没有提高甚至下降，动作的协调性逐渐变差，这可能是早期过度训练的后果，应引起注意，适当休息或调整运动量。

除此之外，女性锻炼者要记录月经的情况，如运动后月经量的多少、经期长短、有无痛经等情况。

每天锻炼的人应逐日进行自我监督，不是每天坚持锻炼的人可隔一两天进行一次。若发现有不正常的记录，要进一步分析原因，必要时需调整运动量和运动方法。

二、体育锻炼的医务监督

（一）心率

一般通过测量心率来监控运动强度。心率可以帮助锻炼者了解和控制体育锻炼过程中的运动强度，锻炼者可凭此确定运动强度是需要增加还是需要减少。为了掌握运动强度的合理性，应当准确测量运动中的心率。测量运动时心率的方法：运动结束后的 5 秒内开始测量，测量 10 秒的心率再乘以 6，作为运动时1分钟的心率。

在体育锻炼中，常用靶心率作为指导指标来调节运动负荷。靶心率为人们提供了运动时安全有效的心率范围。应掌握根据靶心率调控自己锻炼时运动强度的方法，并利用这种方法指导自己的实践活动。

1. 安静心率

安静心率是正常人安静状态下每分钟心跳的次数。一般情况下，成人的安静心率是 60 ～ 100 次/分。

2. 最大心率

最大心率是指运动达到最大强度时的心率，通常采用以下公式来计算最大心率：

最大心率（男性）=220−年龄

最大心率（女性）=226−年龄

最大心率（运动员）=220−年龄/2

随着年龄的增长，最大心率下降。心脏工作时的心率是最大心率减去安静心率。

3. 靶心率

靶心率是运动中的适宜心率，相当于最大运动强度的 60% ～ 80%时的心率，指获得最佳运动效果并能确保身体安全的运动心率。测算靶心率最好的方法是测算心脏工作时心率变化范围的百分比。

表 2-2-2 中列举了测算靶心率的公式和例子，受试者为 22 岁男性，安静心率为 68 次/分。

表 2-2-2　靶心率表

公式	举例
最大心率=220−年龄	220−22=198次/分
工作心率=最大心率−安静心率	198−68=130次/分
运动低限心率=工作心率×60%+安静心率	130×0.6+68=146次/分
靶心率上限=工作心率×80%+安静心率	130×0.8+68=172次/分

基于表 2-2-2 中的数据，这名受试者的靶心率范围为 146 ～ 172 次/分。

（二）血压

通过测量安静时的血压、运动前后血压变化、血压恢复至安静时的血压所需的时间来判定运动强度和身体机能状况。

1. 评定运动强度

运动强度的评定数据见表 2-2-3。

表 2-2-3 训练强度评定表

强度	收缩压/毫米汞柱	舒张压/毫米汞柱	恢复时间
小	上升20～30	下降5～10	3～5分
中	上升20～40	下降10～20	20～30分
大	上升40～60	下降20～40	24小时之内

2. 评定身体机能状况

（1）机能下降：训练后，收缩压上升明显，舒张压也上升，恢复时间延长。

（2）机能不良：训练后，收缩压上升不明显，舒张压上升或出现异常反应，恢复时间延长。

（3）过度疲劳：训练后的清晨，血压经常保持在 140 毫米汞柱。

【参考文献】

[1] 张钧，张蕴琨. 运动营养学[M]. 2 版. 北京：高等教育出版社，2010.

[2] 姚鸿恩. 体育保健学[M]. 4 版. 北京：高等教育出版社，2006.

第三章　体育课程的思政教育

本章导读

体育是教育的重要组成部分，其功能既包括锻炼身体、增强体质，也包括塑造品格、养成精神。体育的育人功能内涵丰富，关键是培养学生的体育精神和个人素养。

学习目标

1. 了解体育精神的价值引领作用。
2. 了解体育在影响个人素质方面发挥的作用。

第一节　体育与体育精神

习近平强调，“广大体育工作者在长期实践中总结出的以‘为国争光、无私奉献、科学求实、遵纪守法、团结协作、顽强拼搏’为主要内容的中华体育精神来之不易，弥足珍贵，要继承创新、发扬光大”。

一、体育与爱国主义精神

（一）培养爱国主义精神的重要性

爱国主义是中华民族精神的核心，贯穿于民族精神的各个方面。一个民族如果没有以爱国主义为核心的民族精神和坚定的民族志向，就不可能凝聚力量、成就伟业，更不可能屹立于世界民族之林。从刘长春形单影只远渡重洋代表中国队参加 1932 年洛杉矶奥运会，到中国人自己成功举办北京 2022 年冬奥会，这些都是中国人民爱国强国梦想不断外化为具体实践的过程。当今竞技体育饱含爱国主义的厚重价值，与中华民族的伟大复兴和爱国主义使命紧密地联系在一起。因此，培养大学生的爱国主义精神具有重要的意义。

（二）体育如何培养爱国主义精神

1. 体育为开展中华优秀传统文化教育提供了土壤

中华优秀传统文化是文明发展沉淀下来的精神财富，是经历了五千年发展的历史文化的瑰宝。弘扬中华优秀传统文化是爱国主义的一个重要内容。因此，对大学生开展爱国主义教育不能忽视中华优秀传统文化的作用。高校通过开展中华优秀传统文化教育，能够增强大学生对中华优秀传统文化的认同感，激发大学生的爱国主义精神。

早在我国古代，人们就已经认识到了体育的重要性，只是古人对体育的认识呈现多元化的特点，并以训练士兵、传承技艺、养生保健作为实践体育的主要目的。随着时间的推移和社会的变迁，以"养生"和"武术"为代表的古代体育文化及各民族的传统体育项目一直传承到今天，成为中华优秀传统文化中浓墨重彩的一笔。因此，充分利用体育活动传承体育精神，使大学生对中华优秀传统文化有更深的认识是必要的，也是可行的。

2. 体育为实现祖国繁荣富强的愿望提供了情感寄托

实现祖国的繁荣富强是每一个中华儿女的殷切期盼和共同愿望，也是每一个中华儿女的使命和责任。当代大学生作为祖国未来发展的希望，与祖国的前途命运紧密相连。因此，培育大学生的家国情怀、唤醒其时代担当，是当前教育刻不容缓的使命；而参加体育活动或观看体育比赛，是大学生寄托爱国主义情感的重要实现途径和方式，是培育大学生爱国主义精神不容忽视的手段。大学生在观看体育比赛时总能不自觉地将自己与祖国联系起来。当我国运动健儿取得优异成绩时，当赛场上升起五星红旗、奏响《义勇军进行曲》时，大学生便会产生强烈的民族自豪感，并对祖国实现繁荣富强信心倍增。这种民族自豪感无疑是爱国主义情感最为生动的写照。

二、体育与团队精神

（一）培养团队精神的重要性

团队精神不仅是人生存与发展的基础和条件，还是人社会化的表现。培养大学生的团队精神是学校品德教育的重要内容。培养大学生的团队精神，不仅可以让大学生体会互相帮助、互相学习是大有裨益的，还可以使大学生提升成就感，培养自尊心，改善人际关系。因此，培养大学生的团队精神具有深远的社会意义。

（二）体育课程如何培养团队精神

在体育课程的绝大部分教学内容和教学方式中，团队意识的培养和强化是极为重要的一部分。体育团队要摆正输赢观，遵守规则，尊重对手，培养合作意识和团队精神。在每一次比赛中，不论输赢，只要拼尽全力，不断超越自己，就不会留下遗憾。在足球运动、篮球运动、排球运动、接力跑等各项体育运动中，团队精神是影响一支队伍生命力的重要因素之一。

1. 在集体活动中培养团队精神

体育教学有着严格的组织形式和活动规则，要求参加者自觉遵守活动规则。尤其是在集体项目中，每位参加者都在集体项目中扮演着不可或缺的角色。参加者要清楚地认识到自己的特点、长处，服从集体的部署安排，随时观察、注意环境的变化，并了解同伴的情况、状态和战术设计。大学生通过彼此之间的联系、合作，围绕共同的目标，最大限度地发挥个人水平，从而培养自身强烈的责任感、组织纪律性，以及团结互助、爱护集体的意识。

2.在体育游戏中培养团队精神

体育游戏对大学生团队精神的培养有重要作用。在体育活动中，大学生要有合作意识；在游戏对抗中，大学生需要相互交流、合作，从而达到共同提高、取胜的目的。因此，体育游戏对大学生团队精神的培养具有独特的作用。

3.在体育竞赛中培养团队精神

体育竞赛是培养大学生团队精神的良好手段。在紧张激烈的集体比赛中，虽然个人技术很重要，但战术配合更为重要。这里的战术配合实际上指的就是团队合作。在体育竞赛中，大学生只有融入集体，才能感受到团队合作的重要性，才能感受到成功的喜悦、品尝到失败的滋味，才能领略到竞争与拼搏的艰辛。

三、体育与规则意识

（一）培养规则意识的重要性

“没有规矩，不成方圆。”规则是社会运行的基石，是社会有序运转、人与人和谐相处的基本条件，也是现代社会良性发展的基本元素。规则无处不在，任何社会个体与外界的交流都离不开规则的限制，不同的社会角色须遵守不同的规则。规则是任何活动有效进行的必要前提和基本保障。

规则意识是个人素质的重要方面，也是素质教育的重要组成部分。随着时代的发展，社会对人才的要求在不断提高且日益多元化，但无论人才的标准怎么变化，具备规则意识都是社会对人才的最基本要求。未来社会将是极其讲究规则的社会。从长远来看，只有在遵守规则的基础上，大学生才能更好地适应社会。因此，大学生的规则意识及执行规则的能力是其适应社会极其重要的内容，也是大学生学习、生活的基础与保证，有利于大学生顺利地成长为对社会有用的人才。

规则意识是不可能自然形成的，要依靠后天的教育与培养，而学校教育是诸多教育途径中重要的一环。体育的特性决定了与体育运动有关的活动均与规则相关联，加之体育课程在教学内容和教学目标上接近规则意识教育的要求，因此体育课程便成了规则意识教育的重要渠道。大学生在各项运动中严格遵守规则，长此以往会潜移默化地将其建立起的规则意识逐渐迁移到日常生活和学习之中，从而养成遵守规章制度、法律法规的良好习惯。大学生具备了规则意识，可以对其形成终生遵守规则的意识和行为起到促进作用。

（二）体育课程如何培养规则意识

在现代社会，大学生的社会适应能力越来越受到教育者的关注。大学生可以通过多种途径提高自己的社会适应能力，而体育课程学习是其中较为重要的途径之一。社会适应能力涵盖的内容非常广泛，包括建立和谐的人际关系、学会尊重与关心他人、理解不同角色的任务、识别体育中的道德行为、关心社会的体育与健康问题等。任何体育项目的顺利开展都是建立在参与者遵守竞赛规则的前提下，因此体育对大学生规则意识的养成有着得天独厚的优势。

一般来说，体育课程中的规则意识培养主要体现在以下两个方面。

1. 体育课堂常规

体育课堂常规是培养大学生良好的思想作风，向大学生进行文明礼仪、组织纪律和安全教育的一条十分重要的渠道。通过对体育课堂常规的贯彻落实，如严格执行考勤、考核制度，加强组织纪律性，大学生可以逐步形成遵守规章制度的意识和热爱集体等良好的道德品质。体育课堂蕴含着规则教育的因素，体育课堂常规对增强教学效果和加强思想品德教育的作用是不可忽视的。

2. 体育活动规则

任何一个体育活动都有详细的规则，从一个简单的游戏、非正规比赛、半正规比赛到正规比赛、职业化比赛，都有不同的规则；同时，体育活动对遵守规则的要求是很严格的。制订竞赛规则是开展体育活动的前提。大学生只有掌握规则、遵守规则，才能使体育活动公平、公正地进行，才能感受体育活动的魅力，享受体育活动带来的乐趣。

体育活动都是在一定的规则和裁判员的监督下有组织地进行的。这个过程具有严肃性、制约性、公正性、权威性，要求参加者必须严格遵守与服从，且人人平等。在体育活动中加强规则意识教育，能培养大学生诚实守纪、热爱集体、关心他人等优秀品质，使大学生树立良好的规则意识。

第二节　体育与个人素养

一、体育与塑造健全人格

（一）塑造健全人格的重要性

人格，指人的性格、气质、能力等特征的总和。人格是人类独有的，由先天获得的遗传素质与后天环境相互作用而形成的，能代表人类灵魂本质及个性的性格、气质、品德、品质、信仰、良心，以及由此形成的尊严、魅力等。人格具有独特性、稳定性、统合性和功能性。

体育对塑造大学生健全人格有促进作用。健全人格因个体差异不同，所表现出的要素各不相同。体育作为人类活动实践的精神产物，对健全人格的塑造有着独特的作用。体育锻炼不仅能提高个体身体机能，丰富个体精神层面的需求，还能够促进个体“心理人格”的平衡、协调，“法律人格”的平等、公正，“道德人格”的友爱、高尚，从而实现个体全面发展、全面健康的最终目标。

（二）体育课程如何塑造健全人格

蔡元培先生是中国近现代著名的教育家、北京大学原校长。他提倡自由主义教育，尊重自由发展，并提出“五育”并重、和谐发展的教育方针，对中国教育产生了重大影响。他说：“完全人格，首在体育。”蔡先生认为：健全人格者，应身心协调，追求个性，注重德育、智育、体育、美育与世界观教育全面和谐发展。体育作为全面教育的基石，可将各项教育相互联系起来，形成和谐统一的整体。

1. 增强规则意识，促进道德规范的形成

体育比赛讲究的是“公开、公平、公正”的竞赛原则，任何人参加比赛都必须遵守规则，以期形成有组织、有纪律的公平竞争环境，为所有参赛的运动员保驾护航。大学生通过参与各项体育运动，使自己接触和了解到体育比赛的规则程序，能够在体育运动中逐渐接受和认同这种行为准则，并且在日常的学习和生活中约束自己，形成固有的法规意识，进而养成遵守社会规范的行为习惯。“遵守规则、尊重裁判、尊重对手”，这一原则贯穿于比赛的全过程，使道德规范形成准则，生成更高的道德品行与思想，促进大学生健全人格的形成。

2. 促进智力发展，提升抗挫折能力

洛克在《教育漫画》中说：“健全的心智寓于健康的身体。”这句话从生理和心理两方面阐述了身体与精神的关系。经常参加体育锻炼可提高个体身体机能，提升脑力工作效率；另外，经常参加体育锻炼也可使人在长时间脑力劳动后得到休息和放松。当大脑疲乏劳累时，适当进行身体活动，能使过于紧张、兴奋的细胞放松缓解，从而调动另一部分细胞处于适度的兴奋状态，此时想象力、创作力、灵感思维会一涌而出，智力发展也能提升到一个新的高度。

此外，体育锻炼还可以增强大脑神经系统的稳定性，提高应变能力和灵活性。在赛场上，运动员斗智斗勇、变换策略、分析战术等，这些都与智力息息相关。可以说，没有一项体育运动不需要智力发展，而智力发展则更离不开体育运动，因而脑力与体力相互结合、劳逸结合才符合健全思维机体活动的规律。

体育比赛虽然以追求比赛的胜利为目的，但是无论哪个运动员，都要经历面对失败、战胜失败、挑战自我、创造新成绩的过程。大学生参与体育比赛，既能体验胜利的无比美妙，又能在失利中收获成长。这是一笔促使其自身越挫越强的财富。

3. 培养个性美、心灵美和审美能力

“美”从古至今就是人们追求的崇高理想，是健全人格必不可少的特性之一。美育无时无刻不存在于大学生身边，与大学生息息相关。体育之美将运动中的优雅、勇敢、顽强、灵巧等纳入美学范畴，追寻运动场上的永恒魅力，为人类身体美喝彩。“我运动，我健康”，体育运动带给人们健康之美。经常参加体育锻炼的人，男性体格健壮，女性体形优美。赛场上，运动员精湛的运动技能、灵活多变的战术配合，也给观众展现了健康向上的美。通过体育运动，大学生不仅可以学会欣赏美、观赏美，陶冶情操，展示自身的精神风貌，还可以充分享受自然风光，在运动拼搏之余感悟自然之美。

4. 形成正确的价值观、世界观

价值观是一个人对事物是非好坏、善恶美丑的直接评判，是人生观、道德观、世界观的核心基础。正确引导大学生形成健康向上、科学发展的价值观，是塑造健全人格的必备条件。体育运动所特有的实践性、直观性、竞技性及参与性，都为个体健全价值观、世界观提供了适宜的发展环境。通过参加体育锻炼，大学生可以感悟“友谊第一，比赛第二”的道德精神，倡导“公平、公正、公开”的竞赛原则，了解“更快、更高、更强——更团结”的奥林匹克格言。因此，体育在建构大学生民主、自由、公平、正义、竞争、协作、诚信的完整价值观体系中发挥着重要作用。

在体育课程实践中，大学生能够认识自我、了解自我、超越自我，为个人的健康成长打下基础。学校教育要发挥体育课程的学科特点，建立科学的教育体系，将健康融于学科知识，将知识付诸体育锻炼，利用体育学科的优势条件，培养人格健全的大学生。

二、体育与意志品质

（一）培养学生意志品质的重要性

1. 良好的意志品质是学生的基本素质之一

《中共中央国务院关于深化教育改革全面推进素质教育的决定》从不同的角度对学生的意志品质提出了要求：从加强学生心理健康教育的角度，提出要“针对新形势下青少年成长的特点，加强学生的心理健康教育，培养学生坚韧不拔的意志、艰苦奋斗的精神，增强青少年适应社会生活的能力”；从加强学校体育工作的角度，提出要重视培养学生的“竞争意识、合作精神和坚强毅力”；从教育与生产劳动相结合的角度，再一次强调要重视对青少年“热爱劳动的习惯和艰苦奋斗的精神”的培养。良好的意志品质并非与生俱来，而是学生在后天的社会实践与教育中逐步锻炼和培养起来的。良好的意志品质是学生的基本素质之一，对学生成才有着不可估量的作用。

2. 适应现代社会发展的需要

在竞争日趋激烈的今天，社会对人才的素质要求也越来越高。具有吃苦耐劳、坚忍不拔的意志品质是个人在激烈的竞争中取得成功的重要因素。历史事实证明，但凡有贡献、有成就的人，都是意志坚强的人。一些大学生怕苦怕累，意志薄弱，自觉性、坚韧性和自制力较差，他们对千变万化的社会认识不充分，对事物的发展认识不足，没有足够的心理准备。有些大学生心理素质较差，处理问题不够沉着，缺少克服困难的勇气，遭受一点挫折就悲观失望、丧失信心。在当前素质教育的背景下，为了使大学生在今后的人生道路上实现其人生价值，学校应当高度重视对大学生意志力的培养。

3. 实现人生目标的有力保证

从一定意义上来说，良好的意志品质是人们实现人生目标的有力保证。意志坚强的人可以在艰难困苦的环境中奋发图强，取得优异的成绩；意志薄弱的人往往一遇到困难就畏缩不前，最后一事无成。意志力是攀登科学高峰的梯子，意志力是强者制胜的法宝。学生在学习、生活和以后的工作中会遇到各种各样的困难和挫折，这些困难和挫折会增加他们实现自己的人生目标的难度。意志坚强的学生往往能克服种种困难，在人生道路上不断前进，最终实现自己的人生目标；而意志薄弱的学生往往会被困难和挫折击败，在人生道路上停滞不前，甚至变得一蹶不振，最终一事无成。

（二）体育课程如何锤炼意志品质

1. 体育活动中的困难因素

体育活动本身所具有的特殊性，使体育活动中的困难因素也具有特殊性。困难包括内部困难和外部困难。

内部困难是指与目标相冲突的、来自个体自身的障碍。在体育活动中，内部困难又分为生理方面的困难和心理方面的困难。生理方面的困难包括个体先天因素造成的运动困难，如身高、体重、协调性、灵敏性等不足对个体进行某项运动造成一定程度上的困难；还包括剧烈运动所造成的生理困难，如高强度的训练造成呼吸困难、乳酸堆积、体力下降，使个体维持现有运动水平存在困难。心理方面的困难源于生理方面的因素和外部困难因素的影响。在这些因素的作用下，个体心理上会出现微妙的变化，如先天不足、能力有限造成个体缺乏信心、情绪低落等；同时，学生还在学习和生活中面临自我价值实现的压力、被人认可的压力、竞争压力等，这些压力一旦处理不当，就会在一定程度上给学生造成心理方面的困难。

外部困难是指来自外界的障碍，可以分为人化障碍和物化障碍。人化是针对自然环境（物化）而言的。人化障碍是指由人为因素造成的障碍，如目标达成的速度、远度、高度等要求。物化障碍是指由一些自然因素造成的障碍，如天气条件差、场地条件差等。

通常情况下，外部困难是通过内部困难对个体产生影响的。生理上的困难会引发心理上的困难，二者之间是辩证统一的。因此，个体在主观上不怕困难和危险，并能勇敢地战胜困难和危险，就是意志坚强的表现。

2. 体育活动中所需的意志努力

（1）克服生理非常态所需的意志努力。

非常态是相对于平时正常的生理状态而言的。它是指个体的心率、血压、肺通气量、肌肉的紧张度等指标都超过了正常值。这时，个体要完成一定的运动任务，就必须付出更多的努力，特别是在高强度运动中出现疲劳、肌肉酸痛，甚至有伤病时，个体就必须依靠意志努力克服机体的惰性和抑制现象来维持运动状态。

（2）克服紧张心理所需的意志努力。

在体育活动中，许多情况都会造成个体心理紧张。例如，对手给自己所施加的心理压力造成的心理紧张，大运动量、高强度的训练任务造成的心理紧张，高目标、高要求造成的心理紧张等。这就要求学生调整好情绪，自觉减轻心理压力，为此学生需要一定的意志努力。

（3）克服与危险有关的不良情绪所需的意志努力。

体育活动中有许多项目存在一定的危险性，如体操项目中的单杠、双杠、跳箱、跳马等，水上项目中的游泳、跳水等，冰雪项目中的滑冰、滑雪等，同场对抗项目中的足球运动、篮球运动、散打等。体育项目所固有的危险性容易使学生产生胆怯、恐慌等消极情绪。学生要克服这些不良情绪，需要一定的意志努力。

（2）短跑的基本技术。短跑是由起跑、起跑后的加速跑、途中跑和终点跑4个紧密联系的技术部分组成的。① 起跑。起跑的主要任务是使身体迅速改变静止状态，获得最大的起动初速度和向前的冲力。② 起跑后的加速跑。起跑后的加速跑是从蹬离起跑器到途中跑之间的一个跑段，一般为30米左右。在此阶段，运动员的任务是尽快加速以达到自己的最高速度。起跑后第一步约为三脚半长，第二步约为四脚至四脚半长，之后逐渐增大，直至途中跑的步长。腿蹬离起跑器后，身体处于较大的前倾姿势，为了不使身体向前摔倒，要加快腿的蹬伸与臂的摆动速度，保持身体的平衡。最初几步两脚内侧着地点并非在一条直线上，随着速度的加快，两脚内侧着地点逐渐趋于一条直线。③ 途中跑。途中跑是短跑全程跑中距离最长、速度最快的一段，也是短跑中最主要的环节。在此阶段，运动员的任务是继续发挥和保持最高速度。④ 终点跑。终点跑是短跑全程跑的最后一段距离。在此阶段，运动员的任务是动员身体全部力量，以最快速度跑过终点。

2. 中长跑

（1）中长跑项目简介。中长跑是高速度耐力性运动项目。中长跑正式比赛的项目包括男女800米跑、男女1500米跑、男女5000米跑、男女10000米跑等。

参加中长跑项目的运动员既要达到一定的速度，又要跑得持久。其特点是内脏器官长时间工作且肌肉连续活动，这是提高持久奔跑能力、改善心血管系统和呼吸系统机能的有效手段。同时，中长跑对培养人的顽强意志有明显作用，是一项较为简单易行的健身运动。

（2）中长跑的基本技术。中长跑的技术环节与短跑相似，只是在跑的全过程中要注意呼吸节奏与跑的步伐相配合，呼吸节奏一般采用两步一呼、两步一吸或三步一呼、三步一吸等。呼吸是利用鼻和半张口同时进行的（剧烈运动时单靠鼻呼吸是不够的）。在冬天迎风练习中长跑时，可以用鼻呼吸或用鼻吸口呼的方法。鼻腔内有较多的血管，能使通过的空气升温，避免冷空气直接刺激咽喉。中长跑技术中的途中跑技术是中长跑的主要技术。

3. 跨栏跑

（1）跨栏跑项目简介。跨栏跑是田径运动中技术性较强、难度较大的径赛项目。跨栏跑正式比赛的项目有男子110米栏、女子100米栏和男女400米栏。跨栏跑是途中设有固定数量、固定距离、固定高度栏架的短跑项目。跨栏跑运动可以培养人勇敢、顽强、果断和克服困难的意志品质，并能有效地发展速度、弹跳力、柔韧性、灵敏性等素质。

（2）跨栏跑的基本技术。跨栏跑由起跑和第一栏前的加速跑、跨栏步、栏间跑、终点跑4个技术环节组成。男、女各个项目所跨越的栏数都是10个，其高度不同，但其跨越技术大致相同，都是用跨栏步和栏间跑动作完成。

（二）跳跃

跳跃属于田径运动中的田赛项目，有跳高、跳远、三级跳远、撑竿跳高等。以下对跳高和跳远进行简要介绍。

1. 跳高

（1）跳高项目简介。跳高是田赛项目之一。随着跳高技术的不断发展，跳高姿势已从跨越式、剪式、滚式、俯卧式发展到现在的背越式。练习跳高能够增强腿部力量，提高弹跳力，发展灵敏性和协调性，能够培养人勇敢、坚定、沉着、果断的意志品质及不怕艰难险阻、勇于攀登高峰的精神。

（2）跳高的基本技术。跳高由助跑、起跳、过杆和落地 4 个技术环节组成。起跳必须用单脚，跳高姿势现在主要采用背越式。

2. 跳远

跳远

（1）跳远项目简介。跳远是田赛项目之一，易学、易于掌握。跳远的空中技术有蹲踞式、挺身式和走步式。练习跳远能发展人的速度、弹跳力和灵敏性，并能增强心脏等内脏器官的功能，增进身体健康，同时能够培养锻炼者沉着、果断的品质。

（2）跳远的基本技术。跳远的完整技术由助跑、起跳、腾空和落地 4 个技术环节组成。起跳必须用单脚，现在的跳远空中动作主要采用蹲踞式、挺身式和走步式。

（三）投掷

投掷属于田径运动中的田赛项目，有推铅球、掷铁饼、掷标枪、掷链球等。以下只介绍前 3 种。

1. 推铅球

（1）推铅球项目简介。推铅球是田赛项目之一。练习推铅球能增进身心健康，特别是对发展躯干和增强上下肢力量有显著的作用。

（2）推铅球的基本技术。推铅球的完整技术是由握球和持球、预备姿势、滑步、最后用力 4 个技术环节组成的。铅球的质量是男子 7.26 千克、女子 4 千克。

2. 掷铁饼

（1）掷铁饼项目简介。掷铁饼是田赛项目之一，属于长投项目，是一项古老的体育运动，并且技术性较强。练习掷铁饼能提高身体的灵敏性，增强上下肢力量。

（2）掷铁饼的基本技术。掷铁饼的技术环节可分为握法、预备姿势、预摆、旋转、最后用力和维持身体平衡。在正式比赛中，铁饼的质量为男子 2 千克，女子 1 千克。

3. 掷标枪

（1）掷标枪项目简介。掷标枪是田赛中的长投项目之一，是一个比较复杂的多轴性旋转项目。练习掷标枪能提高身体的协调性，增强爆发力。

（2）掷标枪的基本技术。掷标枪是由握法和持枪、助跑、最后用力、缓冲 4 个技术环节组成的。在正式比赛中，标枪的质量为男子 800 克、女子 600 克。

二、田径体能训练方法

（一）跑的体能训练方法

1. 长跑

长跑的能力主要取决于一个人的耐力素质。耐力素质是指人体肌肉长时间持续运动和对抗疲劳的能力，长跑中的耐力一般是指在一定时间内，人体发挥最好的持续跑的能力，可分为一般耐力和专项耐力。一般耐力就是有氧训练能力，即时间长、速度慢、强度小的跑的能力，有氧训练是通过走、跑及其他训练方式进行的。专项耐力是指在整个跑程中始终如一保持高速度的能力，专项耐力至关重要，专项耐力训练也称为无氧训练。人们在平时训练中主要采用的手段有持续跑、重复跑、变速跑、专门练习及各种段落的计时跑等。

（1）持续跑：基本特点是长距离、匀速地跑。具体训练方法为在400米的跑道上跑15～20圈，平均每圈的速度控制在1分55秒以内，每天可以通过此方法提高耐力水平及有氧训练水平。跑步的距离可以逐渐增加。如果速度提高了，在训练过程中也可采取无氧训练与有氧训练结合的训练方法。

（2）重复跑：发展速度和专项耐力的重要手段，还可以培养跑步的速度感和节奏感。重复跑训练的距离范围很宽，短至50米，长至800米，都可以。在训练中可使用变化距离或相同距离的重复跑训练。距离虽可以改变，但总的强度要接近，同时距离的变化不宜过大。人们日常训练可以采取以1200米为单位，重复5组，每组完成后休息5～7分钟的方法。

（3）变速跑：发展专项耐力和心肺机能的重要手段，并且此训练法对于改善人体不同代谢方式的转换能力及培养人的意志品质是非常有帮助的。其主要方式为采用不同速度的、长时间的交替跑。具体方法是在400米的跑道上，在直道进行80%强度的加速跑，在弯道进行慢跑（可以尽量慢，但不能走），如此依个人身体素质进行6～10圈的练习，再配合以力量训练。

2. 短跑

短跑项目属于极限强度运动项目，要求运动员具有良好的反应力、爆发力和身体协调能力。训练短跑可以采用以下方法。

（1）负重冲刺跑。身上负重沙袋，进行全力的加速冲刺；也可一人手握弹力带，另一人用弹力带绕住腹部，后者全力冲刺，带动前者奔跑，从而锻炼短距离加速的能力。

（2）爬坡冲刺跑。选择坡度适当的斜坡进行全力冲刺，斜坡的坡度不宜过大。在冲刺时可以分组进行，逐渐增加爬坡的距离。

（3）变速跑。具体方法与长跑中的变速跑相同，主要锻炼心肺功能和短距离的冲刺能力，可适当负重。

（二）跳的体能训练方法

1. 耐力训练

（1）长跑：400米跑道，女子每次跑15圈，男子每次跑20圈，平均速度为每圈不低于2分20秒。

（2）负重越野：男子负重不低于30千克，女子负重不低于20千克，在不低于海拔2000米的小路、山脊行走，时间为1天或2天，每周或每2周1次。

（3）如果时间和其他条件不允许，也可用游泳、骑自行车等代替长跑，这样也可使运动量相当。

2. 力量训练

（1）大腿力量训练：大腿与地面平行，进行“鸭子步”练习，30米为1组，每次做5组，中间不休息。

（2）小腿力量训练：踮脚跳，大腿不用力，30米为1组，每次做5组，中间不休息。

（3）上肢力量训练：俯卧撑，8次为1组，做5组；引体向上，6次为1组，做5组。

（4）腰腹力量训练：仰卧起坐带转体，15次或20次为1组，做3组。

3. 平衡性训练

（1）单脚平衡：单脚站立，多次完成前俯后仰动作。

（2）动态平衡：像走平衡木一样行走，或者单脚跳格子。

4. 柔韧性训练

（1）单杠悬垂、拉伸肢体。

（2）压腿、下腰。

（3）拉伸身体两侧肌肉。

力量训练、平衡性训练和柔韧性训练每周不少于 3 次，在长跑之后完成。每周长跑不得少于 4 次。但也要控制运动量，长跑距离不宜过长，以防滑膜受损。

（三）投掷的体能训练方法

在有一定的投掷基础之后，宜在上午进行专项投掷训练，最好投掷重的器械，如投 3 千克的铁饼和 1200 克的标枪，可分为大运动量（投掷 80 次）、中运动量（投掷 60 次）、小运动量（投掷 20 次）来投。大量地投掷重器械可以使技术和动作都有很好的提高，也可以提高专项力量。在下午一般进行速度、力量、灵敏性的训练。力量训练每次也要注意采用不同的方法，不可以连续进行大力量训练，否则身体会因疲劳而受伤。掷铁饼的力量训练主要是卧推和深蹲，可以根据自己的情况来练习。掷标枪的力量训练主要是抓举和躺拉。在进行力量训练时，尤其是大力量训练时，一定要注意保护好自己，不要强迫自己去做，否则很容易受伤。速度训练可以安排在力量训练后，一般是跑 30 米、60 米、100 米和 200 米。如果跑 30 米重复 8 次，那么跑 60 米就重复 6 次、跑 100 米重复 3 次、跑 200 米重复 1 次。跑的时候一定要用尽全力。标枪的交叉步训练也很重要。训练交叉步的方法可采用：① 扛着标枪交叉步跑；② 杠铃负重跑；③ 杠铃负重交叉步跑。

第三节　田径竞赛规则简介

一、径赛主要规则

（一）起跑

（1）400 米及 400 米以下的各个径赛项目，起跑时应使用“各就位”和“预备”口令。

（2）400 米以上的各个径赛项目（除了 4 × 200 米、异程接力和 4 × 400 米），起跑时应使用“各就位”口令。

所有比赛通常应以发令员发令枪朝天鸣放的信号为起跑信号。

（二）起跑犯规

（1）当使用国际田联认证的起跑信息系统时，发令员和（或）指定的召回员应头戴耳机，以便清楚地听见监测系统发出的犯规提示声音信号（也就是，当反应时小于 0.100 秒）。发令枪响后，当发令员和（或）指定的召回员听到声音信号，应召回本次参赛运动员，并且发令员应立即检查起跑信息系统上的反应时和其他相关信息，以便确认哪位运动员对本次召回负责。

（2）运动员在做好最后起跑姿势之后，只能在接收到发令枪发出的信号之后开始起跑。如果发令员判定运动员在发令枪发出信号之前起跑，应判为起跑犯规。

（3）除全能项目之外，任何对起跑犯规负责的运动员将被发令员取消该项目的比赛资格。

（4）出现起跑犯规的情况后，助理发令员应当：① 除全能比赛，应取消对起跑犯规负有责任的一名或多名运动员的比赛资格，并在该运动员面前出示红黑牌（用对角线分为两半）；② 在全能比赛中，对第一次起跑犯规负有责任的一名或多名运动员给予警告，并在该运动员面前出示黄黑牌（用对角线分为两半），同时，由一名或多名助理发令员向所有该项比赛的其他运动员出示黄黑牌，以示警告，并告知他们如果任何运动员再次起跑犯规将被取消比赛资格；③ 如果再次发生起跑犯规，对起跑犯规负有责任的一名或多名运动员将被取消比赛资格，并在该运动员前举起红黑牌，分别在各自分道的道次墩上做出相应的标记。

（5）发令员或任何一位召回员认为本次起跑不公允，将鸣枪召回运动员。

关于起跑不公允的规则不仅仅限于抢跑，这些规则还应用在其他情况下。例如，起跑器打滑以及一名或多名运动员在起跑过程中受到外来物体干扰等。

（三）跨栏跑

运动员应跨越每个栏架，否则将被取消比赛资格。此外，出现下列情况，运动员也将被取消比赛资格：① 在过栏瞬间，其脚或腿在栏架两侧以外（任意一边），低于栏顶的水平面；② 裁判长认为运动员有意撞倒任一栏架。

（四）障碍赛跑

运动员必须越过或涉过水面，并且跨越每一个栏架，否则将被取消比赛资格。

此外，出现下列情况也将被取消比赛资格：① 踏上水池两边的任意一边；② 在过栏瞬间，其脚或腿在栏架侧面以外（任意一边），低于栏顶水平面。

（五）接力跑

（1）当接力的全程或第一棒为分道跑时，运动员可在自己分道内用胶布做一个标志，其最大尺寸为 0.05 米 ×0.40 米，颜色应明显区别于跑道上其他永久性标志。不得使用其他标记。裁判员可以指导相关运动员执行规则或移除不符合规则的标记。如果他们不执行，裁判员将移除这些标记。

（2）接力棒必须在接力区内交接。接力棒的交接从接力棒初次触及接棒运动员开始，到完全由接棒运动员手持才算完成。仅以接力棒的位置决定是否在接力区内完成接力。在接力区外交接棒将被取消比赛资格。在决定接力棒的位置时，要考虑接力棒的整体位置。检查裁判员必须确保他们能够观察到接棒运动员在接力棒进入到接力区前接触到接力棒，特别是在 4×400 米或其他长距离项目上。接棒运动员在接力棒进入到接力区之前接触到接力棒，该运动员所在接力队将被判取消比赛资格。他们还必须确保，在接力棒离开接力区前，接力棒只在接棒运动员手中。

（3）在比赛过程中，任何运动员手持或捡拾其他接力队的接力棒时，该接力队将被取消资格。其他接力队不应受罚，除非从中获得利益。

（4）接力队的每位成员只能参加接力赛的其中一棒。参加接力比赛任何赛次的4名运动员，可以是报名参加其他项目比赛的任何运动员。然而，一旦开始比赛，每队只允许有两名替补队员参加比赛。如果违反此规定，将取消该队比赛资格。

（六）竞走

竞走是运动员用双脚与地面保持接触，连续向前迈进的过程，没有（人眼）可见的腾空。前腿从脚触地瞬间至垂直部位必须伸直（即膝关节不得弯曲）。

二、田赛主要规则

（一）跳高

运动员必须用单脚起跳。出现下列情况之一者，应判为试跳失败。① 试跳后，由于运动员的试跳动作，致使横杆未能留在横杆托上。② 在越过横杆之前，运动员身体的任何部位触及横杆后沿（靠近助跑道）垂面以前的（在两个立柱之间或之外的）地面或落地区。如果运动员在试跳中一只脚触及落地区，而裁判员认为他并未从中获得利益，则不应因此原因判该次试跳失败。③ 运动员助跑后未起跳，触及横杆或两立柱垂面以前的地面或落地区。

（二）跳远

（1）如出现下列情况，应判为试跳失败：① 在起跳过程中，无论是助跑后未起跳还是做了试跳动作，运动员身体任何部位触及起跳线以前的地面（包括橡皮泥显示板的任何部分）；② 从起跳板两端之外起跳，无论是否超过起跳线的延长线；③ 在助跑或试跳中采用任何空翻姿势；④ 起跳后，在第一次触及落地区之前，运动员触及了助跑道、助跑道以外地面或落地区以外地面；⑤ 在落地过程中（包括任何的失去平衡）触及落地区边沿或落地区以外地面，而落地区外的触地点较落地区内的最近触地点更靠近起跳线。⑥ 除跳远（2）中描述的情况外，以其他方式离开落地区。

（2）当运动员离开落地区时，其脚在落地区边线或边线外地面的第一触地点，应比在沙坑内的最近落地点离起跳线的距离更远（该最近触地点可能是因为失去平衡而留下的完全在落地区内的痕迹，或运动员向回走时留下的距起跳线比落地点更近的痕迹）。该第一触地过程被认为开始离开落地区。

（三）三级跳远

三级跳远的三跳顺序是一次单足跳、一次跨步跳和一次跳跃。单足跳时应用起跳腿落地，跨步跳时用另一条腿（摆动腿）落地，然后完成跳跃动作。运动员在跳跃中摆动腿触地不应视为试跳失败。

应该注意的是，如果运动员有下列情形(仅有之一)，不应判罚失败:① 触及起跳线和落地区之间的白色标志线或线以外的地面；② 如果运动员自身并没有犯规情形，在跨步跳阶段触及落地区。例如裁判员错误地指示了起跳板，此种情况下，相关裁判长通常应给予运动员一次补跳的机会。当然，如果跳跃后的着地在落地区之外的应该判罚失败。

（四）推铅球

铅球只能用单手从肩部将铅球推出。当运动员在投掷圈内开始试掷时，铅球要抵住或靠近颈部或者下颌。在推球过程中持球手不得降到此部位以下。不得将铅球置于肩轴线后方。（注：不允许使用侧手翻式投掷技术。）

（五）掷标枪

（1）投掷标枪时应用单手握在把手处，从肩部或投掷臂上臂的上方掷出，不得抛甩。不得采用非传统姿势进行投掷。只有标枪的金属枪头先于标枪的其他部位触地，试掷方为有效。运动员试掷时，在标枪出手以前的任何时间，身体不得完全转向背对投掷弧。

（2）如果标枪在试掷时或在空中飞行时折断，只要该次试掷符合规则要求，不应判为试掷失败。如果运动员因此失去平衡而违反本规则的任何规定，也不应判作一次试掷失败。以上两种情况应允许运动员重新进行一次试掷。

【参考文献】

[1] 韩桂凤. 现代教学论[M]. 北京：北京体育大学出版社，2003.

[2] 王保成，王川. 田径运动理论创新探索[M]. 北京：北京体育大学出版社，2003.

[3] 李树君，刘福林. 现代田径运动[M]. 大连：大连出版社，1992.

思政课堂

田径运动是各项运动的基础，能多方位地发展学生的身体素质和运动技能，有助于培养学生勇往直前、顽强拼搏、坚韧不拔的品质。人生是一趟与自己赛跑的旅程，既需要充沛的体能和精力来面对每一天的事务，又需要坚强的意志来应对人生路上的困难和坎坷，还需要勇气和雄心来帮助自己战胜惰性和私欲，田径运动正是学生在一生与自己赛跑的过程中可选择的良好助力之一。

田径运动不仅助推着无数个个体的人生，也承载着民族的希冀。1932年，第一位代表中国参加奥运会的运动员刘长春报名参加了奥运会田径比赛中的男子100米跑、男子200米跑，他为了中华民族的尊严拼尽全力，却因远洋航行体力不支等原因未能从预赛中晋级。2021年，苏炳添在奥运会田径比赛中的男子100米跑半决赛中以9秒83的成绩创造了新的亚洲纪录并杀入奥运会决赛，那一刻，在奥运会男子100跑领域，中华儿女登上了亚洲的巅峰，站上了世界最高的舞台。从刘长春到苏炳添，一代代中国短跑人继承前人的精神，坚持不懈地奋斗，最终实现了无数中华儿女的梦想。和世界上很多国家的人一样，中国人也有能力跑进奥运会100米决赛；和世界上很多国家的人一样，中国人也可以在很多方面不断进步，做到世界顶级。苏炳添在田径赛场上取得的成绩牵动着亿万同胞的心，鼓舞了无数中国人秉承着民族自豪感积极投入到新时代中国特色社会主义现代化建设当中。

第五章　足球运动

本章导读

足球运动是以脚为主支配球的一项球类运动。现代足球运动被誉为“世界第一运动”，是世界上开展得最为广泛、影响力最大的运动项目。

随着足球运动在世界上的蓬勃发展及人们对此项运动认识的逐渐深入，足球运动在促进参与者身体健康、心理健康和社会适应能力方面的综合价值得到了越来越广泛的认同。

学习目标

1.通过学习足球基本技战术，并积极参与课堂教学比赛，发展柔韧性、灵敏性、协调性、速度、耐力、力量等身体素质。

2.初步了解足球比赛的方法和基本的竞赛规则，了解足球战术配合方式。

3.能够以足球运动为健身方式之一，养成自觉锻炼身体的习惯。

第一节　足球运动概述

一、足球运动的起源与发展

大量的文献记载和实物证据表明，最早的足球起源于距今 2400 多年的我国战国时代，比其他国家早 1000 多年。国际足联主席布拉特于 2004 年 7 月宣布，足球起源于中国的蹴鞠。

今天说的足球运动一般指现代足球，现代足球起源于英国，并在英国得到了快速的发展。1863 年 10 月 26 日，世界上第一个足球运动组织——英格兰足球总会在英国成立，同时修改并制定了全英格兰统一的比赛规则。这为现代足球比赛规则的制定奠定了基础。在此之后，橄榄球运动与足球运动区分开来。

在英国的带动下，19 世纪末，荷兰、丹麦、阿根廷、智利、意大利等国先后成立了足球协会，各国之间的足球比赛和足球交流活动日趋频繁。在这种大环境下，1904 年 5 月 21 日，法国、比利时、西班牙、荷兰、丹麦等国代表在法国首都巴黎发起成立了国际性的足球组织——国际足球联合会，简称国际足联。国际足联的成立标志着足球运动作为一项世界性的体育运动项目登上了世界体坛。从此，足球运动在国际足联的领导下得到了快速的发展。

二、世界足球运动的发展现状

目前，世界大型足球赛事主要有国际足联世界杯、奥运会足球赛、国际足联 U–20 世界杯及国际足联女子世界杯等。这样的大型赛事通常每 2 ～ 4 年举行一次，每一次都是足球迷的狂欢日。

更贴近球迷日常生活的是各具特色的职业联赛。其中，商业化程度较高的英格兰足球超级联赛（简称“英超联赛”）、观赏性极强的西班牙足球甲级联赛、有“小世界杯”之称的意大利足球甲级联赛等，吸引着千千万万的足球迷。

三、中国足球运动的发展概述

中国近代足球运动发展很快，在 20 世纪初竞技水平属亚洲一流。1913—1934 年，中国国家男子足球队曾参加了 10 届远东运动会足球赛，除第一届外，其余九届均获冠军。

中华人民共和国成立后，足球运动得到了党和政府的高度重视与支持，进入了一个快速发展期。1951 年 12 月，第一届全国足球比赛大会在天津举行，赛后选拔成立了国家足球队。随后，各省区市相继成立了足球队，国内赛事日益频繁，我国足球对外交流也进入了高峰期。该时期是中国足球运动发展的一个高峰期。

1992 年 6 月，全国足球工作会议（红山口会议）在北京召开，足球作为体育改革的突破口开始走上职业化发展道路。2001 年，中国国家男子足球队杀入世界杯决赛圈，这一成就的取得与中国足球的职业化发展是分不开的。2004 年，中国男足获得亚洲杯亚军。女足于 1986 年首次参加亚洲杯就获得冠军，自此开创女足亚洲杯七连冠。中国女足迄今为止共晋级世界杯决赛圈 8 次，参加女足世界杯 7 次 1996 年，在美国亚特兰大奥运会上获得亚军。2022 年，中国女足在 2022 印度女足亚洲杯决赛中 3–2 击败韩国队，时隔 16 年再夺女足亚洲杯冠军。

四、西华大学足球运动简介

足球运动一直是西华大学的传统运动项目。西华大学的足球群众基础广泛，校内足球赛事频繁。除学校每年举行的“西华杯”校级足球比赛之外，成都市西区高校足球联赛、周末的足球俱乐部联赛、学院内部联赛等常规赛事也丰富着西华大学学子的课余文化生活。足球历来也是西华学子口中的焦点话题之一。

在四川省高校足球竞技场上，西华大学足球队取得过非常优异的成绩。2000 年 11 月，西华大学足球队荣获“飞利浦中国大学生足球联赛暨四川省大学生足球锦标赛”亚军；2008 年四川省高校五人制足球联赛中，西华大学足球健儿又勇夺亚军。

总体而言，西华大学足球运动虽然有一定的基础和积淀，但是校园足球文化仍有待进一步建设和发展，整体足球竞技水平也需要不断提高。西华大学足球还需要积极地去探索和实践属于自己的发展道路。

第二节　足球基本技术

足球技术种类繁多。随着足球运动的广泛开展和球员竞技水平的不断提高，足球技术也处于快速的发展和演变的过程中。

大学生足球课程主要着眼于足球运动在高校的普及与开展，大学生足球兴趣的培养、足球知识的普及和足球技能的掌握。因此，从熟悉球性入手，循序渐进，结合实战，使学生逐步掌握足球基本技术，是大学生足球课程教学的基本目标。

一、拉挑球

拉挑球

支撑脚踏在球的侧后方约 30 厘米处，支撑腿膝关节微屈，身体重心移动到支撑脚上。拉挑球脚的前脚掌踏在球的上方并向后拉，在球开始向后滚动的同时，脚尖、脚掌迅速着地，当球滚上脚背的同时，脚尖稍翘，向上挑起。

（一）挑球技巧与练习

【易犯错误】

（1）挑球部位不正确，影响出球的角度和方向。

（2）挑球动作完成后，身体重心过于靠后，影响到后续动作的衔接。

【纠正方法】

（1）将脚尖插到足球底部的相应位置，做勾挑练习。

（2）身体重心随挑球动作同步移动。

【练习方法】

（1）每人一球，左右脚交替，多次尝试做挑球练习。

（2）每人一球，左右脚交替，将前脚掌轻放在足球顶部，适当用力将球拉向身体，再将脚背快速插到足球底部，多次尝试做挑球练习。

（二）拉球技巧与练习

【易犯错误】

（1）前脚掌触球位置不对或用力过度，导致脚部控球不灵活。

（2）髋关节转动幅度不够，影响拉球的方向变化。

【纠正方法】

（1）应该用前脚掌触压和拉动足球的相应位置。

（2）通过髋关节转动，保证身体随球同步转动。

【练习方法】

（1）用前脚掌将足球拉回来，再用脚背正面将球向前推回原处。左右脚交替练习。练习过程中，两腿膝关节微屈，身体重心略微下降，两手分开保持身体平衡。一般先在原地练习，再在运动中练习，逐步加快速度。

（2）用前脚掌触压足球正上部，将足球向支撑脚方向水平拉动，再顺势用脚背外侧停住球，然后，触球脚向侧方横跨一大步，改由原支撑脚做同样的练习。左右脚交替练习。支撑腿膝关节微屈，身体重心下降。注意拉球和停球要顺势连接。

（3）用左脚脚背正面触碰球的正后部，将足球轻推向前，再由右脚前脚掌触压足球正上部，将球顺势拉回。左右脚交替练习。支撑腿膝关节微屈以降低身体重心。

（4）用右脚前脚掌将球向左水平拉动，再顺势用左脚脚背外侧将球向左侧或左前方推出。左右脚交替练习。支撑腿膝关节微屈，降低身体重心。保证身体随球移动。

二、脚背正面颠控球

【技术特点】

触球面积较大，动作灵活，容易掌握。

【易犯错误】

（1）在接触球时，脚的接触部位或脚接触球的位置不正确。

（2）颠球时，下肢僵硬，呈现直膝、屈髋状态。

（3）颠球时，向上抬大腿。

（4）颠球时，身体后仰，脚向前伸去碰球。

【纠正方法】

（1）通过多次触碰球，建立对触球部位的正确肢体感觉。

（2）两脚颠球时，膝关节微屈，降低身体重心，以膝关节为轴向前轻轻踢出球。

（3）若颠球太早，则在足球下落到踝关节高度时用脚背正面触碰球。

（4）颠球时，降低身体重心，身体适当前倾，保证身体随球移动。

【练习方法】

（1）初学时，先用手持球，使球自然坠落，当球落至膝关节以下时，用右脚脚背正面将球向上颠起，用手接住；左脚再用同样的方法颠球一次，左右脚反复练习。熟练后，可一次坠球，用左右脚各颠一次，之后逐渐增加左右脚颠球次数。

（2）以脚尖拉挑球开始进行颠球练习，待颠球熟练后，可用变化颠球高度的方法，提高颠球的熟练程度，进一步提高控球能力。例如，一次高，一次低；右脚高，左脚低等。

（3）颠球时，高低交替颠或连续颠不过膝的低球。

（4）单人以不同的速度在行进中练习。

（5）两人或多人连续交替颠球。一人颠几次后，球不落地传给另一人，另一人接着颠；也可多人围成圆圈连续轮流颠球。

三、运球

（一）脚内侧运球

【技术特点】

与其他运球技术相比，脚内侧运球速度最慢，容易控制球，多用于掩护性运球或运球变向。

【易犯错误】

（1）支撑脚选位不当，挡住来球或影响运球脚做动作。

（2）推拨球时，踝关节过于放松或脚尖外转不够，影响控制运球方向。

【纠正方法】

（1）在练习中，确定支撑脚的位置，进行走步式练习，体会动作要领。

（2）在练习中，固定脚型，强调触球时脚尖外转。

【练习方法】

（1）设旗杆若干，进行曲线运球练习。（图 5–2–1）

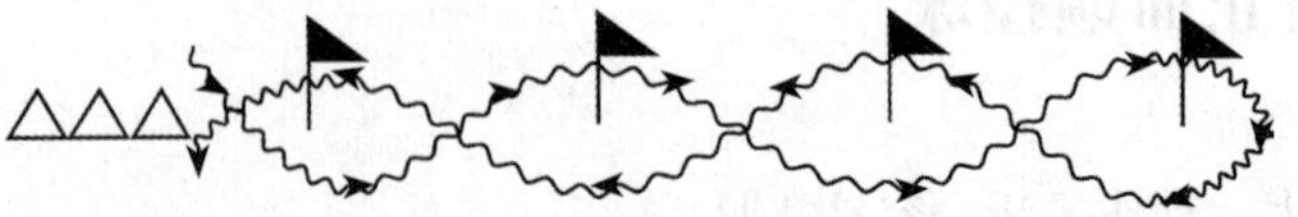

图 5–2–1

（2）以旗杆为标记，进行变向运球练习。（图 5–2–2）

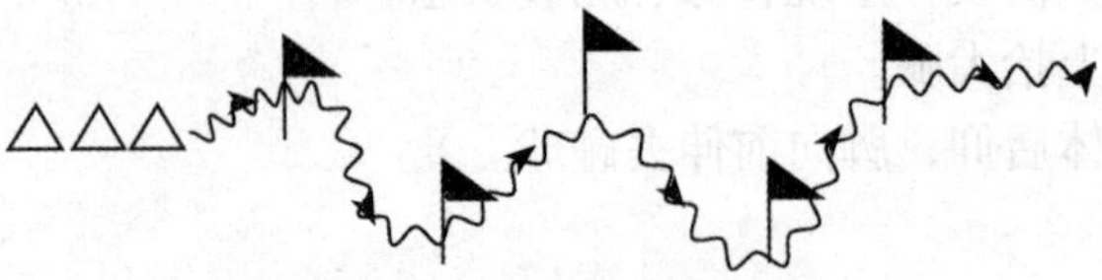

图 5–2–2

（二）脚背正面运球

脚背正面运球

【易犯错误】

（1）运球脚触球时过于放松、不稳定，难以控制运球的力量和方向。

（2）膝关节、踝关节僵硬，变推拨为捅击动作，难以控制住球。

（3）支撑脚离球过远，推球后身体重心滞后，人球分离。

【纠正方法】

（1）放慢运球速度，增强触球脚的稳定性。步幅可小，固定脚踝，掌握好蹬、摆的用力方向。

（2）放慢运球速度，按照蹬、摆、推、拨的顺序做完一次，向前慢跑两步，再按此顺序做一次，反复练习并体会，且要逐步扩大视野。

【练习方法】

（1）两人一组，距离 10 ～ 20 米进行直线运球练习。（图 5–2–3）

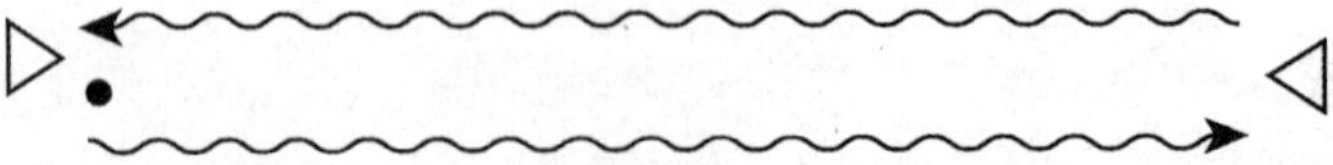

图 5–2–3

（2）三人一组进行运球接力练习。（图 5-2-4）

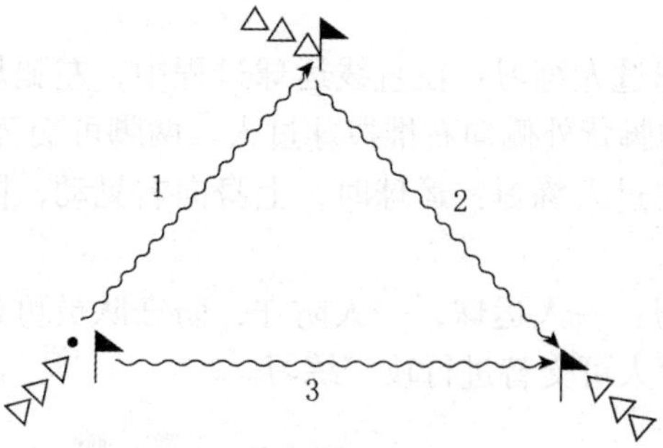

图 5-2-4

（3）以旗杆为标记，进行变速运球练习。（图 5-2-5）

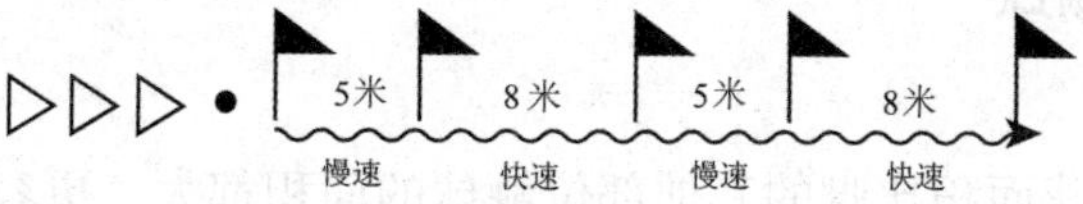

图 5-2-5

（三）脚背外侧运球

【易犯错误】

（1）低头看球，不注意观察场上情况。

（2）触球力量过大，使球难以控制。

（3）在曲线运球时，身体重心转换不好。

【纠正方法】

（1）教练员用手指挥，训练运球者抬头观察。

（2）反复练习屈膝推拨球动作。

（3）运球过程中，身体微前倾，身体重心略微下降。

（4）曲线运球改变方向时，运球脚应跨大步。

【练习方法】

（1）参照脚内侧曲线运球、脚背正面直线运球方法练习。

（2）借助足球场中圈弧线进行脚背外侧曲线运球练习。

（四）运球过人

【易犯错误】

（1）身体僵硬，影响动作的协调性，造成触球力量不足。

（2）运球技术不合理，造成脚尖捅球。

（3）运球步幅过大，身体重心太高，不能随意控球。

（4）运球时，触球部位不合理，不能使球按运球者意图运行。

（5）运球过人时，真假动作衔接不好。

【纠正方法】

（1）身体放松，适当屈膝以降低身体重心。

（2）运球过人的时候，与防守者保持 1.5 ～ 2 米的距离。可通过提前观察来提前启动或跑位，以时间换有利空间，拉开与防守者的距离。

脚背外侧运球

（3）真假动作的衔接要快。

【练习方法】

（1）左跨，右脚拨球过人练习：在直线运球过程中，左腿从球的上方跨过，落地后变成支撑脚，再用右脚的脚背外侧向右推拨球过人。两脚可交替练习。

（2）右晃，左脚拨球过人练习：运球时，上身向右晃动，同时用左脚的脚背外侧向左侧前方拨球过人。

（3）一对一攻守练习：一人运球，一人防守，防守队员可先进行低强度防守，再逐步过渡到高强度防守。两人可交替进行攻守练习。

四、踢球

（一）脚内侧踢球

脚内侧踢球

【技术特点】

脚内侧踢球的触球面积比脚的其他部位触球的面积都大，更容易控制球，适用于短距离准确传球和射门。

【易犯错误】

（1）踢球腿膝关节和踝关节外展角度不够，脚趾没勾翘，击球脚型不正确，影响击球效果。

（2）踢球腿直腿摆击球，出球乏力。

（3）支撑脚位置靠后，击球刹那，脚型不固定，出球不顺畅。

【纠正方法】

（1）可进行分解练习或无球模仿练习，也可结合固定位置的球进行体会动作的练习。

（2）在练习中，强调支撑脚最后一步跨出的距离，使腿后摆充分伸展，膝关节放松。

（3）踢定位球时，确定支撑脚的支撑点，以敲击的方式固定脚型。

脚背内侧踢球

（二）脚背内侧踢球

【技术特点】

摆踢动作顺畅、幅度大，脚触球面积大，出球平稳有力，且踢出的球的性能和路线富于变化，适用于中远距离传球和射门。

【易犯错误】

（1）支撑脚选位不当，脚趾没有对准出球方向，影响摆踢动作的完成。

（2）击球的瞬间，膝关节没有向前顶送而是顺势内拐，出球呈侧内旋。

（3）踢球腿后摆动作紧张，影响前摆速度，击球发力不足。

（4）支撑脚偏后，击球时上体后仰，出球偏高。

【纠正方法】

（1）进行助跑后的模仿踢球练习，体会支撑脚的位置，注意身体的协调配合。

（2）在练习中，增大支撑脚最后一步跨出的距离，使后摆腿充分伸展，膝关节前顶，放松做随前动作。

（3）踢内弧线球时，强调触球的正确部位，踢球脚翘起，向出球方向顺势前摆。

（三）练习方法

（1）无球模仿练习。

（2）踢固定球：两人一组，一人将球踩在脚下，另一人尝试用脚的不同部位踢球，体会脚的触球部位，适当控制力量。

（3）对墙踢球练习或进行两人间的对练。练习过程中，注意控制力量，体会触球部位。

（4）在脚背内侧踢球的练习过程中，逐步过渡到对处于慢速运动状态中的球进行一次性踢球。

（5）适当拉开练习者之间的距离，在体会踢球脚部位、触球部位、脚型和发力环节的基础上，逐步加大踢球力度。

五、停球

（一）脚内侧停球

【技术特点】

用途广泛，停球平稳，可靠性强。

【易犯错误】

（1）判断、起动慢，不能选择最佳的接球位置，影响之后动作完成的连贯性。

（2）停球腿膝关节、踝关节外展不够，影响触球速度，导致控球不稳。

（3）迎撤停球时机控制不好，缓冲效果差。

（4）压推或拨转停球时，身体重心跟进慢，接球、控球动作脱节。

（5）停球腿动作僵硬，直腿接球难以控制。

【纠正方法】

（1）多进行分解动作和模仿动作练习，提高动作的协调性。

（2）练习中，强调快速反应、快速动作，理解和体会主动停球的实际意义。

（二）脚底停球

【技术特点】

动作简单，控球稳定可靠，适用于停地滚球和反弹球。

【易犯错误】

（1）对球的落点判断不准，支撑脚站位不当，影响接球动作的完成。

（2）身体各部位配合不协调，抬脚高度和角度控制不好，接球时容易产生失误。

（3）接反弹球的时候，踩压时机掌握得不好，身体后仰，容易出现触压失误或漏球的情况。

脚底停球

（三）胸部停球

【技术特点】

触球点高，触球面积大，适用于停胸部以上的高空球。

胸部停球

【易犯错误】

（1）对来球落点的判断准确性差，选位不当，影响整个停球动作的完成。

（2）收胸停球时机掌握得不好，缓冲效果差。

（3）挺胸停球时，上体后仰角度不合理，球的反弹角度和落点不理想。

【纠正方法】

（1）进行一抛一停的配合练习。寻找适当的接球位置。

（2）进行分解动作的模仿和收挺训练，使上体与下肢协调配合。

（3）自抛自停，体会上体仰角、收挺动作、收挺时机、球的反弹角度及停球后的连接动作。

（四）练习方法

1. 停地滚球

（1）做停球动作的模仿练习。

（2）原地停迎面来球。两人相距 6 ～ 8 米，相互踢和停地滚球。

（3）对墙踢出球后，跑上去停反弹回来的地滚球。

2. 停反弹球

（1）自己向上抛球，待球落地后停反弹球；或自己颠球时将球踢高，然后跑上前去停反弹球。

（2）两人相距 15 米左右，一人向另一人踢或抛有一定高度并呈抛物线下落的球，另一人向侧方或侧后方停反弹球。

3. 停空中球

（1）自抛自停下落的空中球。

（2）两人一组，相互踢或抛高球，然后停从高空下落的空中球。

（3）两人一组，一人踢高球到同伴的两侧或后面，另一人在跑动中停空中球。

头顶球

六、头顶球

【技术特点】

触球部位平坦，动作发力顺畅，容易控制出球方向，出球准确性强，出球平稳有力。

【易犯错误】

（1）击球的一瞬间闭眼缩颈，被动地让球来击打头部。

（2）击球时机掌握得不好，使头在被动位击球，影响顶球发力的效果。

（3）上下肢与身体配合不协调，发力动作出现脱节和停顿的情况。

（4）跳起顶球时，起跳点、起跳时机和击球时机掌握得不好；在空中时，身体控制能力差，影响动作质量和出球效果。

【纠正方法】

（1）可本人持球做主动击球练习，要求触球的一瞬间不闭眼，找准前额的击球部位。

（2）做徒手模仿练习，体会上下肢与躯干的协调配合。

（3）两人一组，做一抛一顶的配合练习，掌握击球时机，体会顶球发力的效果。

【练习方法】

1. 原地头顶球

（1）做原地头顶球的模仿练习。

（2）顶固定球练习。两人一组，一人两手举球与头部同高，另一人原地摆体，用前额正面顶球，目视来球。

（3）原地顶吊球练习或自己向上方抛球，在球下落时做原地头顶球练习。

（4）两人一组，相距 8 ～ 10 米，一人用手抛球，另一人原地正面顶球。

（5）两人一组，相距 8 ～ 10 米，连续对顶球。

2. 运动中头顶球

（1）做原地跳起或助跑跳起顶球模仿练习。

（2）助跑跳起顶吊球。

（3）两人一组，一人抛球，另一人助跑跳起顶球。

（4）顶球射门：跑到点球点附近跳起顶正面、侧面手抛或脚踢来的球，并射门。

七、掷界外球

掷界外球

【技术特点】

用手操作，技术稳定性和准确性较强，所掷出的球距离较近。一般用于发球恢复比赛，在部分区域也可直接用于传球进攻。

【易犯错误】

（1）上下肢与躯干的配合不够协调。

（2）在掷球距离较近的时候，容易出现不连贯动作；在掷球距离较远的时候，容易出现单臂用力、两臂用力不够均衡或用力过猛导致一脚离地的情况。

（3）改变出球方向的时候，容易出现身体不能正对出球方向的情况。

【纠正方法】

（1）进行徒手练习，模仿掷球技术动作。

（2）练习中，可适当放慢速度，掷球距离适当近些，体会技术动作。

（3）适当减小下肢蹬地的力量，体会身体协调用力的方式。掷球时，将两脚左右开立改为前后开立，克服身体不能面向出球方向的问题。

【练习方法】

（1）徒手做模仿掷球的练习。

（2）面对墙，间距 10 ～ 15 米，瞄准墙上一点做掷球练习。

（3）两人一组，间距 15 ～ 20 米，跨步上前做掷球练习。

（4）两人一组，间距 15 ～ 20 米，做跑动中的掷球练习。

第三节　足球竞赛规则简介

一、比赛场地

（一）场地表面

比赛场地必须为全天然草皮。若竞赛规程允许，可使用全人造草皮。此外，如果竞赛规程允许，可使用人造和天然结合材料制成的整体草皮（混合系统）。人造草皮场地的表面必须为绿色。

（二）场地标识

比赛场地形状必须为长方形，且由不具危险性的连续标线标示。不具危险性的人造草皮材料可作为天然草皮场地的标记使用。这些标线作为边界线是其所标示区域的一部分。

二、队员

（一）场上队员人数

一场比赛由两队参加，每队最多可有 11 名上场队员，其中 1 名必须为守门员。如果任何一队场上队员人数少于 7 人，则比赛不得开始或继续。

（二）替换人数

国际足联、各洲际联合会或各国足球协会可决定在其正式赛事中可使用的替补队员人数，但最多不能超过 5 人次替换，涉及顶级联赛球队一队及国家队 A 队的男子、女子赛事最多可进行 3 人次替换。

三、比赛时间

（一）比赛阶段

一场比赛分为两个 45 分钟相同时长的半场。依照竞赛规程，在比赛开始前经裁判员和双方球队同意后，方可缩短各半场比赛时长。

（二）中场休息

队员享有中场休息的权利，休息时间不得超过 15 分钟。加时赛中场阶段可短暂补水（时长不超过一分钟）。竞赛规程必须明确中场休息的时长，在经裁判员许可的情况下方可调整中场休息时长。

（三）对损耗时间的补足

裁判员对每半场所有因如下情况而损耗的比赛时间予以补足：队员替换；对受伤队员的伤情评估和/或将其移出比赛场地；浪费的时间；纪律处罚；竞赛规程允许的医疗暂停，例如“补水”暂停（不超过1分钟）和“降温”暂停（90秒至3分钟）；与视频助理裁判员“查看”及“回看分析”有关的延误；任何其他原因，包括任何明显延误比赛恢复的情况（如庆祝进球）。第四官员在每半场最后一分钟结束时展示裁判员决定的最短补时时间。裁判员可增加补时时间，但不得减少。

裁判员不得因上半场计时失误而改变下半场的比赛时长。

（四）罚球点球

如需执行罚球点球或重踢罚球点球，应延长该半场时长直至罚球点球程序完成。

四、比赛进行与停止

（一）比赛停止

当出现如下情况时，比赛即为停止：球的整体从地面或空中越过球门线或边线；裁判员停止了比赛；球接触了比赛官员后仍在比赛场地内，并且，任一队开始了一次有希望的进攻，或直接进入了球门，或控球球队发生了转换。上述情况下，比赛以坠球恢复。

（二）比赛进行

所有其他时间，如果球接触了比赛官员，或从球门柱、横梁、角旗杆弹回并且仍在比赛场地内，均为比赛进行中。

五、确定比赛结果

（一）进球得分

（1）当球的整体从球门柱之间及横梁下方越过球门线，且进球队未犯规或违规时，即为进球得分。

（2）如果守门员手抛球直接进入对方球门，则由对方踢球门球。

（3）如果裁判员在球的整体还未越过球门线时示意进球，则以坠球恢复比赛。

（二）获胜队

（1）进球数较多的队伍为获胜队。如果双方球队没有进球或进球数相等，则该场比赛为平局。

（2）当竞赛规程规定一场比赛出现平局，或主客场进球数相同时必须有一方取胜，仅允许采取如下方式决定获胜队：①客场进球规则；②加时赛，加时赛上下半场时长相等且均不超过15分钟；③罚球点球决胜。可将上述各方式组合使用。

（三）罚球点球决胜

在比赛结束后执行罚球点球决胜程序，除非有其他规定，否则按竞赛规则相关内容执行。在比赛中已被罚令出场的队员不得参与罚球点球决胜；在比赛中已执行的劝诫与警告，不带入罚球点球决胜阶段。

六、越位

（一）越位位置

（1）处于越位位置并不意味着构成越位犯规。

（2）队员处于越位位置，如果其：头、躯干或脚的任何部分处在对方半场（不包含中线），且头、躯干或脚的任何部分较球和对方倒数第二名队员更接近于对方球门线。

（3）队员不处于越位位置，如果其：与对方倒数第二名队员齐平或与对方最后两名队员齐平。

（二）越位犯规

一名队员在同队队员传球或触球的一瞬间处于越位位置，该队员随后以如下方式参与了实际比赛，才被判罚越位犯规。

（1）在同队队员传球或触球后得球或触及球，从而干扰了比赛。

（2）干扰对方队员，包括：通过明显阻碍对方队员视线，以妨碍对方队员处理球，或影响其处理球的能力，或与对方队员争抢球，或有明显的试图触及近处的来球的举动，且该举动影响了对方球员；做出影响对方队员处理球的能力的明显举动。

（3）在如下情况发生后触球或干扰对方队员，从而获得利益：球从球门柱、横梁、比赛官员或对方队员处反弹或折射过来；球从任一对方队员有意救球后而来。

（三）违规与处罚

如果出现越位犯规，裁判员在越位犯规发生的地点判罚间接任意球，这包括发生在越位队员的本方半场。就越位而言，未经裁判员许可离开比赛场地的防守队员，应视为处于球门线或边线上，直到比赛停止，或防守方已将球向中线方向处理且球已在防守方罚球区外。如果一名队员故意离开比赛场地，在比赛停止时，裁判员必须警告该名队员。

七、犯规与不正当行为

只有在比赛进行中犯规或违规，才可判罚直接或间接任意球，以及罚球点球。

（一）直接任意球

（1）如果裁判员认为，一名场上队员草率地、鲁莽地或使用过分力量对对方队员实施如下犯规，则判罚直接任意球：冲撞；跳向；踢或企图踢；推搡；打或企图打（包括用头顶撞）；用脚或其他部位抢截；绊或企图绊。

（2）如果是有身体接触的犯规，则判罚直接任意球。

（3）如果场上队员实施如下犯规时，判罚直接任意球：手球犯规（守门员在本方罚球区内除外）；拉扯对方队员；在身体接触的情况下阻碍对方队员移动；对在比赛名单上的人员或比赛官员实施咬人或吐口水；向球、对方队员或比赛官员扔掷物品，或用手中的物品触及球。

（二）间接任意球

如果一名场上队员犯有如下行为时，则判罚间接任意球：以危险方式进行比赛；在没有身体接触的情况下阻碍对方行进；以语言表示不满，使用攻击性、侮辱性或辱骂性的语言和/或行为，或其他口头的违规行为；在守门员发球过程中，阻止守门员从手中发球、踢或准备踢球；故意发起施诡计用头、胸、膝等部位将球传递给守门员以逃避规则相关条款处罚的行为（包括在踢任意球或球门球时），无论守门员是否用手触球；如果该行为由守门员发起，则处罚守门员；犯有规则中没有提及的，又需裁判员停止比赛予以警告或罚令出场的任何其他犯规。

如果守门员在本方罚球区内犯有如下行为时，则判罚间接任意球。

（1）在发出球前，用手/臂部控制球超过 6 秒。

（2）在发出球后、其他场上队员触球前，用手/臂部触球：

（3）在下列情况之后用手/臂部触球，除非守门员已经清晰地将球踢出或试图踢出：① 同队队员故意将球踢给守门员；② 接同队队员直接掷来的界外球。

（三）纪律措施

裁判员从进入比赛场地进行赛前检查开始，至比赛结束（包括罚球点球决胜）离开比赛场地，均有权执行纪律措施。如果上场队员或球队官员在开赛进入比赛场地前，犯有可被罚令出场的违规行为，裁判员有权阻止该队员或球队官员参加比赛，裁判员将就任何其他不正当行为提交报告。一名队员或球队官员，无论是在场内还是场外，犯有可被警告或罚令出场的违规行为，均将受到相应的处罚。

黄牌代表警告，红牌代表罚令出场。只可对场上队员、替补队员、已替换下场的队员或球队官员出示红黄牌。

1. 可警告的犯规行为

场上队员犯有如下行为时，应被警告：延误比赛恢复；以语言或行动表示不满；未经裁判员许可进入、重新进入或故意离开比赛场地；当比赛以坠球、角球、任意球或掷界外球恢复时，未退出规定距离；持续违反规则（对“持续”的定义并没有明确的次数和犯规类型）；非体育行为；进入裁判员回看分析区域；过分地做出要求回看分析（比划电视屏幕）的信号。

2. 罚令出场的犯规

场上队员、替补队员或已替换下场的队员犯有如下行为时，应被罚令出场：通过手球犯规破坏对方球队进球或明显的进球得分机会（守门员在本方罚球区内除外）；通过可判罚任意球的犯规，破坏对方的进球或总体上朝犯规方球门方向移动的明显的进球得分机会；严重犯规；咬人或向任何人吐口水；暴力行为；使用攻击性、侮辱性或辱骂性的语言和/或行为；在同一场比赛中得到第二次警告；进入视频操作室。

提示

西华大学除了各学院及学生足球社团组织的球联赛以外，在每年的5月中旬还会举行“西华杯”足球赛。比赛由西华大学体育委员会主办，西华大学体育学院承办，参赛队员由各学院学生组成，以学院为单位参加比赛，争夺冠军，同时选拔出优秀的学生参加西华大学足球代表队。

西华大学足球代表队于每年5月和10月分别参加中国大学生足球超级联赛（超级组和校园组）四川赛区预选赛暨四川省大学生足球赛。这是一支热爱生活，努力进取，充满朝气，有颜值、有球技，更有思想的队伍。近几年来，西华大学足球代表队队员每年的考研成功率高达85%以上。

第四节　考核内容与标准

一、原地长传球踢远

原地长传球踢远考核标准见表5-4-1。

【方法】在起点摆好球后，采用任意踢球脚法将球踢起后，以足球的第一落点为准记录距离，换算后得到相应的分数。对考试次数不做具体限制，但强调考试秩序和严肃性。

表5-4-1　原地长传球踢远考核标准

距离/米	24	25	26	27	28	29	30	31	32	33
分值	60	62.5	65	67.5	70	72.5	75	77.5	80	82.5
距离/米	34	35	36	37	38	39	40	—	—	—
分值	85	87.5	90	92.5	95	97.5	100	—	—	—

二、绕杆射门

绕杆射门考核标准见表5-4-2。

【方法】以足球场两个点球之间假想的传接线为设置绕杆的直线，禁区线上设置第一根绕杆，向中线方向每2米设置1根绕杆，共8根绕杆。考试时，学生身体明显触球后开始计时，从第1根绕杆开始沿S形路线运控球，绕完第8根绕杆后完成射门，当球从地面或空中越过球门线时停表。漏绕1根绕杆总成绩加2秒，漏绕2根绕杆本次测试成绩为零。对考试次数不做具体限制，但强调考试秩序和严肃性。

表5-4-2　绕杆射门考核标准

分值		60	65	70	75	80	85	90	95	100
男生	时间/秒	14.0	13.5	13.0	12.5	12.0	11.5	11.0	10.5	10.0
女生	时间/秒	16.0	15.5	15.0	14.5	14.0	13.5	13.0	12.5	12.0

三、颠球

颠球考核标准见表 5-4-3。

【方法】采用国际足球颁布的最新的《足球竞赛规则》要求的有效部位连续颠球。对考试次数不做具体限制，但强调考试秩序和严肃性。

表 5-4-3　颠球考核标准

分值		60	65	70	75	80	85	90	95	100
颠球次数	男生	12	14	16	18	20	22	24	26	28
	女生	8	10	12	14	16	18	20	22	24

【参考文献】

[1] 冯连世，冯美云，冯炜权. 优秀运动员身体机能评定方法[M]. 北京：人民体育出版社，2003.

[2] 刘丹. 足球运动训练与比赛监控的理论及实证[M]. 北京：人民体育出版社，2012.

[3] 托马斯·赖利，A. 马克·威廉姆斯. 足球与科学[M]. 曹晓东，译审. 北京：人民体育出版社，2011.

思政课堂

足球运动是“世界第一运动”，它在所有体育运动中拥有最广泛的影响力、最多的运动员和最大规模的体育迷群体。足球运动深受学生的喜爱，经常参加足球运动可以增强学生的身体素质并培养学生团结互助、百折不挠的意志品质。一场足球比赛常规时间有90分钟，不到最后一刻没有人知道会发生什么，正是足球比赛的不确定性为以弱胜强、捍卫荣誉、创造历史、证明自己提供了条件。参与足球运动并团结拼搏到最后一刻的学生会收获受益终生的宝贵回忆。

1986年至2006年，中国女足曾获得女足世界杯亚军、奥运会女足亚军，并多次获得女足亚洲杯冠军。中国女足因具有不屈不挠、顽强拼搏的战斗精神和屡次绝地逆转的表现而使人印象深刻，被誉为“铿锵玫瑰”。之后由于球星退役、其他国家女足迅猛发展等原因，中国女足在很长一段时间里未能再次获得女足亚洲杯冠军，也曾落选过奥运会女足比赛。但是，中国女足始终没有放弃战斗。2021年，在女足奥运会预选赛中，中国队在上半场落后的情况下并没有放弃拼搏，下半场顽强扳平总比分，并在加时赛中绝杀韩国队，再次杀入奥运会。2022年女足亚洲杯，中国女足在八强赛中先失1球的情况下连进3球逆转战胜越南队挺进四强；在半决赛中面对亚洲实力最强的日本队两度落后两度扳平比分，最终在点球大战中4比3战胜对手，艰难杀入决赛；在决赛中因体力消耗过度等原因上半场0比2落后于韩国队，下半场女足姑娘们放手一搏，连进3球，绝杀对手，中国女足时隔多年再次捧起女足亚洲杯冠军。这是中国女足对“铿锵玫瑰”精神的传承，是团结拼搏、百折不挠意志品质的集中表现。

第六章　篮球运动

本章导读

篮球运动是普及面广、易于学习、能够发展多项身体素质且深受广大群众喜欢的运动项目之一，在中国大学生中也具有广泛的影响。尤其是近年来，篮球运动逐渐成为大学体育教学的主干内容。随着中国男子篮球职业联赛（CBA）等高水平篮球联赛的不断发展，篮球运动更成为中国大学生课余锻炼身体的主要运动项目。大学是学生自主学习和创新的场所，教师应当把培养学生篮球兴趣放在首位，为其学习篮球奠定基础。篮球课程可以使学生掌握篮球基本技术和技能，提高身体机能，从而达到提高身体素质的目的；同时篮球运动有助于培养学生团结合作的集体主义精神和顽强的意志品质，为将来成为国家的栋梁打下坚实的基础。

学习目标

1. 掌握篮球基础理论知识和基本技战术。

2. 初步了解篮球比赛的方法和基本的竞赛规则，了解篮球的战术配合方法。

3. 掌握科学锻炼身体的方法，培养运动兴趣，并能够以篮球运动为健身方式之一，养成自觉锻炼身体的习惯。

第一节　篮球运动概述

一、篮球运动的起源

篮球运动是 1891 年由美国马萨诸塞州的体育教师詹姆斯·奈史密斯发明的。由于当地盛产桃子，这里的儿童又非常喜欢做把球投入桃子筐的游戏，这使他从中得到启发，并博采足球、曲棍球等其他球类项目的特点，创编了篮球游戏。

最初，篮球游戏比较简单，场地大小和参加游戏的人数没有限制。比赛队员分成人数相等的两队，分别站在球场的两端。当裁判员向球场中央抛球后，双方队员立即冲进场内抢球，并力争将球投进对方的篮筐。最开始的篮筐是有底的，球投中之后就留在篮筐里，必须有人登上专设的梯子才能将球从篮筐里取出。

随着场地设施的不断改进，篮筐去掉了筐底，并改用铁圈代替桃篮，用木板制成篮板代替铁丝挡网，场地增设了中线、中圈和罚球线，比赛改由中场跳球开始。与此同时，场上比赛队员也通常改为每队 5 人，开始有后卫、守卫、中锋、前锋、留守等位置之分。此外，奈史密斯制定了一个不太完善的竞赛规则，共 13 项条款，其中规定不允许带球跑、抱人、推人、绊人、打人等。这大大提高了篮球游戏的趣味性，并且吸引了更多的人来参与这一游戏，从而使篮球运动很快在全美国普及。

二、篮球运动在中国的发展

1895 年，篮球运动传入中国天津，此后，篮球运动在我国各地如雨后春笋般地发展起来。

1974 年和 1975 年，国际篮球联合会（简称“国际篮联”）和亚洲篮球联合会先后恢复中国的合法席位，中国篮球运动的训练水平和实战能力恢复很快。1975 年和 1976 年，中国国家篮球队男子（简称“中国男篮”）、中国国家女子篮球队（简称“中国女篮”）分别参加亚洲篮球锦标赛，双双获得冠军。

1983 年，中国女篮在第 9 届世界女篮锦标赛中，不畏强手获得第三名，从而跻身于世界强队行列。1984 年的第 23 届奥运会上，中国女篮又获得铜牌。

1986 年，中国男篮在第 10 届世界男篮锦标赛中，取得了第九名的好成绩，在 1994 年第 12 届世界男篮锦标赛上闯进 8 强，并在第 26 届奥运会上取得第 8 名的好成绩，取得了历史性的突破。

1992 年，中国女篮在第 25 届奥运会上获得亚军，1993 年在世界大学生运动会上获得女篮冠军，1994 年在第 12 届世界女篮锦标赛上夺得亚军。当时的中国女篮已经成为世界强队之一。

1995 年，中国篮球协会（简称“中国篮协”）推出篮球职业联赛，以赛制改革为先导，积极与国际接轨，走职业化道路。中国球员走出国门，请进国外优秀球员和教练员到中国男子篮球职业联赛参赛和执教，这些做法使中国优秀球员有机会进入优秀的职业培养环境，同时也引进了先进的理念、先进的打法，一进一出，内外结合，共同提高，促进了中国的篮球竞技水平，使中国篮球充满了活力。

1998 年，中国大学生篮球协会在企业的资助下组织了中国大学生篮球联赛（CUBA）。

中国男子篮球队在 2004 年雅典奥运会和 2008 年北京奥运会上获得第八名；中国女子篮球队在 1992 年巴塞罗那奥运会上获得亚军，在 2008 年北京奥运会上获得第四名，在 2020 年东京奥运会上获得第五名。2021 年 7 月 28 日，在东京奥运会女子三人篮球比赛中，中国队击败法国队，历史性夺得铜牌。

三、现代篮球运动

今天，篮球运动是世界上发展最为迅速的体育运动之一，其原因主要包括以下几个方面。

篮球运动拥有广泛的观众群体，尤其是电视观众和网络观众。各职业联赛的电视和网络转播使许多年轻人参与这项运动。

篮球运动本身所具备的特点能够让很多人参与进来。人们在室内和室外均可以进行这项运动。很多的篮球运动都是在室外且无组织的条件下进行的。

篮球运动能够让每个人都参与到其中。虽然这是一项年轻人的运动项目，尤其是青少年男性参与得最多，但是也不妨碍其他年龄段、符合身体条件的人、具有不同技术水平的人参与到这项运动中来。当然，中老年人群和体弱多病者参与这项运动时都格外需要注意安全。

篮球运动可以进行 5 对 5 的全场比赛，也可以进行半场的 3 对 3、2 对 2 或者 1 对 1 的比赛。目前，有组织的 3 对 3 的比赛发展得尤为迅速。

篮球运动甚至还是一项可以由单人进行的运动，参与者所需要的就是一个篮球、一个篮筐和一块场地，还有对篮球实战情景的想象力。

第二节　篮球基本技战术

一、篮球基本技术

篮球技术是篮球比赛中运动员进攻与防守所采用的专门动作方法的总称。篮球基本技术分为进攻技术和防守技术。进攻技术包括步法、投篮、传接球、运球、持球突破、抢进攻篮板球等；防守技术包括步法、防守无球队员、防守持球队员、抢防守篮板球等。

二、篮球基本技术练习方法

（一）快速步法

由一名队友发令。听到“准备”的口令时，快速采用进攻姿势；听到“开始”的口令时，迅速以小碎步的幅度抬起并落下两脚各一次，保持正确的姿势 15 秒；听到“停”的口令时停止。重复 3 次这样的练习，每次坚持 15 秒，每两次练习之间休息 10 秒。

【要求】保持正确的进攻姿势；快速移动两脚；目标是每 15 秒移动 60 ～ 75 次。

（二）跳绳

练习时，以平衡姿势开始，屈膝，身体重心落在两脚上。两手握住绳子两端的手柄，放在腰部两侧，肘部贴近身体。将绳子置于身后，从后向前摇，当绳子绕过头顶即将着地时，跳跃，使绳子从脚下穿过。

【要求】保持良好的平衡姿势；跳绳时，两肘贴近身体。每跳 30 秒，休息 30 秒。随着练习深入，可将每次跳绳时间延长到 60 秒，然后休息 30 秒。跳绳总时间应该控制在 5 分钟以内。

（三）跨步急停

以进攻姿势开始，两脚位于底线后方，向对面的底线奔跑，一共进行 4 次跨步急停动作。每次进行跨步急停时，使用不同的脚先着地。以同样的方式再从对面底线跑回来，这样一共完成 8 次跨步急停。

【要求】速度依个人掌握技术动作的情况而定。

（四）跳步急停

两脚位于底线后方，自己向前上方抛球，在球落地前，跳步急停将球接住；由一名队友在前面抛球，自己在后面向前跑，接球急停；练习深入后，可向左、右、前、后抛球，接球急停。

【要求】抛球的远近、高低可依个人的能力和技术掌握情况而定，但一定不能走步违例。

（五）起跳

以进攻姿势开始，听信号向上或跨步向前、侧、后上方做两脚起跳练习；助跑两步，做单脚或两脚起跳；助跑，单脚起跳摸篮板、篮圈的练习；单脚、双脚起跳后，做接球、传球或断球等动作的练习。

【要求】使用正确的姿势进行起跳练习；使用正确的技巧起跳，尽量跳得高。

（六）罚球区防守滑步

从罚球区内开始，面向罚球线，将右脚踩在身体右侧的罚球线上。采用防守姿势，两脚平行，两手举起。使用短小、快速的防守滑步，快速移动到身体左侧的罚球区线处，变换方向，然后回到右侧的罚球区线。使用最快的速度在左右罚球区线之间重复以上运动。

【要求】保持正确的防守姿势，使用短小、快速的步法向侧面移动，保持两手举起，尝试在 30 秒内 15 次踩到罚球区线。

（七）传接球

篮球运动的最佳状态是能够与团队中的所有队员相互默契地传接球。良好的传接球技术是团队配合发挥的基础。传球是篮球项目中最容易被人忽视的技术。传球有两个基本目的：一是通过传球创造良好的投篮机会；二是通过持续控球，进而控制整个比赛。

基本的传球方法包括胸前传球、反弹传球、头顶传球、侧臂传球、长传、背后传球、吊传等。基本的接球方式包括两手接球（低、中、高）和单手接球（低、中、高）。传接球的练习方法有以下几种。

1. 队友传球

与队友进行传接球练习，分别进行胸前传球、反弹传球、头顶传球、侧臂传球、长传、背后传球及吊传的练习。以平衡姿势开始，两人相距 4 ～ 5 米，长传练习时，两人相距 6 ～ 8 米。

【要求】练习每种传球方式时，使用正确的技术动作，尽可能快速、准确地进行练习。练习胸前传球、头顶传球、侧臂传球时，如果在 4 ～ 5 米距离内，力争 30 秒完成 40 次或以上的传球；练习反弹传球、背后传球和吊传时，如果在 4 ～ 5 米距离内，力争 30 秒完成 30 次或以上的传球。

2. 迎面跑动传接球

队员分为两队，迎面成纵队站立，相距 4 ～ 5 米，迎面穿梭传接球。

【要求】练习胸前传球、头顶传球时，如果在 4 ～ 5 米距离内，力争 60 秒完成 100

跨步急停

跳步急停

胸前传球

次或以上的传球；练习反弹传球、背后传球、侧臂传球和吊传时，如果在4～5米距离内，力争60秒完成60次或以上的传球。

单手传球

击地传球

3. 三角传接球练习

3队纵队站成三角形，顺时针或逆时针开始传球给相邻的队友，然后跑到接球者的队伍后面。

【要求】接球者要上步接球。传接球动作要连贯，不能带球跑。

4. 四角弧线跑动传接球

队员分为4纵队，顺时针或逆时针开始传球给相邻的队友，并切入接队友回传球，再把球传给对面的队友，最后跑到对面队伍排尾。熟练后，可以增至2～4个球进行练习。

【要求】跟进切入时，起动要及时、迅速，传接球动作要连贯。球传到接球者的胸部高度。根据熟练程度来要求不能使球落地的传接球次数。

5. 全场3人8字形围绕传接球

3名队员一组，分别站在中间和两条边线，同时从底线出发，中间队员持球并传球给左边插中的队友后，快速从该队友背后绕过向左前方加速跑。这时，接到球的队友将球传给插中的另一名队友，并从这名队友背后绕过向右前方加速跑。如此反复进行。

【要求】传球后绕切要加速靠近，要控制好身体重心，使传球连贯。最后接近篮下时，要分散成三角形，以球领人。熟练后，可进行单手低手传球练习。

6. 3人直线传接球

3名队员一组，分别站在中间和两条边线，同时从底线出发，中间队员持球并传球给左边的队友，队友接球后，回传给中间队友，中间队员接球后，传给右边队友，然后接右边队友回传。如此反复进行。

【要求】跑动中，始终保持左右两边队员靠前、中间队员靠后的三角队形，传接球动作要连贯。

（八）运球

运球是篮球运动中不可或缺的组成部分，对球员和整个球队技战术水平的发挥都至关重要。运球是一种使球移动的方式，它不仅是个人吸引、摆脱、突破防守的进攻手段，也是组织全队战术配合的桥梁。

开始运球时，篮球必须在中枢脚抬起前离开手。运球时，不能两手同时接触球，也不能让球在手上停留。

运球技术分为原地运球（高和低）和行进间运球（运球急停急起、体前变向运球、运球转身、背后运球）两种。运球的练习方法有以下几种。

1. 运球热身

运球热身能提高自己在使用惯用手和非惯用手运球时的能力与信心。运球热身由5个部分组成，分别是交叉运球、8字运球、单膝运球、坐运球和躺运球。① 交叉运球是以平衡姿势站立，将篮球从一只手换到另一只手上，在膝关节下方运球，运球的宽度不要超过两膝的间距，重复20次。② 8字运球是在胯下进行由后向前的8字形路线运球。球从后面穿过自己的腿后，换手运球。重复10次后，改变运球方向，从前向后进行8字运球练习，再重复10次。③ 单膝运球时需要单膝跪地。从膝关节前面开始，沿着一侧运球，从膝关节下方穿过，换手在身后运球；再次换手，继续将球运回到起点。在同一方向重复10次8字运球练习，然后改变方向，再重复10次8字运球练习。④ 坐运球是在坐下时练习运球。在身体一侧重复10次运球。抬起两腿，将球从腿下面运到身体的另一侧，继续重复10次运球。⑤ 躺运球需要在身体躺下时连续运球，在身体一侧重复10次运球，坐起来并抬起两腿，将球从腿下运到身体的另一侧，接着躺下，继续重复10次运球练习。

【要求】带着满满的信心练习，同时注重惯用手和非惯用手的练习，保证每一项练习的强度达到要求。

2. 将球击出圈外

两个人一组，每人一个篮球。在罚球圈或者中圈内运球，每个人都尽力将对方的球击出圈外。练习熟练后，两人都使用非惯用手运球，同时，允许在运球时对对方发生更多超常规的接触。

【要求】保持抬头，借助身体和非运球手保护球，注意对方的移动。

3. 两手运球

两手同时各运一个球。这组练习包含6个部分，分别为共同运球、一上一下运球、交叉运球、由内向外运球、胯下运球和前后侧拉运球。① 共同运球：在膝关节的高度，两手同时各运一个球，节奏一致。② 一上一下运球。同时各运一个球，一个往下拍的时候，另一个正在向上弹起，即两手交替拍各自控制的球。③ 交叉运球。在身前将两个球分别从一只手交换到另一只手。④ 由内向外运球。由内向外运球是一种假动作。运球时，先从身体的前面开始运球，然后翻手将球运到身体同一侧的外部；可以先单手进行这种练习，熟练后，再同时使用两个球练习。⑤ 胯下运球。先单手将一个球在胯下运球，再换手将另一个球在胯下运球，最后两手同时运两个球练习。⑥ 前后侧拉运球。开始时，在身体两侧同时用两手运球，然后弯曲手腕和手指使球前后移动，类似于向前或者向后推动运球。

双手交叉运球

【要求】两手同时运球，每种练习重复20次或以上，且不出现失误。

4. 移动中两手运球

移动中两手运球是指在移动中同时运两个球。这组练习也包含6个部分：Z字移动中两手运球、进攻与后退两手运球、停止与前进两手运球、变速两手运球、转身两手运球和假动作转身两手运球。① Z字移动中两手运球。在球场上两手运两个球按Z字形从一侧沿对角线到另一侧，通过在前面交叉两个球的方式变换方向。② 进攻与后退两手运球。使用进攻步法和后退步法将两个球运至前场，首先向前运球，然后向后运球，两脚不能交叉，每次进攻和后退时变换前脚。③ 停止与前进两手运球。使用停止与前进的运球方式将球运至前场。以快速推进的运球方式向前，然后急停，控制好身体的平衡，身体稳定后继续向前运球。④ 变速两手运球。使用变速运球方式将两个球运至前场，从快速推进运球变为控制性运球，再变回快速推进运球。⑤ 转身两手运球。使用Z字移动中两手运球将两个球运至前场，通过改变中枢脚进行变向。将两个球运到身体的一侧，然后以前脚为中枢脚转身，同时将两个球拉到转身之前身体所在的位置附近。⑥ 假动作转身两手运球。使用Z字移动中两手运球将两个球运至前场，在变向之前做转身的假动作，装作将两个球都运到身体的同一侧，同时转动头部和肩部，然后快速将头和肩部转回来，并继续向前运球。

【要求】两手同时运球，练习时，根据技术掌握情况尽可能地减少失误。

单手肩上投篮

行进间三步上篮

（九）投篮

投篮是篮球最重要的技术，是比赛中最重要的得分手段，是绝大部分进攻技术、战术的最终目的和绝大部分攻守矛盾的焦点。

投篮技术可分为原地投篮（单手肩上投篮和两手胸前投篮）、行进间投篮（单手肩上高手投篮、单手低手投篮、反手投篮和勾手投篮）、跳起投篮（原地跳起投篮、急停跳起投篮和转身跳起投篮）、补篮（单手补篮和两手补篮）等，大都可用单手或两手进行。

投篮技术包括持球方法、瞄准点、平衡、协调用力、手位、肘位、出手角度与出手速度、投篮节奏、球的旋转、投篮弧线、入篮角和跟随动作。提高投篮技术的最佳方法是每次集中练习 1 ～ 2 种投篮技术。

1. 原地投篮练习

徒手模仿练习：两人一组，相互投球，体会投篮手法和用力动作；正面定点投篮练习：队员每人一个球，正对篮圈的正面，从 3 米距离开始自投自抢，逐步增加投篮距离直到罚球线位置；不同距离和角度的投篮：队员面对篮圈，从底线开始沿着三分线分别在 5 个位置完成投篮。

【要求】注意持球手法，下肢先发力，体会蹬、伸、拨的动作，根据距离的变化体会用力的大小。

2. 罚球练习

日常罚球练习：每天进行一定数量的罚球练习。每次练习最好在其他练习结束以后进行，每次可进行 10 次罚球练习。

闭眼罚球：闭上眼睛之前快速想象一下成功罚球的画面，然后闭上眼睛投篮。可请队友帮助捡球并且反馈投篮信息，包括球在篮筐上的反应。自己根据肌肉运动感觉和触觉进行调整。

【要求】采用正确的罚球姿势，投篮之前，脑海中多次回放成功投篮的画面。

3. 跳投练习

跳投练习一：在篮筐前面大约 3 米处以平衡姿势站立。每次跳投都使用正确的投篮姿势，起跳的高度取决于投篮的距离。离篮筐比较近时，应该在起跳的最高点将球投出。根据练习的熟练程度来增加距离。

跳投练习二：以平衡姿势开始，站在与篮板成 45° 的位置，随着距离的加大，投篮的区域也随着增大。练习时，分别在篮筐左右两侧进行练习。

【要求】投篮时要有节奏，使用正确的跳投技术，连续完成一定的数量。

4. 椅上投篮练习

坐在椅子上完成投篮练习。面对篮圈，先将椅子放在距离篮圈 3 米处的位置开始练习，根据掌握的情况适时增加投篮距离，直至三分线外。

【要求】使用正确的投篮姿势，尝试在每个距离处连续完成 5 次以上投篮。

5. 1 次运球上篮练习

以平衡姿势开始，站在罚球区线中间位置。中枢脚在前，非惯用手一侧脚迈一小步，运球投篮。垂直起跳，落地时保持平稳，无论投中与否，都要用两手积极抢球。

【要求】使用正确的运球上篮技术，尝试用每只手交替完成 1 次运球上篮。

6. 快速推进运球上篮练习

从球场罚球线开始换手运球上篮。右手运球时，使用右手上篮；左手运球时，使用左手上篮。以这种方式练习 30 秒，两手交换运球，并在篮筐的两侧做上篮练习。

【要求】用正确的上篮技术，使用两手运球。

三、篮球基本战术

篮球战术是指在篮球比赛中队员个人技术的合理运用和全队队员相互协调配合的组织形式与方法。篮球战术的运用是为了充分发挥本队的特长，制约对方，争取比赛的胜利。

根据篮球运动的攻守特点，篮球基本战术分为进攻战术、攻守转换和防守战术。进攻战术包括进攻基础配合、快攻、进攻盯人防守（进攻半场人盯人和进攻全场紧逼人盯人）、进攻区域联防、进攻区域紧逼防守、进攻混合防守等。

攻守转换包括攻转守和守转攻。

防守战术包括防守基础配合、防守快攻、人盯人防守（半场人盯人防守和全场紧逼人盯人防守）、区域联防、区域紧逼防守、混合防守等。

篮球战术的基础配合是指在篮球比赛中两三人之间的有目的、有组织、协调行动的基础攻守配合方法。进攻基础配合包括传切、掩护、策应和突分配合；防守基础配合包括抢过、穿过、绕过、关门、夹击、补防和交换防守配合。

区域联防与进攻区域联防：区域联防主要有 2–1–2 联防、2–3 联防和 3–2 联防 3 种形式，进攻区域联防常用的形式包括 1–3–1 联防、1–2–2 联防、2–2–1 联防、2–3 等联防。

第三节　篮球竞赛规则简介

一、比赛场地

比赛场地应是一块平坦、无障碍物的硬质地面。其尺寸是长 28 米、宽 15 米，从界线的内沿丈量。

二、比赛时间、比分相等和决胜期

（1）比赛应由 4 节组成，每节 10 分钟。

（2）在预定的比赛开始时间之前，应有 20 分钟的比赛休息期间。

（3）在第 1 节和第 2 节（上半时）之间，第 3 节和第 4 节（下半时）之间，以及每一决胜期之前，应有 2 分钟的比赛休息期间。

（4）两个半时之间的比赛休息期间应是 15 分钟。

（5）一次比赛休息期间开始于：① 预定的比赛开始时间之前 20 分钟；② 结束一节或决胜期的比赛计时钟信号响时。

（6）一次比赛休息期间结束于：① 第 1 节开始，在跳球抛球中，当球离开主裁判员的手时；② 所有其他节和决胜期的开始，当掷球入界队员可处理球时。

（7）如果在第 4 节比赛结束时比分相等，比赛有必要再继续若干个 5 分钟的决胜期来打破平局。

对于主客场总得分制的系列比赛，如果在第 2 场比赛的第 4 节比赛结束时，两队两场比赛得分的总和相等，比赛有必要再继续若干个 5 分钟的决胜期来打破平局。

（8）如果一起犯规发生在比赛休息期间，在下一节或决胜期比赛开始之前应执行最后的罚球。

三、违例

（一）队员出界和球出界

1. 定义

（1）当队员身体的任何部分接触界线上方、界线上或界线外的除队员以外的地面或任何物体时，即是队员出界。

（2）当球触及了：① 在界外的队员或任何其他人员时；② 界线上方、界线上或界线外的地面或任何物体时；③ 篮板支撑架、篮板背面或比赛场地上方的任何物体时，是球出界。

2. 规定

（1）在球出界，以及球触及了除队员以外的其他物体而出界之前，最后触及球或被球触及的队员是使球出界的队员。

（2）如果球出界是由于触及了界线上或界线外的队员或被他所触及，是该队员使球出界。

（3）在争球期间，如果队员移动到界外或他的后场，一次跳球情况发生。

（二）运球

1. 定义

（1）运球是指一名队员控制一个活球的一系列动作：在地面上掷、拍、滚、运或弹在地面上。

（2）当在场上已获得控制活球的队员将球在地面上掷、拍、滚、运或弹在地面上，并在球触及另一队员之前再次触及球，为运球开始。当队员双手同时触及球或允许球在一手或双手中停留时运球结束。

在运球的时候球可被掷向空中，只要掷球的队员用手再次触及球之前球触及地面或另一队员。

当球不与队员的手接触时，队员可行进的步数不受限制。

（3）队员意外地失掉并随后在场上恢复控制活球，被认为是漏接球。

（4）下列情况不是运球：连续的投篮；一次运球的开始或结束时漏接球；从其他队员的附近用拍击球来试图获得控制球；拍击另一队员控制的球；拦截传球并获得控制球；只要不发生带球走违例，将球在两手之间抛接并在球触及地面前，允许球在一手或者两手中停留；将球掷向篮板并再次获得控制球。

2. 规定

队员第一次运球结束后不得再次运球，除非在两次运球之间由于下述原因他已在场上失去了控制活球：① 投篮；② 球被对方队员触及；③ 传球或漏接，然后球触及了另一队员或被另一队员触及。

（三）3 秒钟

（1）某队在前场控制活球并且比赛计时钟正在运行时，该队的队员不得在对方队的限制区内停留超过持续的 3 秒。

（2）队员在下列情况中应被默许：他试图离开限制区；他在限制区内，当他或他的同队队员正在做投篮动作并且球正离开或恰已离开投篮队员的手时；他在限制区内已接近 3 秒时运球投篮。

（3）为证实队员自身位于限制区外，他必须将双脚置于限制区外的地面上。

四、犯规

（一）侵人犯规

1. 定义

侵人犯规是：无论在活球或死球的情况下，攻守双方队员发生的非法身体接触的犯规。

队员不应通过伸展手、臂、肘、肩、髋、腿、膝、脚或将身体弯曲成“不正常的姿势”（超出他的圆柱体）去拉、阻挡、推、撞、绊对方队员，或阻止对方队员行进；也不得放纵任何粗野或猛烈的动作去这样做。

2. 罚则

应登记犯规队员一次侵人犯规。

（1）如果对没有做投篮动作的队员发生犯规：由非犯规的队在最靠近违犯的地点掷球入界重新开始比赛。如果犯规的队处于全队犯规处罚状态，则应判给未做投篮动作的队员 2 次罚球，代替掷球入界。

（2）如果对正在做投篮动作的队员发生犯规，应按下列所述判给投篮队员若干罚球：如果出手投篮成功，应计得分并追加一次罚球；如果从 2 分投篮区域的出手投篮不成功，2 次罚球。

（二）技术犯规

1. 定义

技术犯规是没有身体接触的犯规，行为种类包括但不限于；

（1）无视裁判员的警告。

（2）与裁判员、技术代表、记录台人员、对方队或允许坐在球队席的人员讨论和/或交流中没有礼貌。

（3）使用很可能冒犯或煽动观众的粗话或手势。

（4）戏弄或嘲讽对方队员。

（5）在对方队员眼睛附近挥手或手保持不动妨碍其视觉。

（6）过分挥肘。

（7）在球穿过球篮之后故意地触及球，阻碍迅速地掷球入界或罚球以延误比赛。

（8）伪造被犯规。

（9）悬吊在篮圈上，致使队员的重量由篮圈支撑，除非扣篮后，队员瞬间抓住篮圈，或者根据裁判员的判断，他正试图防止自己受伤或另一名队员受伤。

（10）在最后一次的罚球中防守队员干涉得分，应判给进攻队得 1 分，随后执行登记在该防守队员名下的技术犯规罚则。

2. 罚则

如果判罚队员技术犯规，应作为队员的犯规登记在该队员名下，并计入全队犯规中。判罚球队席人员，应登记在主教练名下，并不计入全队犯规次数中。

应判给对方队员 1 次罚球。

（三）违反体育运动精神的犯规

1. 定义

违反体育运动精神的犯规是一起队员身体接触的犯规，并且根据裁判员判定，包含：① 与对方发生身体接触并且不在本规则的精神和意图的范畴内努力比赛；② 在尽力抢球或在与对方队员尽力争抢中，造成与对方队员过分的严重身体接触；③ 一起攻防转换中，防守队员为了中断进攻队的进攻，与进攻队员造成不必要的身体接触。该原则在进攻队员开始他的投篮动作之前均适用；④ 一起对方队员从正朝着对方球篮行进的队员身后或侧面与其造成的非法接触，并且在该行进队员、球和对方球篮之间没有其他队员，该原则在进攻队员开始他的投篮动作之前均适用；⑤ 在第 4 节和每一决胜期比赛计时钟显示 2：00 分钟或更少，当掷球入界的球在界外并且仍在裁判员手中，或掷球入界队员可处理时，防守队员在比赛场内对进攻队员造成身体接触。

2. 罚则

（1）应给犯规队员登记一次违反体育运动精神的犯规。

（2）应判给被犯规的队员执行罚球，以及随后：在该队前场的掷球入界线处掷球入界；在中圈跳球开始第 1 节。

应按下述原则判给若干罚球：如果对没有做投篮动作的队员发生犯规，2 次罚球；如果对正在做投篮动作的队员发生犯规，如果中篮应计得分并追加一次罚球；如果对正在做投篮动作的队员发生犯规，并且球未中篮，2 次或 3 次罚球。

（3）当登记了一名队员 2 次违反体育运动精神的犯规或 2 次技术犯规，或一次技术犯规和一次违反体育运动精神的犯规时，应该取消他本场剩余比赛的资格。

提示

西华大学会在每学年的第二学期举行全校学生参加的“西华杯”篮球赛，比赛由体育学院承办。参赛队员由各学院学生组成。比赛分为男子组和女子组，采取先分组循环决出前八强，之后采取交叉淘汰的赛制，最终决出男子组冠军和女子组冠军。同时选拔出优秀篮球运动员参加西华大学校篮球队。

西华大学校男子篮球队和女子篮球队于每年的 5 月和 11 月分别参加中国大学生篮球联赛（CUBA专业组和阳光组）西南赛区预选赛暨四川省大学生篮球赛。近年来，男女队在运动员和教练员的共同努力下取得了不错的成绩。

第四节 考核内容与标准

一、原地投篮

原地投篮评分标准见表 6–4–1。

【方法】学生在罚球区（可以以篮圈映射点为圆心，以罚球线到圆心距离为半径画出的圆形内投篮）罚球，每人罚 10 次，以进球数评分。

表 6–4–1 原地投篮评分标准 （单位：个）

进球数	1	2	3	4	5	6	7
分值（男）	40	50	60	70	80	90	100
分值（女）	60	70	80	90	100		

二、运球上篮

运球上篮评分标准见表 6–4–2。

【方法】学生从罚球线出发运球上篮，投进球后运球返回罚球线。时间以 1 分钟为限，以进球数评分。

表 6–4–2 运球上篮评分标准 （单位：个）

分值	40	50	60	70	80	90	100
进球数（男）	7	8	9	10	11	12	13
进球数（女）	4	5	6	7	8	9	10

三、半场运球行进间投篮

半场运球行进间投篮评分标准见表 6–4–3。

【方法】学生从边线与中线的一个交点开始运球，行进间投篮，进球后，接到球，运球至边线与中线的另一交点，再转身运球上篮，投中后，运球回到出发点，球到人到。重复上述过程 1 次，计时。

【要求】① 投篮必须进球，若不进，应补进。② 左右手均会运球的投篮者可加 10 分。整个过程若出现违例现象，酌情扣分。③ 若两次及以上未完成技术动作，则该项目不得分。

表 6–4–3 半场运球行进间投篮评分标准 （单位：秒）

分值	30	40	50	60	70	75	80	85	90	100
时间（男）	≥75	70	65	60	55	50	45	40	35	32
时间（女）	—	≥96	95	90	85	80	75	70	60	50

【参考文献】

[1] 王世安 . 篮球[M]. 北京：人民体育出版社，1992.
[2] 孙民治 . 篮球运动高级教程[M]. 北京：人民体育出版社，2000.
[3] 孙民治 . 篮球运动教程[M]. 北京：人民体育出版社，2007.
[4] 杨桦, 祝莉 . 现代篮球战术[M]. 成都：电子科技大学出版社，1997.
[5] 威塞尔 . 篮球运动技术从入门到精通[M]. 北京：人民邮电出版社，2016.
[6] 杨科 . 篮球技战术教学训练与探索[M]. 北京：新华出版社，2017.
[7] Ron Ekker. NBA 篮球训练法[M]. 北京：化学工业出版社，2013.
[8] 中国篮球协会 . 篮球规则 2020[M]. 北京：北京体育大学出版社，2020.
[9] 中国篮球协会 . 篮球裁判员手册[M]. 北京：北京体育大学出版社，2017.

思政课堂

篮球运动在中国受到广大人民群众，尤其是广大学生群体，的欢迎和热爱，经常参加篮球运动可以锻炼学生的心肺功能和肌肉力量，也可以培养学生迎难直上的精神和思维快速转换的能力，还可以促进良好人际关系的形成。

1996年，中国男篮在奥运会男篮比赛中对阵世界顶级强队阿根廷队，抓住一切反击机会，坚持以快打快的奇招，不给对手喘息的机会，最终奇迹般地战胜阿根廷队，历史性地进入到了奥运会八强。2006年，中国男篮在男篮世锦赛中面对强大的斯洛文尼亚队，上半场一度落后14分，但中国男篮队员没有慌乱，而是稳扎稳打咬住比分，在半场结束前把分差追回到8分；中国男篮下半场加强攻势，与斯洛文尼亚队展开拉锯战，在比赛还剩5.8秒时落后2分，最终由王仕鹏压哨干拔三分命中，绝杀斯洛文尼亚队。中国男篮打出了中国人的气势，非常振奋人心。

第七章　排球运动

本章导读

排球运动是世界各国开展得比较普遍的重要运动项目之一，深受人们的喜爱。中国女排在20世纪80年代取得5连冠，并夺得2003年世界杯冠军和2004年奥运会冠军，之后于2015—2016年再度夺得世界杯及奥运会冠军，这使得排球在中国人心目中长期保持着较高的地位。“女排精神”正是中华民族精神的写照。随着排球运动衍生出沙滩排球、软式排球、气排球等形式，中国排球运动得到空前普及和发展。人们对排球的喜爱已经从单纯的欣赏转入观赏和参与相结合的阶段。在排球运动的实践中，人们不断地受到排球运动文化的熏陶，追求健身、娱乐与提高运动水平和谐发展。排球运动具有普及面广、易于学习、集体性强等特点，能够提高参与者各项身体素质，已成为大学生课余锻炼身体的主要运动项目之一。

学习目标

1. 掌握排球基础理论知识和基本技战术。
2. 初步了解排球比赛的方法和基本的竞赛规则，了解排球的战术配合方法。
3. 掌握科学锻炼身体的方法，培养运动兴趣，并能够以排球运动为健身方式，养成自觉锻炼身体的习惯。

第一节　排球运动概述

排球运动是于1895年由美国马萨诸塞州霍利奥克市的威廉·G. 摩根发明的。早期，排球被称为“小网子”。1896年，霍尔斯泰德根据比赛特点，提议改为“排球”，这个名字沿用至今。

第一本关于排球规则的书籍是美国人卡麦隆通过斯波尔丁出版社出版的。当时它规定采用“轮转制”“每局15分”，1918年又做出了上场人数为6人的规定。从此，欧美国家开始流行6人制排球。

排球运动于1900年传入加拿大，同年传入印度。现有的历史资料表明，早在1905年在中国的广州、香港等地就已开展过排球活动。在排球运动传入中国的初期，一些学校开展并传播排球活动，这对排球的推广和传播起到了相当重要的作用。

排球运动传入亚洲初期，上场人数不是6人而是16人。菲律宾排球介绍人F. S. 勃朗先生认为，时美国有体育馆，较适合于6人制排球。亚洲人多，又多在室外进行，要考虑多数人能参加排球运动。F.S. 勃朗先生和F. H. 勃朗先生向菲律宾和日本介绍的都是16人制排球。1913年的第1届远东运动会上，排球比赛采用16人制，1919年第4届远东运动会上演变为12人制，1927年第8届远东运动会上演变为9人制。1950年7月，在中华全国体育总会举办的全国体育工作者暑期学习会上，首次介绍了6人制排球规则与比赛方法，中国于1951年正式采用6人制排球比赛方法。从此，6人制排球在中国逐步开展，并逐渐衍生出坐式排球、软式排球、沙滩排球、气排球等运动。

中国女排是中国三大球的突出代表，曾在1981年和1985年女排世界杯、1982年和1986年世界女子排球锦标赛、1984年洛杉矶奥运会女子排球比赛上夺得冠军，成为世界上第一支“五连冠”的女排队伍。此后，中国女排又在2003年女排世界杯、2004年雅典奥运会女子排球比赛、2015年女排世界杯、2016年里约热内卢奥运会女子排球比赛、2019年女排世界杯上五度夺冠，极大地振奋了中国人的精神。中国女排所体现出来的顽强奋斗、勇敢拼搏的精神激励着一代代中国人不断努力。

提示

西华大学每年举办1次学生排球比赛和1次教职工排球比赛，都是9人制气排球比赛，每队上场9人，须有3人是女性。学生和教职工排球代表队经常参加省市级排球比赛，并取得了较好的成绩。

第二节　排球基本技战术

一、排球基本技术

（一）排球基本技术种类

排球基本技术包括准备姿势、移动步法、传球、垫球、发球、扣球、拦网。正确的准备姿势按身体重心高低可分为稍蹲、中蹲和低蹲3种。

比赛中，常用的移动步法有滑步、交叉步、跳步、跨步和跑步。

传球是在胸部及以上部位用两手（或单手）借助蹬地、伸臂动作，通过手腕、手指的弹击力量来完成的击球技术动作。其主要作用是把接起的球传给其他队员进攻或直接进攻。一个队的进攻能力能否充分发挥，在很大程度上取决于该队的传球水平的高低。为了争夺网上优势，排球的进攻战术快速多变，二传手起着更为核心的作用。

垫球是借助蹬地、抬臂动作，用两手前臂的前部，利用来球的反弹力将球击出的技术动作。垫球在比赛中多用于接发球、接扣球和接拦回球，是比赛中争取多得分、少失分、由被动变主动的重要技术。

发球是队员一只手抛球，用另一只手将球从球网上空两标志杆内击入对方场区的技术动作。它是比赛和进攻的开始，是排球技术中唯一不受他人制约的技术动作。攻击性强的发球有时可以直接得分，有时可以削弱乃至破坏对方的进攻，打乱对方的部署，在心理上给对方造成威慑。

扣球是队员跳起，在空中用一只手臂做弧形挥动，用手将本方场区上空的球从两标志杆内的球网上空击入对方场区的技术动作。扣球在比赛中是最积极、最有效的进攻武器，是得分、得发球权的主要手段。

拦网队员在网前以腰部以上部位（主要是手臂、手掌），在球网上沿阻挡对方击球过网的技术动作。它是防守的第一道防线，是反攻的重要环节。拦网可将对方有力的扣杀拦住，减轻后排防守的压力，为本方组织反攻创造条件。其作用主要是给对方扣球手以心理压力，迫使其出现失误；也可以降低球速，甚至能把对方的扣球直接拦回、拦死，在比赛中是得分、得发球权的重要手段之一。

（二）排球技术训练方法

排球各项技术的教学训练方法与手段，种类繁多，按不同的性质、特点与作用，可以分为多种类型。教练员要根据不同的训练任务、不同的训练对象、不同的训练水平、不同的训练周期、不同的训练要求，以及不同的训练条件等情况，采取不同的训练方法与手段。排球技术训练方法一般包括以下几种。

1. 诱导性训练法

诱导性训练法采用徒手模仿、间接练习或器材辅助的方式，建立正确的技术定型，一般用于开始学习与掌握某项技术，或用于纠正某一错误动作。

2. 分解性训练法

分解性训练法是把一项完整技术动作分解为几个步骤来训练，以强化各个技术环节，一般用于学习、掌握或改进、提高动作复杂或难度较大的技术的方法。

3. 串联性训练法

串联性训练法是把两项或以上相关联的技术结合起来训练，以有效提高技术运用能力和实战水平的重要方法，为各运动队所普遍采用。

4. 综合性训练法

综合性训练法是把某项技术与全队的攻防战术训练密切结合起来，以提高队员对该项技术的运用能力和应变能力，提高队员战术素养的方法。

5. 难度性训练法

难度性训练法是有意制造难题，设置困难条件，使训练在接近比赛强度或超过比赛强度的条件下进行，以提高队员的实战能力的方法。

6. 对抗性训练法

对抗性训练法是有意设置对立面，增强对抗条件，使训练在激烈的竞争中进行，以

移动步法

垫球

拦网

正面上手发球

正面下手发球

模拟实战情况，提高队员的训练积极性，增加训练难度与强度的方法。

7. 重复性训练法

重复性训练法是为了学习、改进或巩固、提高某项技术而反复操练的方法，以加深队员印象，巩固训练成果，建立条件反射。

8. 鼓励性训练法

鼓励性训练法是为了完成某种特定的训练任务，采用考核、评分、加分等措施，以营造训练气氛，活跃队员情绪，增强训练效果的方法。

9. 限制性训练法

限制性训练法是为了顺利完成某项训练任务或为了避免不必要失误，采用加分、减分或“罚”做某种规定动作的方法，以集中注意力，达到预期目标；或者设置限制性条件，以便改正错误动作或增加训练难度。

10. 指标性训练法

指标性训练法是为了完成某一特定训练任务，提出必须达到一定的数量和质量指标的训练方法，要求不达目的，不得停练，以规范技术要求，提高训练水平。

11. 分化性训练法

分化性训练法是对两种动作结构近似、技术细节不同的技术，分别结合进行操练，使队员体会其不同要领和手法，建立不同条件反射的方法。

12. 分组训练法

分组训练法是把全队人员分为若干小组，分别或同时进行训练，以加强临场指导，分别完成某些特定的训练任务的方法。

13. 半场训练法

半场训练法是运用半场进攻或半场防守等方式进行专门的训练，以强化队员的相关技术，增强训练效果的方法。

14. 全场训练法

全场训练法是令分为两组的队员按一定的训练任务和要求进行训练，并模拟比赛条件，提高实战能力的方法。

15. 模拟训练法

模拟训练法是根据对方攻防的特点，结合本队的具体情况进行模拟性操练，以提高训练的针对性和实效性的方法。

16. 多球训练法

多球训练法是为了提高教学训练的密度、强度和难度，在某些训练中采用多球进行训练的方法，以增加队员摸球的次数，使队员熟练掌握技术，提高训练效能。

二、排球基本战术

（一）排球基本战术的种类

排球基本战术可分为个人战术和集体战术两大类。个人战术即个人根据场上情况有目的地运用技术的过程，分为发球、一传、二传、扣球、拦网、后排防守等个人战术。集体战术是指两名或两名以上队员之间有组织、有目的的集体协同配合，包括进攻战术和防守战术。进攻战术是指在接对方发、扣、拦、传、垫过来的球后，全队所采取的有目的、有组织的进攻行动。进攻形式包括强攻、快攻、两次球及其转移。强攻是指在没有同伴掩护的情况下，强行突破对方拦防的进攻。快攻是指扣击二传手传出的各种平球、快球，以及用这些平球、快球做掩护所组成的各种战术配合。两次球及其转移是指当一传来球较高，又在网前适合扣球的位置时，前排队员可以跳起直接进行扣球，如对方拦网严密，可以在空中把球转移给其他队员的进攻打法。防守战术主要包括 4 种阵型：接发球站位阵型、接扣球防守阵型、接拦回球保护阵型及接传、垫球防守阵型。

（二）比赛阵型

排球有 4–2 阵型和 5–1 阵型两种标准阵型。5–1 阵型是最基本的阵型，也是在高级别比赛中很常见的一种阵型。

1. 4–2 阵型

4–2 阵型由 4 名攻手和 2 名二传手组成，场上没有接应二传，2 名二传手中的一名轮转到前排后负责进攻，另一名后排二传手负责后排插上传球以组织战术进攻，因此在比赛的任何时刻全队都有 3 名前排进攻队员。4–2 阵型对 2 名二传手的要求很高，他们不仅要传球稳定，而且一定要具备较强的进攻能力。4–2 阵型很明显的特点就是每排都有 3 名进攻队员，使得球队可采用的战术进攻手段很多。

2. 5–1 阵型

5–1 阵型中只有 1 名队员担任二传手，不管他的位置在前排还是后排。当二传手在后排时，全队拥有 3 名前排攻击队员；当二传手在前排时，全队只有 2 名前排进攻队员。全队加起来一共 5 名进攻队员。

在 5–1 阵型中，轮转中在二传手对角站位的队员称为接应二传。一般来说，接应二传不参与一传。当对方发球时，接应二传站在队友的后方。当二传手位于前排时，接应二传可以作为第三进攻点（后排进攻），这在现代排球中已经成为各队提高攻击能力的常用手段。接应二传通常是队中扣球技术最好的队员。后排进攻通常来自后排右侧（1 号位）。在高级别的比赛中，从后排中间 6 号位进攻的情况比较多。

5–1 阵型的一大优势是，二传手在后排时有 3 个前排攻击点可供选择。如果二传手运用好这一点的话，对方的副攻手可能没有足够的时间与队友组织双人拦网，这增加了本方进攻得分的机会。另一个优势是，当二传手位于前排时，他可以采用二次球进攻，这样能够进一步扰乱对方拦网球员：本方二传手可能二次扣球、吊球，也可能传球给进攻队员中的任何一名。一名优秀的二传手应深刻理解这一点，不仅能二次球进攻或者传快攻，还能设法迷惑对方队员。

4–2 阵型以灵活快速多变著称，与 5–1 阵型相比，虽然 4–2 阵型在整体结构上较为烦琐复杂，但是在实际运用中却可以取得 5–1 阵型所不能取得的进攻效果。4–2 阵型适合队员身高相对较矮的球队，它可以充分地发挥灵活快速多变的打法，利用大量、快节奏的个人战术、集体配合来取得比赛中的优势。5–1 阵型更加适合队员拥有绝对身高和弹跳能力的球队，打法要求简单有效，利用绝对高度克敌制胜。目前在国际高级别比赛中，各国国家队更常用的是 5–1 阵型。

第三节 排球竞赛规则简介

一、器材与设备

（一）比赛场地

比赛场地为对称的长方形，包括比赛场区和无障碍区。比赛场区为 18 米 × 9 米的长方形。其四周至少有 3 米宽的无障碍区。比赛场区上空的无障碍空间从地面量起至少高 7 米，其间不得有任何障碍物。国际排联、世界和正式比赛，比赛场区边线外的无障碍区宽应 5 米，端线外的无障碍区宽应 6.5 米。比赛场地上空的无障碍空间至少高 12.5 米。

（二）球网与网柱

1. 球网高度

球网架设在中线上空，高度为男子 2.43 米，女子 2.24 米。球网的高度应从场地中间丈量，球网两端（边线上空）的高度必须相等，并不得超过规定网高 2 厘米。

2. 构造

球网为黑色，宽 1 米，长 9.50~10 米（每边标志带外 25~50 厘米），网眼直径 10 厘米。球网上沿的全长缝有 7 厘米宽的双层白帆布带。帆布带的两端留有孔，用绳索系在网柱上使网上沿拉紧。用一根柔韧的绳索穿过帆布带，拉紧球网上沿固定在网柱上。球网下沿的全长缝有另外一条构造与球网上沿相同的 5 厘米宽帆布带，用绳索系在网柱上使网下沿拉紧。

3. 标志带

两条宽 5 厘米、长 1 米的白色带子为标志带，分别系在球网的两端，垂直于边线。标志带被认为是球网的一部分。

4. 标志杆

标志杆是有韧性的两根杆子，长 1.8 米，直径 10 毫米，由玻璃纤维或类似的材料制成。两根标志杆分别设置在标志带外沿球网的不同侧面。标志杆高出球网 80 厘米。高出部分每 10 厘米应涂有明显对比的颜色，最好为红白相间。标志杆被认为是球网的一部分，并视为过网区的边界。

5. 网柱

两根网柱分别架设在两条边线外 0.5~1 米处，高 2.55 米，最好可以调节高度。国际排联、世界和正式比赛，网柱应架设在边线外 1 米处，其外部必须进行柔软包裹。网柱应为光滑的圆形，并无拉链。一切危险设施和障碍物都必须清除。

二、队的组成

（1）一个队最多有 12 名队员，另加：1 名教练员，最多两名助理教练员；1 名理疗师和 1 名医生。只有登记在记录表上的运动队成员才可以进入比赛控制区，参加赛前的正式准备活动和比赛。

（2）除自由防守队员外的 1 名队员担任队长，队长在记录表上被注明。

（3）只有登记在记录表上的队员才可以进入场地和参加比赛。教练员和队长在记录表上签字以后，已登记在记录表（和电子记录表）上的队员名单不得更改。

三、得 1 分、胜 1 局与胜 1 场

（一）得 1 分

1. 得分

某队得一分：球成功落地在对方场区；对方犯规；对方受到判罚。

2. 犯规

当队员的比赛行为违背规则（或其他方式的犯规）时，裁判员按以下规则做出判定：如果两个或更多的犯规先后发生，只判罚第 1 个犯规；如果双方队员同时犯规，判为“双方犯规”，该球重新比赛。

3. 比赛过程和完整比赛过程

比赛过程是指从发球击球起至该球成死球止的比赛行为。完整比赛过程是造成了得分结果的比赛行为。包括：判罚得分；发球超时犯规失掉发球权。如果发球队获胜，得 1 分并继续发球；如果接发球队获胜，得 1 分并获得发球权。

（二）胜 1 局

每局（决胜的第 5 局除外）先得 25 分同时超过对方至少 2 分的队胜 1 局。当比分 24 ： 24 时，比赛继续进行至某队领先 2 分（26 ： 24、27 ： 25……）为止。

（三）胜 1 场

（1）胜 3 局的队胜 1 场。

（2）如果 2:2 平局时，决胜的第 5 局打至 15 分并领先对方 2 分的队获胜。

四、球队的击球

比赛中，队员与球的任何触及都视为击球。每队最多击球 3 次（拦网除外）将球击回对区，如果超过则判为“4 次击球”。

（1）连续击球。一名队员不得连续击球两次（另有规定除外）。

（2）同时击球。两名或 3 名队员可以同时触球。同队的两名（或 3 名）队员同时触到球时，被记为两次（或 3 次）击球（拦网除外）。如果只有其中 1 名队员触球，则只记 1 次。队员之间的碰撞不算犯规。两名不同队的队员在网上同时触球，比赛继续进行，获球一方可再击 3 次。如果该球落在某方场区之外，判对方击球出界。如果两名不同队的队员在网上同时触球并造成短暂停留，则比赛继续进行。

（3）借助击球。队员不得在比赛场地之内借助同伴或任何物体支持进行击球。但是队员可以挡住或拉住另一名即将犯规（如触网、过中线等）的同队队员。

五、球网附近的队员

（一）越过球网

（1）拦网时允许拦网队员越过球网触球，但不得在对方进攻性击球前或击球时干扰对方。

（2）进攻性击球后允许手过网，但击球时必须在本场区空间。

（二）网下穿越

（1）在不干扰对方比赛的情况下，允许队员在网下穿越进入对方空间。

（2）穿越中线进入对方场区：队员的 1 只（两只）脚越过中线触及对方场区的同时，其余部分接触中线或置于中线上空是允许的；队员脚以上的身体任何其他部位，触及对方场区是允许的，但不得干扰对方比赛。

（3）比赛成死球后，队员可以进入对方场区。

（4）在不干扰对方比赛的情况下，队员可以穿越进入对方的无障碍区。

（三）触网

（1）击球行为触及标志杆以内球网部分为犯规。击球行为包括（但不限于）：起跳、击球（或试图击球）、落地至准备下一个动作。

（2）队员可以触及网柱、网绳或标志杆以外的其他任何物体，包括球网本身，但不得干扰比赛。

（3）由于球被击入球网而造成的球网触及队员，不为犯规。

六、犯规

（一）队员在球网附近的犯规

（1）对方进攻性击球前或击球时，在对方空间触及球或对方队员。

（2）从网下穿越进入对方空间并干扰对方比赛。

（3）队员的双脚（单脚）全部越过中线进入对方场区。

（4）队员干扰比赛有下列情况（但不限于）：击球行为触及标志杆及标志杆以内球网任何部分；利用球网进行支撑或稳定身体；造成了对本方有利；妨碍了对方合法的击球试图；拉网/抓网。

任何运动员靠近球击球或准备击球，不管是他/她能否击到球都是击球行为。但是，队员身体触及标志杆以外的球网，不算犯规（另有规则除外）。

（二）发球时的犯规

1. 发球犯规

下列犯规应判为发球犯规，即使对方位置错误。发球队：发球次序错误；没有遵守“发球的执行”的规定。

2.发球击球后的犯规

球被发出后出现以下情况仍为发球犯规（除非位置错误）：球触及发球队队员或球的整体没有从过网区通过球网垂直平面；界外球；球越过发球掩护。

（三）击球时的犯规

（1）4 次击球：一个队连续击球 4 次。

（2）借助击球：队员在比赛场地内借助于同伴或任何物体的支持进行击球。

（3）持球：球被接住和/或抛出，而不是被弹击出。

（4）连击：一名队员连续击球两次，或球连续触及身体不同部位。

（四）进攻性击球的犯规

（1）在对方空间击球。

（2）击球出界。

（3）后排队员在前场区完成进攻性击球，并且击球时球的整体高于球网上沿。

（4）在前场区内对高于球网上沿的对方发球完成进攻性击球。

（5）自由防守队员对高于球网上沿的球完成进攻性击球。

（6）队员在高于球网处，对同队自由防守队员在前场区用上手传出的球完成进攻性击球。

（五）拦网犯规

（1）在对方进攻性击球前或击球的同时，在对方空间完成拦网。

（2）后排队员或自由防守队员完成拦网或参加了完成拦网的集体。

（3）拦对方的发球。

（4）拦网出界。

（5）从标志杆以外伸入对方空间拦网。

（6）自由防守队员试图进行个人或参加集体拦网。

七、位置和轮转

（一）位置

发球队员击球时，双方队员（发球队员除外）必须在本场区内按轮转次序站位。

（1）队员场上位置为：靠近球网的 3 名队员为前排队员，其位置为 4 号位（左）、3 号位（中）和 2 号位（右）；另外 3 名队员为后排队员，其位置为 5 号位（左）、6 号位（中）和 1 号位（右）。

（2）队员相互间的位置关系：每一名后排队员的位置必须比其相应的前排队员距离中线更远；前排和后排队员左右之间的位置按关于队员场上位置的规定站位。

（3）队员的位置应根据其脚的着地部位判定：每一名前排队员至少有 1 只脚的一部分，比同列后排队员的双脚距中线更近；每一名右（左）边队员至少有 1 只脚的一部分，比同排中间队员的双脚距右（左）边线更近。

（4）发球击球后，队员可以在自己场区和无障碍区的任何位置。

（二）轮转

（1）一局比赛中，轮转次序、发球次序以及队员位置的确定，均以位置表为依据。

（2）接发球队获得发球权后，该队队员必须按顺时针方向轮转 1 个位置：2 号位队员转至 1 号位发球，1 号位队员转至 6 号位等。

第四节 考核内容与标准

男生用硬排球，女生用软排球。垫球高度不低于 1 米，传球高度不低于 1.5 米。排球考核评分标准见表 7–4–1。

表 7–4–1 排球考核评分标准

次数	1	5	10	15	18	21	24	27	28	31	34	37	40	42	44	46	48	50
分值	5	20	40	50	55	60	62	64	68	70	72	74	80	84	86	90	95	100

【参考文献】

[1]黄汉升.球类运动：排球[M].北京：高等教育出版社，2009.

[2]中国排球协会.排球竞赛规则 2017—2020[M].北京：人民体育出版社，2017.

思政课堂

排球运动是一项非常锻炼团队配合意识和坚韧性格的运动，经常参加排球运动也可以提高学生自身弹跳能力和灵活性。

女排精神代表着为中华崛起而拼搏的精神：女排队员们寒来暑往，日复一日地坚持训练；很多队员为了集体牺牲小我，咬着牙带伤出战；中国女排在比赛中不畏强手，团结协作，顽强拼搏，屡次创造奇迹，这正是中国人不服输性格的写照。女排精神在历史中沉淀，在时代变化中传承，激励着一代代劳动者披荆斩棘，艰苦奋斗，为中华民族的伟大复兴做贡献。

第八章 乒乓球运动

本章导读

乒乓球运动从19世纪末到今天已有100多年的发展历史。在这个过程中，乒乓球运动从一种民间游戏活动演变为正式竞技项目，从区域性的竞技项目发展到全球性的竞技项目。纵观乒乓球运动发展历程，这三个因素始终起着重要作用：乒乓球运动器材的改进、竞赛规则的完善和乒乓球技术的发展。它们的基本关系：竞赛规则、赛事组织及训练条件的完善，保证了乒乓球技术的发展、确定了乒乓球技术发展的方向，乒乓球技术发展和创新又促进了竞赛规则的不断完善。

学习目标

1. 通过学习打乒乓球，学生初步掌握并学会运用乒乓球的基本技术，并发挥乒乓球运动增强体质、锻炼意志、增长才智的作用。

2. 培养学生乒乓球运动的能力和提高其学习的积极性，让学生掌握乒乓球基本技能和基础理论，并养成把乒乓球运动作为终身体育锻炼项目的习惯。

第一节 乒乓球运动概述

一、乒乓球运动的起源与发展

关于乒乓球运动的起源，最为流行的说法是其在19世纪末起源于英国，由网球运动派生而来。据说，在19世纪末的一天，两个青年看过温布尔登网球赛后，到一家餐馆吃饭。期间，他们先是用雪茄烟的木盒盖当扇子，继而讨论网球技战术，然后捡起香槟酒的软木酒瓶塞当球，以大餐桌当球台，在其中间拉了一根细绳为网，用烟盒盖当作球拍打球。侍者在一旁喝彩，闻声赶来的女店主见此情景，不禁脱口喊出“table tennis”，这一声将乒乓球命名为“桌上网球”。后来，乒乓球的球拍演变为长柄、两面贴有羊皮纸、中间是空洞的形式，用这种球拍打塑料球时发出“乒”的声音，球落台时发出“乓”的声音，由此，“乒乓球”的名字诞生了。

乒乓球被世界公认为是中国的“国球”。1952 年，第一次全国比赛在北京大学举行。赛后，国家乒乓球队开始集中训练。同年，中华全国体育总会乒乓球部加入了国际乒乓球联合会（简称“国际乒联”），后改称为中国乒乓球协会。1959 年 4 月 5 日，在第 25 届世界乒乓球锦标赛中，容国团为我国夺取了第一个世界冠军。1961 年 4 月，中国乒乓球协会在北京第一次承办了世界锦标赛——第 26 届世界乒乓球锦标赛。从获得第一个世界冠军至今，几十年来，中国乒乓球队在世界三大赛事中共为祖国夺取了 200 多个世界冠军，创造了世界体坛罕见的长盛不衰的历史。

二、乒乓球运动的锻炼价值

乒乓球运动是深受广大群众尤其是青少年喜爱的体育运动项目。乒乓球运动的特点是球小，速度快，变化多，设备简单。另外，它不受年龄、性别、身体条件的限制，能广泛地开展。它运动量适中，具有较强的竞争性，也不乏娱乐性。练习者经常参加此项运动，有利于促进人际交流与合作，可以有效地调节紧张的情绪，缓解工作、学习所带来的精神压力；可以发展机体的灵敏性和协调性，提高动作速度和上下肢的活动能力，改善心血管系统的机能，增强体质；也有助于培养勇敢顽强、机智果断、沉着冷静、敢于拼搏等优良品质。

第二节 乒乓球基本技术

直拍握法

一、握拍方法

乒乓球握拍方法主要分直拍握法和横拍握法两种。不同的握法各有其优缺点，各有不同的打法。初学者可以根据各自的习惯和爱好，选择适合自己的握拍方法。

（一）直拍握法

直拍握法根据不同的技术动作分为近台快攻型握拍法、弧圈球型握拍法、直拍削球型握拍法等。无论哪一种握法，其基本的手指动作大致相似：在拍前，以食指第二指节和拇指第一指节扣拍；在拍后，其余三指弯曲贴于拍的 1/3 上端。这种握法又称为钳式握法。（图 8-2-1）

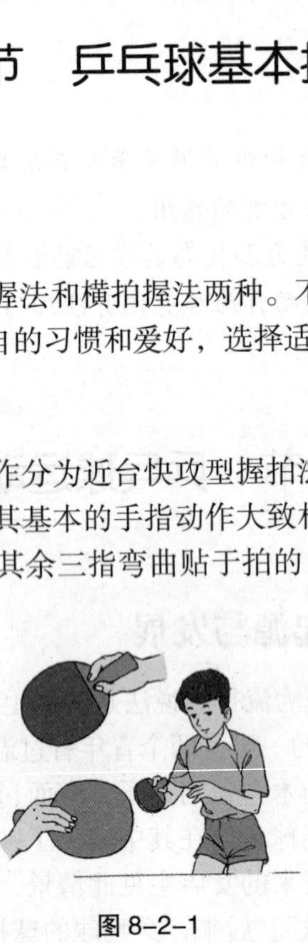

图 8-2-1

直拍握法的特点是正反手都用球拍的同一拍面击球，出手快，正手攻球快速有力，攻斜线、直线球时，拍面变化不大，这使对方难以判断。

（二）横拍握法

虎口贴拍，拇指在拍前，食指在拍后，此握拍法又称为八字式握拍法。正手攻球时，食指向上移动；反手攻球时，拇指向上移动。（图 8–2–2）

图 8–2–2

横拍握法的特点是正反手攻球力量大，攻削球时握法变化小，反手攻球容易发力，也便于拉弧圈球，但正反手交替击球时，须变换击球拍面；攻斜线、直线球时，调节拍形的幅度大，容易被对方识破。

二、发球与接发球技术

发球是乒乓球的基本技术之一，在比赛中占有重要的地位。发球多变并且质量好，不仅可以为进攻创造良好的机会，而且有时能使对方回接球失误，从而使本方直接得分。发球是比赛开局的第一板球，它不受对方的干扰，可以在各方位（双打除外）按自己的战术意图将球发到对方的任何位置，先发制人，争取主动。

（一）发球

1. 正手平击球

以右手发球为例。发球时，左脚在前，右脚在后，身体稍向右转。左手掌心托球，置于身体左侧，右手持拍于身体右侧。抛球后，向后引拍，待球从最高点下落时，前臂从身体右后方向前挥击球的中上部，整个过程是“抛—拉—打”。

发轻球时，随着前臂向上方摆动使球拍后仰，击球的中下部，顺着摆臂的惯性，轻轻地将球送出。发急球主要依靠前臂横摆的力量来加快球速，球拍与球台约成 60°，击球点比网低 8 ～ 10 厘米，将球在本台近端线 10 厘米处击出。发轻球（近网球）应以前臂由后向前送，球拍保持后仰，拍触球时用力要轻而缓和，击球点稍高于球网，球被击在球台的中段附近。

2. 上旋球

用力使球拍向前上方移动，摩擦球的中上部。球拍与球的接触点应比网稍高或与网等高。

3. 下旋球

用力使球拍向前下方切削，摩擦球的中下部，球拍与球的接触点应比网高。在发近网下旋球时，下切要用力，且动作要快，落点距网较近；发远网下旋球时，除用力下切外，还应略加向前的力量。

横拍握法

正手平击发球

正手发下旋球

4. 左右侧旋球

正手发左侧旋球

发左侧旋球时，将拍面稍向左倾斜，向身体左方发力，擦击球的中部；发右侧旋球时，将拍面向右倾斜，向身体右方发力，擦击球的中部。

（二）接发球

反手发下旋球

在一局比赛中，接发球的机会和发球均等。如果接发球能力较差，不仅会给对方较多的进攻机会，而且会在处理关键球时贻误战机，甚至影响全局。

接发球常用推、搓、削、拉、抽等方法回击。推、搓、削是用旋转和落点变化去抑制对方的攻势，并带有一定的防御性质。拉球和抢攻可以直接破坏对方的攻势，打法上比较积极主动。在接发球时，队员应根据不同的情况做到时搓时拉，忽攻忽守，只有这样才能充分掌握比赛的主动权。

反手发左侧旋球

接发球首先应根据对方发球时的位置来决定站位。如对方在左后方正手发球，本方站位应为中间靠右；对方在左面反手发球，本方站位应为中间靠左。接发球时，本方还要密切注意对方发球的挥拍动作、球拍移动方向及触球瞬间用力的大小，以便正确判断对方发球的性质和落点，及时用相应的、正确的方法回击。例如，接上旋球时，用快速推挡或加力快抽来击球的中上部；接下旋球时，球拍后仰，搓击或拉抽球的中下部；接左、右侧旋球时，必须将球回击到对方球拍移动的相反方向。如果对方向左挥拍，本方就应击向右方；对方向右挥拍，本方就击向左方。回接侧上旋、下旋球时，对左侧上旋球，应将球拍向左前下方击球；对左侧下旋球，应用提拉动作向左前上方击球。

三、基本击球技术

（一）推挡球

反手推挡（直拍）

推挡球以反手推挡球为主，其中又分高压推挡球（大力推挡）、下旋推挡球、侧上旋推挡球等。反手推挡时，离台 30 ～ 50 厘米站立，左脚稍前，右脚在后，持拍手臂前臂与地面基本平行，肘部与上臂贴于身体右侧，上臂与前臂夹角为 100° 左右，前臂靠近腹前，球拍与桌面成 90° 。当来球入台将近上升期时，前臂内收，球拍迎向来球方向，向前、向下发力，推击来球的中上部，食指同时微微用力使球拍前倾，盖住来球，上臂随前臂前摆。击球后，球拍沿半圆弧形路线还原。

1. 快推

快推的特点是借力还击，回球速度快，有斜线和直线的变化。对付弧圈球时，还能推侧旋、推大角度，以干扰和破坏对方的进攻。在对攻和相持阶段，常用推两大角或突袭对方空当，使对方因应接不暇而失误或陷入被动，为进攻创造有利条件。

【动作要领】左脚稍前或两脚平行，屈膝，提踵，两脚开立，两脚之间的距离略宽于肩，身体离球台约 40 厘米。击球前，持拍手臂和肘关节内收，前臂略向外翻，球拍柄呈横状。击球时，前臂向前推击的同时，手腕外旋，食指压拍，拇指虽放松但要紧贴拍柄，使拍前倾，在上升期时击球的中上部，把球快速推击过去。除此之外，还有一种加力推，就是在球来之前先向后拉球拍，球来之际猛由后向前迎击球，因为加大力量会对球产生更大的撞击力，所以推过去的球力量大、速度快，往往能压住对方的攻势，从而为自己侧身抢攻创造有利条件。推完球后要迅速还原。（图 8–2–3）

图 8-2-3

2. 减力挡

减力挡的目的是使球弧线低、落点短、力量轻。在对攻的相持中，当对方离球台远时，可用减力挡吊对方一个近网球，迫使其前后奔跑，然后伺机用正手抢攻。这项技术常用于对付擅长弧圈球的选手，用大角度或近网的小球干扰和破坏对方的进攻。

【动作要领】准备姿势与推挡动作相同，球拍要前倾，当球由台面刚弹起时，球拍贴近来球并高于来球，这时前臂不能向前发力，而是要随着来球的方向迅速向后撤，以缓冲球的反弹力，使球落于近网。

（二）攻球

攻球是最重要的一项基本击球技术，是最具有威慑力的得分手段。攻球可分为正手攻球、反手攻球和正手发力抽球。常用的攻球技术有以下几种。

1. 正手近台攻球

正手近台攻球的特点是站位靠近球台，出手快、动作小，从速度上夺取优势，为扣杀创造有利的条件。

击球前，引拍至身体右侧，当球由台面弹起时，手臂向左前上方迅速回击来球。击球时，食指稍放松，拇指压住球拍，使拍面前倾，形成合理的击球角度，结合手腕内旋动作，在球的上升期击球的中上部。

（1）正手拉球。这是回击下旋球的主要做法，能为发力攻击创造条件。提拉时，在球的回落期击球，手臂由右后方向左前上方挥击；击球时，前臂迅速内收，配合手腕内旋动作，用球拍摩擦球的中上部。

（2）正手扣球。击球的动作幅度大、力量重，是得分的主要手段。击球前，右脚蹬地，配合转腰力量形成一股合力在来球的高点期击球；击球时，由前臂带动上臂由右后方向左前方加速挥击；遇到上旋球时，拍面稍前倾，击球中上部；遇到下旋球时，球拍略低于来球，击球的中上部。

（3）侧身正手攻球。首先要移动脚步，左脚在前，右脚在后，使身体位于球台左侧，上肢收于腹前，上体略前倾。根据来球特点酌情选择拉球或扣杀。

（4）正手攻弧圈球。回击弧圈球的时机极为重要，要判断清楚来球的落点、旋转，捕捉好击球的战机。击打加转弧圈球时，先拉开手臂，在球刚弹起时尽快挥拍向前下方迎击，拍形要前倾，拍与台面约成 60°，击球的中上部。回击前冲弧圈球时，在球刚弹起时立即回击，拍一触球，前臂立即内收；击球时，拍与台面约成 70°，击球的中上部。

（5）滑板球。滑板球是一种战术性很强的进攻技术，不仅要求击球角度大，而且球应有一定的左侧旋，动作要隐蔽。难度更高的技术是当自己打算攻对方右角时，发现对

正手攻球（直拍）

正手攻球（横拍）

方正往其右侧起动，而这时自己的手臂已向前挥动，此时手腕要在击球的瞬间迅速外展，将球击往对方左角，使对方人右而球左，也称为“出手改线”。

（6）杀高球。杀高球具有摧毁性、动作大、力量大的特点。击球时，靠腿、腰、臂的合力盖压住球的上部或上中部发力攻打。

2. 反手攻球

直拍反手攻球是我国乒乓球独特的击球技术，其特点是动作小、出手快，能抢先上手、争得主动，从而为正手大力扣杀创造机会。如对方想盯住自己的左侧并控制攻势时，一拍反手攻球常使对方猝不及防，能取得控制局面的效果。

右脚稍前，两膝微屈，前脚掌着地，收腹弯腰。击球前，腰略向左转，球拍后引，来球后球拍迅速向前迎击球的中上部。根据来球的不同性质，上臂、前臂和手腕相对应地做出不同动作，形成中、近台攻球及拉、扣、拨等技术。

（三）搓球

搓球是一种近似削球手法的台内短打技术，又称“小削板”，是一种可以解除对方削球逼本方大角威胁的手段。当来不及判断对方的发球性质时，本方用搓球回接比较稳妥。

1. 反手搓球

反手搓球（直拍）

反手搓球（横拍）

搓球前，两脚平行开立，离台 50 厘米左右。当来球将达台面时，上臂开始向胸前右侧贴近，略下垂。拍柄与前臂成直线，球拍后仰，与球台成 100°，置于腹前右方。前臂引拍，由后向前下方发力，做铲击动作（半圆弧动作）。球拍触球的一刹那，手腕配合前臂向前下方抖动球拍，擦击球的中下部，将球送出。（图 8-2-4）

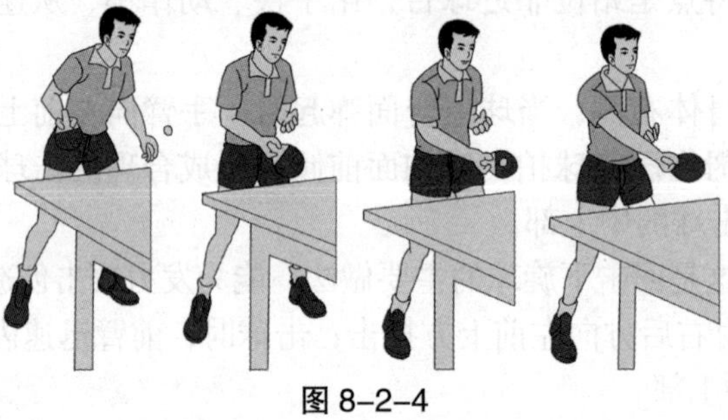

图 8-2-4

2. 正手搓球

站位与反手搓球相同。上臂引向身体右侧，与身体成 45°。前臂持拍外伸，迎向来球方向。球拍与球台成 100°，上臂和前臂夹角为 90° ～ 120°。等来球从台面反弹至最高点时，前臂向前、向内收缩发力，同时手腕配合由外向内扭动，球拍由右上方向左前下方削击来球。触球时，手腕发力加快球拍的擦击速度，摩擦球体，将球送出。

（四）削球

削球是一种积极的防御技术，它以旋转和落点的变化为主要特色，站位离台较远，击球时间晚，能够较好地控制球的稳定性。现介绍使用最普遍的正反手削球，练习者可以以这两者为基础，结合球的旋转原理，在实践中不断摸索，丰富削球的技术内容。

1. 正手削球

（1）正手远削。削球时，左脚与左肩靠近球台右角，右脚后退一步。身体与球台成

75° 并稍前倾，两腿稍屈，身体重心置于右脚。手臂自然弯曲伸出，球拍略高于来球弹起高度，拍柄向下。当球飞到身前时，手臂即向前、下、左方挥动，球拍在右腰前35厘米的地方触及球的中下部（或下部），随后，手臂加速发力，前臂与地面接近平行，身体重心逐渐由右脚移至左脚。球被削出后，手臂肌肉立刻放松，球拍因惯性仍往前向左下方摆动，上体转向球台，准备继续削球。

（2）正手近削。近削动作的要求是站位离台50厘米，身体侧对球台，与球台成45° ，在来球将要回落时擦击球的中下部。手腕用力要比正手远削大，使球产生较快的旋转。

2. 反手削球

（1）反手远削。在进行反手削球时（横拍），右脚应伸出球台的左边，左脚在后，身体重心落在右脚上，背斜对球台。前臂弯曲，球拍举至与头齐高，拍柄向下，拍面正对对方左角。手臂从上向前、下、右方摆动。在球拍触球的一刹那，前臂与手腕加速发力挥拍，将球击到对方台内。削出球后，手臂肌肉放松，上体顺势向右移动，球拍也摆向身体右侧，身体重心由右脚移至左脚。右脚后退一步，恢复成准备姿势。

（2）反手近削。反手近削时，因为上臂受到身体阻碍，所以削球动作主要靠前臂和手腕来完成，动作速度也比正手削球快些。

（五）弧圈球

1. 加转弧圈球

击球前，左脚在前，右脚稍靠后，身体向右倾斜，与球台约成45° ，两膝微屈，球拍贴近臀部，右肩略低于左肩，手臂自然下垂，手指紧握球拍，手腕略紧张地保持球拍角度，身体重心在两脚之间。在来球从桌面弹起时，前臂先向前迎球，然后上臂和前臂同时由下向上垂直挥动擦击球的中部，腰部由右后方急剧向左扭转。球拍与桌面约成80° ，拍面与球的擦击间隙越小越好。在触球的一刹那，加速用力，使球呈较高弧线飞出。顺势挥动球拍至额前，然后放松还原。

正手弧圈球（横拍）

2. 前冲弧圈球

上体前屈，与台面成75° 。球拍拉至身后，约与台面齐高，手指握拍同前。当来球着台时，手臂向前上方迅速挥出，手腕转动使球拍前倾，与台面约成50° ，擦击球的上部。腰部向前上方扭转，协助球拍加速摆动，使球沿低弧线落于对方台面，顺势前摆球拍至面部前方为止，然后放松还原。

3. 回击弧圈球的方法

弧圈球的来势多数是飞快入台，并带有强烈的上旋，球拍碰到这种球时稍有不慎就会使球飞出界外。因此，对付弧圈球，攻球者多用近台快抽或快速推挡击球的中上部，压低球的弧线，控制落点，将球回击过去。在来球上旋力特别强时，可用球拍盖住球的上部，以防止球碰球拍后飞出。回击弧圈球的关键在于思想上要有准备，避免紧张。回球时球拍前倾，盖球及时，动作迅速利落。

正手弧圈球（直拍）

削球时，多采用调整拍形快挡或近台快削的方法回击，自上而下快速将球削出。球拍后仰角度一般是110° ～135° ，从后上方向前下方削出，动作轨迹要短。

第三节 乒乓球竞赛规则简介

一、球台

球台的上层表面叫作比赛台面，应为与水平面平行的长方形，长 2.74 米，宽 1.525 米，离地面高 76 厘米。比赛台面应呈均匀的暗色，无光泽。沿每个 2.74 米的比赛台面边缘各有一条 2 厘米宽的白色边线，沿每个 1.525 米的比赛台面边缘各有一条 2 厘米宽的白色端线。

二、定义

（1）“回合”：球处于比赛状态的一段时间。

（2）“球处于比赛状态”：从发球时球被有意向上抛起前静止在不执拍手掌上的最后一瞬间开始，直到该回合被判得分或重发球。

（3）“重发球”：不予判分的回合。

（4）“一分”：判分的回合。

（5）“执拍手”：正握着球拍的手。

（6）“不执拍手”：未握着球拍的手。不执拍手臂：不执拍手的手臂。

（7）“击球”：用握在手中的球拍或执拍手手腕以下部分触及处于比赛状态的球。

（8）“阻挡”：当球处于比赛状态时，对方击球后，在比赛台面上方或向比赛台面方向运动的球，尚未触及本方台区，即触及本方运动员或其穿戴（带）的任何物品，即为阻挡。

（9）“发球员”：在一个回合中首先击球的运动员。

（10）“接发球员”：在一个回合中第二个击球的运动员。

（11）“裁判员”：被指定管理一场比赛的人。

（12）“副裁判员”：被指定在某些方面协助裁判员工作的人。

（13）运动员“穿或戴（带）”的任何物品，包括其在一个回合开始时穿或戴（带）的任何物品，但不包括比赛用球。

（14）球台的“端线”，包括端线两端的无限延长线。

三、发球

（1）发球开始时，球自然地置于不持拍手的手掌上，手掌张开，保持静止。

（2）随后发球员须将球几乎垂直地向上抛起，不得使球旋转，并使球在离开不执拍手的手掌之后上升不少于 16 厘米，球下降到被击出前不能碰到任何物体。

（3）当球从抛起的最高点下降时，发球员方可击球，使球首先触及本方台区，然后直接触及接发球员台区。在双打中，球应先后触及发球员和接发球员的右半区。

（4）从发球开始，到球被击出，球要始终在比赛台面的水平面以上和发球员的端线以外；而且从接发球方看，球不能被发球员或其双打同伴的身体或他（她）们所穿戴

（带）的任何物品挡住。

（5）球一旦被抛起，发球员的不执拍手及其手臂应立即从球和球网之间的空间移开。球和球网之间的空间由球和球网及其向上的无限延伸来界定。

（6）运动员发球时，有责任让裁判员或副裁判员确信他（她）的发球符合规则的要求，且裁判员或副裁判员均可判定发球不合法。如果裁判员或副裁判员对发球的合法性不确定，在一场比赛中第一次出现时，可以中断比赛并警告发球方。但此后如该运动员或其双打同伴的发球不是明显合法，将被判发球违例。

（7）运动员因身体伤病而不能严格遵守合法发球的某些规定时，可由裁判员做出决定免于执行。

四、重发球

（1）回合出现下列情况应判重发球：如果发球员发出的球触及球网装置后成为合法发球或被接发球员或其同伴阻挡；如果接发球员或接发球方未准备好时，球已发出，而且接发球员或接发球方没有企图击球；由于发生了运动员无法控制的干扰，而使运动员未能成功发球、还击或遵守规则；裁判员或副裁判员暂停比赛。

（2）可以在下列情况下暂停比赛：由于要纠正发球、接发球次序或方位错误；由于要实行轮换发球法；由于警告、处罚运动员或指导者；由于比赛环境受到干扰，以致该回合结果有可能受到影响。

五、得 1 分

除被判重发球的回合，下列情况该运动员得一分：

（1）对方运动员未能正确发球。

（2）对方运动员未能正确还击。

（3）运动员在发球或还击后，对方运动员在击球前，球触及了除球网装置以外的任何东西。

（4）对方击球后，球没有触及本方台区而越过本方台区或端线。

（5）对方击球后，球穿过球网，或从球网和网柱之间、球网和比赛台面之间通过。

（6）对方阻挡。

（7）对方故意连续两次击球。

（8）对方用不符合规则的拍面击球。

（9）对方运动员或其穿或戴（带）的任何东西使比赛台面移动。

（10）对方运动员或其穿或戴（带）的任何东西触及球网装置。

（11）对方运动员不执拍手触及比赛台面。

（12）双打时，对方运动员击球次序错误。

六、一局比赛、一场比赛

（一）一局比赛

在一局比赛中，先得 11 分的一方为胜方。10 平后，先多得 2 分的一方为胜方。

（二）一场比赛

一场比赛由奇数局组成。

七、发球、接发球和方位的次序

（1）选择发球、接发球和方位的权力应由抽签来决定。中签者可以选择先发球或先接发球，或选择先在某一方位。

（2）当一方运动员选择了先发球或先接发球，或选择了先在某一方位后，另一方运动员必须有另一个选择。

（3）在获得每 2 分之后，接发球方即成为发球方，依此类推，直至该局比赛结束，或者直至双方比分都达到 10 分或实行轮换发球法，这时，发球和接发球次序仍然不变，但每人只轮发 1 分球。

（4）双打的第一局比赛，先由有发球权的一方确定第一发球员，再由接发球方确定第一接发球员；以后的每局比赛，由先发球的一方确定第一发球员，第一接发球员则是前一局发球给他（她）的运动员。

（5）在双打中，每次换发球时，前面的接发球员应成为发球员，前面的发球员的同伴应成为接发球员。

（6）一局中首先发球的一方，在该场下一局应首先接发球。在双打决胜局中，当一方先得 5 分时，接发球方应交换接发球次序。

（7）一局中，在某一方位比赛的一方，在该场下一局应换到另一方位。在决胜局中，一方先得 5 分时，双方应交换方位。

八、轮换发球法

（1）除规则规定的情况之外，一局比赛进行到 10 分钟或在任何时间应双方运动员或配对的要求，应实行轮换发球法。

（2）如果一局比赛比分已达到至少 18 分，将不实行轮换发球法。

（3）当时限到且须实行轮换发球法时，球处于比赛状态，裁判员应立即暂停比赛，由被暂停回合的发球员发球，继续比赛；如果实行轮换发球法时，球未处于比赛状态，应由前一回合的接发球员发球，继续比赛。

（4）此后，每位运动员应轮发 1 分球，直到该局结束。如果接发球方进行了 13 次合法还击，则判接发球方得 1 分。

（5）实行轮换发球法不能更改该场比赛中按规则规定所确定的发球与接发球次序。

（6）轮换发球法一经实行，将一直执行到该场比赛结束。

第四节 考核内容与标准

一、体育 -3 考核内容与标准

（一）技评考试（45 分）

1. 内容

正反手各发球 2 ～ 3 个，正手攻球、反手推挡（10 板起评）。

发球：要求是合规发球，且球要有旋转。

正反手的技评：连续 10 板起评，根据学生的动作技术、回球质量来打分。学生自己找陪考队员，可 2 人同时考试，也可单人考试。

2. 标准

发球、正反手攻球、推挡的评分标准见表 8-4-1、表 8-4-2。

表 8-4-1 发球评分标准

分值	评价要求	规格
5	动作标准，发球质量高，无失误	符合合规发球的要求；摩擦球旋转强烈；发球无失误
4	动作较标准，发球质量较高，有失误。失误1次扣2分	符合合规发球的要求；摩擦球有旋转；发球有1次失误
3	动作基本标准，发球质量一般，有失误。失误1次扣2分	符合合规发球的要求；摩擦球略旋转；发球有2～3次失误
1～2	动作完成较差，发球质量较差，失误较多。失误1次扣2分	符合合规发球的要求；摩擦球无旋转；发球有4次及以上失误

表 8-4-2 正反手攻球、推挡的评分标准表

分值	评价要求	规格
20	动作规范，回球质量高，无失误	一次性过关，过程无调整
13～19	动作较规范，回球质量较高，失误1次扣2分	1～2次过关，过程有一拍调整
12	动作基本规范，回球质量一般，失误1次扣2分	2次过关，过程有二拍调整
1～11	动作较差，回球质量较差，失误较多。失误1次扣2分	3次及以上才过关，过程超过二拍调整

（二）教学比赛（35 分）

教学比赛分两个阶段进行分组实战比赛。

1. 第一阶段

确定 10 名种子选手，分别进入 10 个小组，其余学生（4 ～ 5 人）随机分入 10 个小

组中，每个小组（5～6人）打单循环比赛。采用五局三胜制，每局11分，胜一局得2分，负一局得1分，未参与比赛者得0分。根据积分排名，积分多者排名靠前，如2人积分相等，胜者排名靠前；如3人（或多人）以上积分相等，根据3人（或多人）比赛的胜负比率来排名，胜负比率高者排名靠前；若仍相等，则抽签决定名次。

2.第二阶段

将上述10组中同名次的学生组成一组（一个班应分成5组），再进行一次单循环比赛。比赛规则同上，最终成绩根据每组的排名打分：第一组的成绩为优秀；第二组前三名为优秀，其余为良好；第三组为良好；第四组为中等；第五组为及格。

（三）上课表现（20分）

根据学生平时上乒乓球课的出勤情况、课堂表现等评分，评分规则可由教师自由拟定，但应公开透明。

二、体育-4考核内容与标准

体育-4考核内容与标准同体育-3，只是各项所占比例不同：乒乓球技术考核占40%，教学比赛占40%，平时表现占20%。

【参考文献】

[1] 胡启凯.乒乓球学练理论与实践指导[M].北京：中国书籍出版社，2014.

[2] 中国乒乓球协会.乒乓球竞赛规则2016[M].北京：北京体育出版社，2017.

思政课堂

乒乓球被称为中国的“国球”，在中国有着广泛的群众基础，男女老少都可以参与其中，经常参加乒乓球运动可以帮助学生释放压力、舒缓心情。

20世纪80年代，中国乒乓球队攀上世界高峰，此后虽有低谷，但中国乒乓球水平始终处于世界前列。进入21世纪后，中国乒乓球在世界乒坛的地位更加稳固。乒乓球的发源地不在中国，但中国人可以做到世界最好，这证明了就算是起步更晚，中国人也有能力在曾经不熟悉的领域做到最好。士别三日，即更刮目相待。无论是国家还是个人都可以借鉴这种精神，不断突破自我，不断追求进步。

第九章　羽毛球运动

本章导读

羽毛球运动是一项深受人们喜爱的体育运动。它是全面锻炼身体、增强身体机能的有效方法，也是培养良好的道德风尚、陶冶情操的良好途径，通过锻炼和比赛，还能培养顽强拼搏的精神和优良的意志品质，从而提高身体素质和心理素质。

学习目标

1. 了解羽毛球运动的起源与发展。
2. 了解羽毛球的主要竞赛规则。
3. 掌握羽毛球的基本技战术。

第一节　羽毛球运动概述

羽毛球运动的雏形出现在19世纪中叶。当时印度的普那有一种类似羽毛球的游戏开展得十分普遍，游戏中的球用圆形硬纸板或以绒线编织成球形并插上羽毛制成，练习者手持木拍，将球在空中轮流击出。这种游戏在英国驻印度军队里开展得尤其活跃。现代羽毛球运动起源于1873年，当时在英国伯明顿（Badminton）镇，有一位鲍费特公爵，他在庄园里组织了一次游艺活动，由于天气原因，户外活动只能改在室内进行。应邀来宾中有好几位是已退役的英国驻印度军人，他们建议做普那游戏。当时室内场地呈葫芦状，他们在场地中间拉了一根绳子代替球网，每局比赛只能有两人参加，有一定的分数限制，大家打得非常热闹。自此，羽毛球作为一种高雅的娱乐性活动迅速传遍英国。为了纪念这项运动的诞生地，伯明顿（badminton）成为羽毛球的英文名字而流传于世界。

一、羽毛球运动的规模化与传播

1875年，第一个军人羽毛球俱乐部在英国成立。1893年，英国已有14个羽毛球俱乐部，这些俱乐部正式成立了英国羽毛球协会。当时，英国羽毛球协会对羽毛球运动的开展和传播起到了积极的推动作用。羽毛球运动首先在欧洲传播，然后发展到南美洲、北美洲、亚洲和大洋洲。

二、羽毛球技战术的开创期

羽毛球技战术的开创期主要是19世纪，这一时期英国选手垄断了整个世界羽坛，他们的技术水平一直处于领先地位，为羽毛球运动传播到全世界做出了贡献。直到1939年，丹麦、加拿大等国选手以良好的体力和进攻型战术向英国选手发起了挑战，这才打破了英国选手称霸羽坛的局面。在第36届全英羽毛球锦标赛上，英国选手仅获得一枚混双金牌；第37届、第38届全英羽毛球锦标赛冠军全被丹麦选手收入囊中。

三、羽毛球技战术的全面发展期

20世纪50年代至60年代中期，是羽毛球技战术的全面发展期，男子技术优势从欧洲转向亚洲，形成了亚洲人在世界羽坛上称雄的局面。20世纪50年代，以马来西亚、印度尼西亚选手为代表，他们主要以拉、吊来控制球的落点。从1958年开始，羽毛球技术开始向快速、灵活的方向发展。

四、羽毛球技战术的成熟期

20世纪80年代，世界羽坛技术与战术向快速进攻、全面、多变的方向发展，世界名将都在不断发展自己的打法特点。他们各有所长，水平较高，实力相当。当时的羽毛球技术打法变化多，速度快，特长突出，攻守兼备，各领风骚，技术已达到炉火纯青的地步，进入了世界羽毛球运动史上的巅峰期。

中国国家羽毛球队于1982年首次参加汤姆斯杯就勇夺冠军，从此奠定了在世界羽坛上的霸主地位，并数次包揽了世界级大赛的全部冠军，为世界羽毛球运动的发展做出了不可磨灭的贡献。

五、世界重大羽毛球比赛

（1）世界男子羽毛球团体锦标赛（汤姆斯杯）：从1984年起该项赛事改为每逢双数年举行，采用五盘（三盘单打、两盘双打）制。要在一节时间里打完。

（2）世界女子羽毛球世界团体锦标赛（尤伯杯）：与汤姆斯杯同时、同地举行，比赛方法也相同。

（3）世界羽毛球混合团体锦标赛（苏迪曼杯）：世界羽毛球男女混合团体赛。每逢单数年与世界羽毛球锦标赛同时、同地举行，每场团体赛由男单、女单、男双、女双和男女混合双打共五盘组成。

（4）世界羽毛球锦标赛：单项比赛，每逢单数年与苏迪曼杯赛同时、同地举行。

（5）世界杯羽毛球赛：单项比赛。

（6）世界羽毛球大奖赛总决赛：单项比赛。

（7）奥运会羽毛球比赛。

六、中国羽毛球的发展概况

在1987年北京世锦赛、2010年巴黎世锦赛、2011年伦敦世锦赛和2012年第30届奥运会中，我国羽毛球选手包揽了全部5个项目的冠军。2015年5月17日，在第14届苏迪曼杯羽毛球决赛中，中国队成功卫冕，实现苏迪曼杯六连冠。在 2016 年里约热内卢奥运会上，中国羽毛球队获得 2 枚金牌。在 2020 年东京奥运会上，中国羽毛球队获得 2 枚金牌、4 枚银牌的好成绩。

第二节　羽毛球基本技战术

一、握拍法

（一）正手握拍

虎口对着拍柄窄面的小棱边，拇指和食指贴在拍柄的两个宽面上，食指和中指稍分开，中指、无名指和小指并拢握住拍柄，掌心不要紧贴拍柄，拍柄端与近腕部的小鱼际肌基本持平，拍面基本与地面垂直（图 9–2–1）。正手发球、右场区各种击球及左场区头顶击球等一般都采用这种握法。

（二）反手握拍

在正手握拍的基础上，拇指和食指将拍柄稍向外转，拇指顶点在拍柄内侧的宽面上或内侧棱上，中指、无名指和小指并拢握住拍柄，拍柄端靠近小指根部，使掌心留有空隙。球拍斜侧向身体左侧，拍面稍后仰。（图 9–2–2）

图 9–2–1

图 9–2–2

二、发球

发球技术可分为正手发球和反手发球技术。一般来说，发网前球、发平球、发平高球均可以采用正手发球法。发球基本技术有发高远球、发平高球、发网前球等。

（一）发高远球

高远球是把球发得既高又远，使球向对方后场上方飞去，并在对方场区底线附近垂直下落。（图 9–2–3）

正手握拍

反手握拍

正手发合场高远球

图 9–2–3

（二）正手发平高球

姿势、动作与正手发高远球一样，只是发力方向和击球点不同。发平高球时，球运行的抛物线弧度不大，球迅速地越过对方场区空中而落到底线附近。

（三）正手发网前球

发网前球就是把球发到对方发球区内的前发球线附近。正手发网前球就是运用正手发球技术，当球拍触球时，拍面从右向左斜切击球，使球刚好越网而过，落在对方前发球线附近。

（四）反手发网前球

反手发网前球

反手发网前球就是运用反手发球技术把球发至对方发球区内的前发球线附近。击球时，球拍由后向前推送击球，使球运行的弧线的最高点略高于网顶。球拍触球时，拍面切削式击球，使球落到对方场区的前发球线附近。（图 9–2–4）

图 9–2–4

发球的练习方法如下。

（1）徒手试做发球前的准备姿势，模仿发球的动作练习。

（2）场上两人对练发球或在空地上用多球做发球练习。

（3）先练习发直线球，后练习发斜线球；先练习发定点球，后练习发不定点球。

（4）综合练习不同种类的发球。

（5）在比赛中，运用各种发球熟悉和强化发球技术。

三、接发球

接发球是羽毛球运动中一项重要的基本技术，接发球质量的好坏往往影响一个回合的主动或被动。

（一）准备姿势

要提高接发球的质量，首先要有正确的准备姿势。

单打接发球的准备姿势（以右手握拍为例）：通常应是左脚在前，右脚在后，侧身对网，身体重心放在前脚上，膝关节微屈，脚跟稍提起，收腹含胸，注视对方发球的动作。

（二）站位

接发球方的站位情况对发球方的影响较大。如果接发球方站位有误，就会形成明显的漏洞，从而有可能给发球方创造运用发球抢攻战术的好机会，因此，接发球方应选择一个合适的接发球站位。

（三）单打接发球站位

接发球方应站在离前发球线约 1.5 米处，在右区应站在靠近中线的位置，以防发球方以平射球攻击头顶区域；在左区则站在中线与边线的中间位置上。

四、后场击球技术

（一）击高球

击高球是后场击球技术之一，高球分为高远球和平高球。击高远球就是把球打得既高又远，使球在对方场区底线附近垂直下落。平高球飞行的速度比高远球快，弧线比高远球低，是后场进攻的有效技术之一。击高球可分为正手、头顶、反手击直线和击对角线高球。

击高球技术

1. 正手击直线高球和击对角线高球

击球队员起跳后用手腕控制球拍对准来球路线，快速挥拍击打球的后部，球即沿着直线飞行；若手腕控制拍面击球托的右下方，球则沿着对角线方向飞行。击球后，手臂随惯性自然回收至胸前。（图 9-2-5）

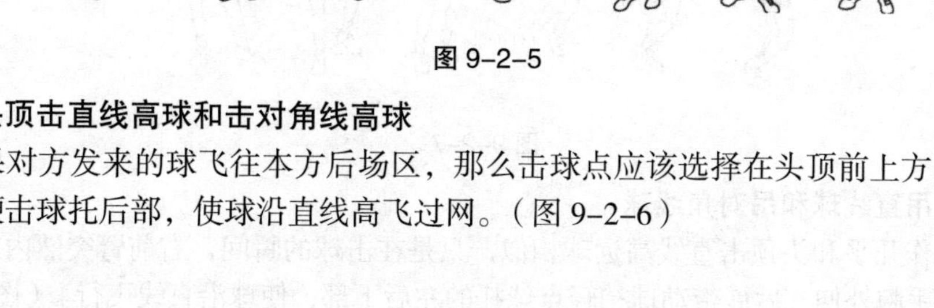

图 9-2-5

2. 头顶击直线高球和击对角线高球

如果对方发来的球飞往本方后场区，那么击球点应该选择在头顶前上方的部位，用力挥拍鞭击球托后部，使球沿直线高飞过网。（图 9-2-6）

图 9–2–6

头顶击对角线高球的握拍手法略有不同。用拇指和食指向左捻动拍柄，使虎口对准球拍靠外的小棱边，球拍仍由右后方绕过头顶，前臂向前方内旋带动手腕收发力，形成鞭击，击球托的左后部。击球后，前臂内旋较明显，惯性作用较大，手臂自然往前摆动。

高远球的练习方法如下。

（1）按技术要领反复进行徒手挥拍击球练习（先分解练习，后连贯练习）。

（2）打固定吊线球，强化对击球点和发力的把握。

（3）一抛一击练习，一人抛球（隔网）、一人练习击高远球。

（4）一发一接练习，一人发后场高远球，一人练习接后场高远球发球。

（5）一点打一点，固定直线和斜线对打。

（6）一点打两点。

（二）吊球

如果对方击来高球，本方可以从后场将球轻击、轻切、轻劈到对方的近网附近，这叫吊球。根据击球队员的动作方法和球飞行弧线的不同，吊球可分为轻吊、拦吊、劈吊；根据出手的位置和球落下的位置不同，吊球又可分为吊直线球和吊对角线球。

1. 正手吊直线球和吊对角线球

吊直线球时，击球用力的方向是前下方，但是在击球的瞬间，右前臂突然减速，用手腕的闪动向下轻轻切击球托的右侧后下方，使球越网后立即下落；吊对角线球时，击球用力的方向是对角线斜下方。（图 9–2–7）

图 9–2–7

2. 头顶吊直线球和吊对角线球

击球动作几乎和头顶击直线高远球相似，只是在击球的瞬间，右前臂突然内旋并往前下方挥拍，手腕外伸、后展带动球拍轻点球托的左后下部，使球沿直线飞行。（图 9–2–8）

正手吊球

头顶吊球

反手吊球

图 9–2–8

吊球的练习方法如下。

（1）按技术要领反复进行徒手挥拍吊球练习。

（2）一发一吊练习。一人发后场高远球，一人练习吊球。

（3）一人吊球，一人挑球练习（吊挑线路固定）。

（4）一点吊两点练习。

（三）杀球

杀球是把对方击来的球在尽量高的击球点上斜压下去。这种球力量大，线路直，落地快，给对方造成的威胁较大，它是进攻的主要技术。杀球可分为正手杀直线球和正手杀对角线球、头顶杀直线球和杀对角线球、头顶扣杀球（正手头顶扣杀直线球和扣杀对角线球）等。

1. 正手杀直线球（侧身起跳）

准备姿势和动作要领与正手击高球大体相同。步法到位后，屈膝下降身体重心，准备起跳。侧身起跳时，往右上方提肩带动上臂、前臂和球拍上举，以便向上伸展身体。起跳后，身体后仰挺胸成反弓形。接着右上臂往右后上方摆起，前臂自然后摆，手腕后伸，前臂带动球拍由上往后下方挥动，这时握拍要松。随后，凌空转体收腹带动右上臂往右上方摆起，肘部领先，前臂全速往前上方挥动，带动球拍高速前挥。当击球点在肩的前上方时，前臂内旋，手腕前屈微收，闪腕发力杀球。球拍和击球方向水平面的夹角小于 90°，用球拍正面击球托的后部，使球直线下行。杀球后，前臂随惯性往体前收，在回位的过程中将球拍回收至胸前。

正手杀球

2. 正手杀对角线球（侧身起跳）

准备姿势和动作要领与正手杀直线球相同，不同点是起跳后身体向左前方转动用力，协助手臂向对角线方向击球。

3. 头顶杀直线球和杀对角线球

动作要领及准备姿势与头顶击高球相同，不同点是挥拍击球时，要集中全力往直线方向或对角线方向下压，球拍面和击球方向水平面的夹角小于 90°。

4. 头顶扣杀球

头顶扣杀直线球的准备姿势与头顶击高球类似，不同之处在于挥拍击球时，要靠腰腹带动上臂，协调前臂、手腕的综合力量形成鞭击动作，全力往下方击球，拍面与水平面的夹角小于 90°。头顶扣杀对角线球的动作方法基本同上，只是击球时要全力向对角线方向击球才行。（图 9–2–9）

图 9-2-9

杀球的练习方法如下。

（1）按技术要领反复进行徒手挥拍杀球练习。

（2）通过向前下方用力投掷羽毛球（或垒球），体会鞭打动作。

（3）一人发球，一人练习杀球。

（4）做定位扣杀练习，即“杀一点或两点”的固定练习（或用多球进行固定的杀球练习），并注意其准确性。

五、前场击球技术

前场击球技术包括网前的放、搓、推、勾、扑、挑球等。其中，搓、推、勾、扑属于进攻技术，要求击球前期动作要有一致性，击球刹那间则产生突变；握拍要活，动作细腻，手腕、手指要灵巧，以控制好球的落点。

正手放网前球

反手放网前球

（一）放网前球

1. 正手放网前球

当对方将球击至自己正手网前时，以正手握拍法，用球拍轻轻切、托，将球向上弹起至恰好一过网就朝下坠落的状态。其一般的动作：侧身向球的方向移动，上身稍前倾，右手握拍于体前。步法移动的最后一步是右脚向来球方向移动。（图 9-2-10）

图 9-2-10

2. 反手放网前球

击球前的动作要领同正手放网前球动作，只是方向相反。反手握拍，反面迎球。击球时，主要靠前臂的前伸、外旋和手腕由内收至外展的合力，轻托球的底部使球轻松过网。击球后，整套动作还原成下次击球的准备姿势。

（二）网前搓球

1. 正手网前搓球

击球前，前臂稍外旋，手腕由后伸至稍内收闪动；击球时，在正手放网前球动作的基础上，加快挥拍速度，搓切来球的右下部，使球旋转滚过网。（图 9-2-11）

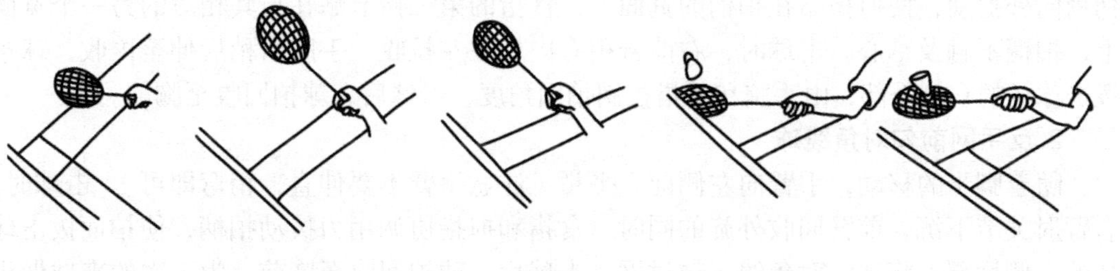

图 9-2-11

2. 反手网前搓球

击球前，前臂前伸外旋，手腕由内收至外展，搓击球的右侧后底部，使球侧旋滚动过网。另外，还可以前臂稍伸直，手腕由外展到内收，带动球拍向前切送，击球托的后底部，使球下旋滚动过网。（图 9-2-12）

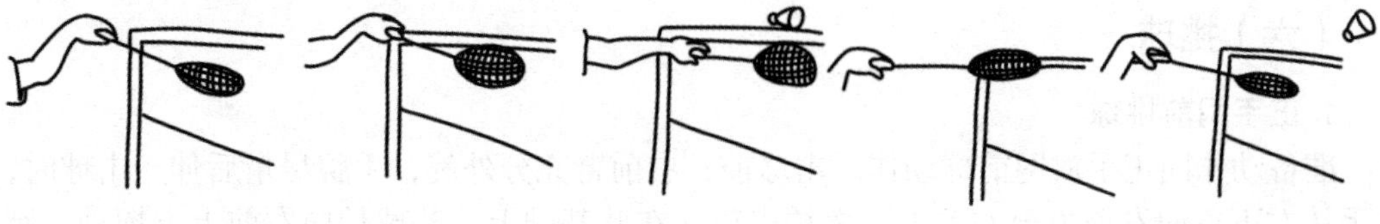

图 9-2-12

（三）网前推球

1. 推直线球

站在网前，当球飞过来时，球拍向右侧前上方举。在肘关节微屈回收时，右前臂稍外旋，手腕稍后伸，球拍也随着往右下方稍后摆，拍面正对来球。小指和无名指稍松开，使拍柄稍离开手掌鱼际肌。拇指和食指稍向外捻动拍柄，使拍面更为后仰。

2. 正手推对角线球

推对角线球技术的准备姿势和击球前动作与推直线球相同，但是击球时击球点在右肩前，要推击球托的右侧后部，使球沿对角线方向飞去，这时，手腕控制拍面角度，闪腕时手臂不要完全伸直。

3. 反手推直线球

在网前较高的击球点上，以反手握拍法，用推击的方法向对方底线击出弧度较平、速度较快的球。其击球动作：用反手握拍法，右前臂伸时稍外旋，手腕由外展至伸直闪腕，中指、无名指和小指突然握紧拍柄，拇指顶压球拍，往前挥拍，推击球托的左侧面。

4. 反手推对角线球

反手推对角线球的击球动作与推直线球基本相同，区别点是在击球的一刹那要急速向右前方挥拍，推击球的左侧后部，使球沿对角线方向飞行。

（四）网前勾球

1. 正手网前勾对角线球

正手网前勾对角线球

勾球一般采用并步加蹬跨步的步法移动。在步法移动的同时，球拍随着前臂往右前上方举起。右前臂前伸，稍外旋，同时手腕微后伸，这时的握拍方法稍有变化，即把拍柄稍向外捻动，使拇指贴在拍柄的宽面上，食指的第二指节贴在与其相对的另一个宽面上，拍柄不触及掌心。击球时，右前臂稍有内旋往左拉收，手腕由稍后伸至内收，球拍拨击球托的右侧下部，由手腕和手指控制拍面角度。击球后，球拍回收至胸前。

2. 反手网前勾对角线球

反手网前勾对角线球

随着脚步的移动，手臂向左侧前方平举（注意手臂不要伸直，稍弯即可）。击球时，右臂肘关节下沉，前臂回收外旋的同时，食指和拇指协调用力拨动拍柄，使拍面拨击球托的左侧后部，将球沿对角线飞越过网。击球后，球拍回收至胸前，为下次的来球做积极准备。

（五）扑球

反手扑球

扑球是当来球在网顶上方时，能以最快的速度上网扑压来球的技术动作。扑球可分为正手扑球和反手扑球两种，按路线不同可分为扑直线球、扑对角线球和扑随身球 3 种。

（六）挑球

1. 正手网前挑球

准备动作同正手放网前球动作。击球前，右前臂充分外旋，手腕尽量后伸。击球时，右手从右下方向右前方至左前上方挥拍击球。在此基础上，若球拍向右前上方挥动，则挑出的是直线高球；若球拍向左前方挥动，则挑出的是对角线高球。

2. 反手网前挑球

准备姿势同反手放网前球动作。击球前，右臂往后拉，抬肘引拍。击球时，前臂充分内旋，手腕由屈至后伸闪动挥拍击球。若球拍由左下方向左前上方挥动，则球向直线方向飞行；若球拍由左下方向右前上方挥动，则球向对角线方向飞行。

前场击球技术的练习方法和步骤如下。

（1）徒手练习，体会手指和手腕精细发力的感觉。

（2）多球练习，一抛一练，先原地再移动、先正手再反手。不论是练习哪一种网前球技术，都可以采用多球练习的方法。练习者通过大密度的练习，可充分体会网前击球细巧动作的感觉。练习时，两人隔网对立，同伴将球连续抛向练习者一方的网前，练习者分别采用正手或反手握拍，练习各种网前击球。一开始原地练习，待较熟练掌握网前击球技术后，可结合上网步法进行练习。

六、中场击球技术

（一）挡网前球技术

用接杀球的步法移至右场区靠边线处，一种方法是身体右倾，右手右伸，前臂外旋，手腕外展，时刻准备接球。击球时，前臂内旋，稍翻动带动球拍由右下方向前上方推送击球，把球推向直线网前。另一种方法是击球时前臂由外旋到内收，带动球拍由右向前切送挡直线网前球。击球后，身体左转成正面对网，然后右脚上前一步，球拍随身体向左转收至体前。

（二）正手挡对角网前球

准备姿势同挡网前球技术。挥拍击球时，在右臂肘关节屈收的同时，前臂稍有内旋，手腕由后伸到内收闪动击球托的右侧，击球点在右侧前方，手腕和手指控制拍面角度，使球向对角线网前坠落。

（三）反手接杀挡直线网前球

用接杀球的步法移至左场区靠边线处，身体左转前倾，右肩对网，肘关节弯曲，手腕外展，引拍至左肩前上方。击球时，借对方来球的冲力，以前臂带动球拍由左上方向左前方挥拍轻击球托，把球挡回直线网前。击球后，身体右转成正面对网，球拍随身体的移动收至体前。

（四）反手接杀勾对角网前球

用反手接杀勾对角握拍法。击球时，右手腕由外展到外伸闪动挥拍击球托的左侧下部，使球向对角线方向飞行。

（五）正手接杀挑直线后场高球

击球前，右臂稍向右后拉，前臂外旋，手腕尽量后伸，引拍于后侧。击球时，前臂内旋，手腕从后伸到收腕闪动，急速向前挥拍将球挑到对方后场。击球后前臂内旋，球拍往体前上方挥动再回收到体前。

（六）反手接杀挑后场高球

击球前，前臂内旋，手腕外展，引拍至左侧前。当对方杀左边线球时，身体快速移到球前，右上臂支撑，前臂急速往右前方挥摆，手腕由外展至后伸闪动，握紧球拍，加上拇指的顶力，全速挥拍击球，使球向直线方向或对角线方向飞行。

（七）正手平抽球

站在右场区的中部，两脚平行站立，稍宽于肩，身体重心在两脚之间，微屈膝收腹，正手握拍举于右肩前。击球前，右臂肘关节前摆，前臂稍往后带外旋，手腕稍外展至后伸，引拍至体后。击球时，右前臂内旋，手腕伸直闪动，手指抓紧拍柄，球拍由右后往右前方高速平扫盖击来球。击球后，右臂左摆，左脚往左前方迈一步，右脚跟一步回到中心位置。

（八）反手平抽球

右脚前交叉在左脚前，身体重心在左脚上，右手反手握拍在身体左侧前。击球前，右臂肘部稍上抬，前臂内旋，手腕外展，引拍至左侧。击球时，在髋部右转的带动下，右前臂外旋，手腕由外展到伸直闪动，挥拍击球托的底部。击球后，球拍随身体的回动收回到身体右侧前。

正手扑球

正手接杀球

反手接杀球

正手勾球

反手勾球

平抽球易出现的错误：身体重心不稳，影响手臂的击球动作；击球时间掌握得不准确；击球时没有用前臂带动腕部，而是手指抽鞭式地向前闪动，影响爆发力。

七、羽毛球基本步法

初学者在学习和掌握了发球与原地击高远球技术之后就应该开始学习一些步法，因为羽毛球的步法和手法（各种击球法）是相辅相成、不可分割的。许多击球技术都是靠熟练、快速、准确的步子移动来完成的。如果不掌握正确的步法，就会影响各种击球手法的学习和掌握；在比赛中如果步子没有做到位，就会使手法失去应有的积极作用。羽毛球主要的步法有上网步法、后退步法和两侧移动步法（向右移动步法、向左移动步法）。

（一）上网步法

1. 准备姿势

不论用哪种步法上网，其上网前的站位和准备姿势都是一样的，即站位取中心位置，两脚左右开立（稍有前后），约同肩宽，两膝微屈，两脚前脚掌着地，脚跟稍提起并左右微动；上体稍前倾，右手持拍于体前，目视对方的来球。

2. 一步蹬跨步上网步法

左脚后蹬，右脚向球的方向跨出一大步，左脚向右前方跨出一大步并击球，如图 9–2–13（a）所示。

3. 两步蹬跨步上网步法

起动后，左脚先向球的方向迈一步，紧接着左脚后蹬侧身将右脚向球的方向跨出一大步并击球，如图 9–2–13（b）所示。

（二）后退步法

后退步法有右后场区后退步法和左后场区后退步法。右后场区后退步法主要是正手的后退步法，主要包括三步并步后退、三步交叉步后退（图 9–2–14）。左后场区后退步法包括头顶后退步法和反手后退步法。无论哪种后退步法，其移动前的准备动作和站位都与上网步法的相同。

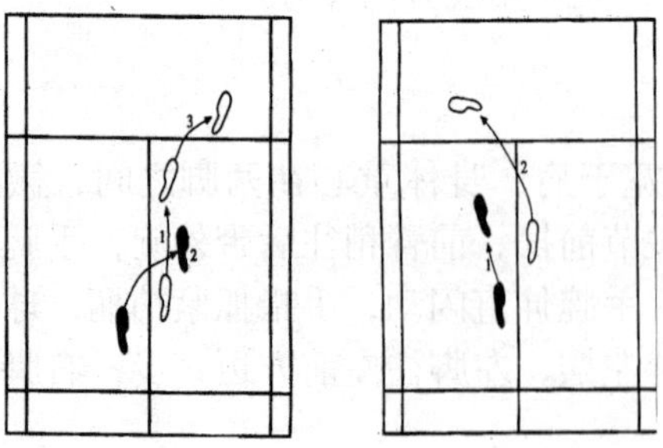

（a）　（b）

图 9–2–13

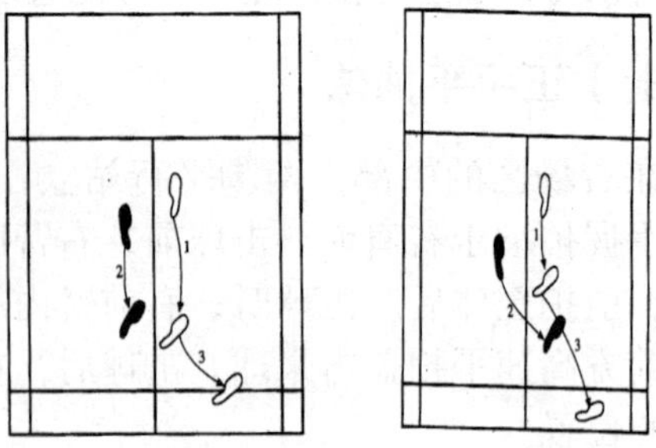

（a）　（b）

图 9–2–14

（三）向右移动步法

判断来球后，上体向左侧倾倒，左脚掌内侧用力蹬地，同时右脚向右侧跨一大步，髋关节随之右转。随后上体向右侧倾倒，身体重心在右脚上。若距来球较近，可采用上述动作；若距来球较远，则需左脚先向右脚垫一小步再蹬起，同时右脚向右侧跨一大步。

（四）向左移动步法

判断来球后，上体向右侧倾倒，右脚掌内侧用力蹬地，左脚随髋关节的转动向左侧跨一大步。若来球较远，左脚先向左侧移一小步，紧接着右脚往左侧方向蹬起并转身，向左跨一大步。

（五）羽毛球基本步法练习方法

1.单个步法练习

初练单个步法时，先徒手按照各种步法的动作要领，一步一步分解后再进行练习。这一阶段主要是体会脚步的顺序和击球前最后的姿势。

2.综合步法练习

在熟练地掌握各单个步法的基础上，再将几个单个步法组合起来进行全场定点综合步法练习。

（1）不固定移动路线的步法练习。在熟练地掌握各个固定方向的移动步法之后，就可进行不固定方向的全场移动练习。练习者既可随心所欲地在全场范围内进行步法练习，又可在场外指挥者的指示下进行综合步法练习，即指挥者指向网前区，练习者以上网步法前进至网前；指挥者指向后场，练习者以后退步法退至后场。

（2）回击多球的步法练习。陪练者将多球先后发往练习者的前后左右场区，迫使练习者运用各种步法移动去迎击来球。此练习方法既可练步法又可练手法，练习密度大，练习效果好。

八、羽毛球基本战术

（一）单打的打法类型

单打的打法是根据比赛者的个人技术特点、身体素质、心理素质等条件而形成的技术打法，常见的大约有以下几种。

1.控制后场，高球压底

从发球开始就运用高远球或进攻性的平高球压对方后场底线，迫使对方后退，当对方回球力度不够时，以扣杀球制胜；当对方疏于前场防守时，就可以以轻吊、搓球等技术在网前吊球轻取。轻吊必须在若干次高远球大力压住后场，对方又不能及时回到前场的基础上进行。这种打法主要是力量和后场的高、吊、杀技术的较量。对于初学者而言，这是一种必须学习的基础打法。

2.打四角球，高短结合

在后场以高远球、平高球和吊球，在前场以放网前球、推球和挑球准确地攻击对方场区左前、左后、右前、右后四个角落，调动对方四处奔跑，顾此失彼，待对方来不及回中心位置或回球质量差时，向其空当部位发动进攻制胜。这种打法要求进攻队员具有较强的控制球落点的能力和灵活快速的步法，否则难占上风。

3.下压为主，控制网前

击球方主要通过后场的高远球、扣杀、劈杀、吊球等技术，先发制人，然后快速上网后使用搓、推、扑、勾等技术，高点控制网前，导致对方直接失误或被动击球过网，从而被击球方一举击败的一种打法，通常也称“杀上网”的打法。这种打法是进攻型的打法，能够快速上网，高点控制网前，对速度耐力和力量耐力要求较高，且体力消耗较大，如果遇上防守技术好的对手，体力就往往成为取胜的关键因素。

4.快拉快吊，前后结合

以平高球快压对方后场两底角，配合快吊网前两角（或运用劈杀）引对方上网，当对方被动回击网前球时，即迅速上网控制网前，以网前搓、勾球结合推后场底线两角，迫使对方疲于应付，为前场扑杀和中后场大力扣杀创造机会。这也是一种积极主动、快速进攻的打法，这种打法要求运动员身体素质好，特别是对速度耐力要求较高，技术要全面、熟练，还要具备突击进攻的特长技术。

（二）双打的打法类型

双打的打法是根据双方的技术水平、身体素质与心理素质和伙伴的配合特点，经过长期训练而形成的，常见的类型有以下 3 种。

1.前后站位打法

前后站位打法基本上是本方发球时采用的。发球队员站位较靠前，当发球队员发球后立即举拍封堵前场区时，另一名队员则负责处理中场或后场的各种来球。前后站位打法可充分运用快攻压网前搓、吊、推、扑技术，寻找空隙，一举打乱对方站位，或者通过后攻前扑，后场连续大力扣杀，前场积极封堵，当回球在球网附近时，一举给对方致命打击。

2.左右站位打法

左右站位打法基本上为本方处于接发球状态或受到下压进攻时所采用。对方发球或打来的平高球处于后场，接球方可从原来的前后站位立刻转换为左右站位，两人各负责左右半场区的防守，以平抽、平打压住对方后场底线两角，在对方扣杀球时也能以平抽反击或挑高远球至两底角，造成对方回球无力，一举扣杀或吊球成功。

3.轮转站位打法

在比赛中，攻守双方总是根据比赛的情况而不断地在前后站位和左右站位间相互变换。对于站位的变换通常具有如下特点。

（1）发球或接发球时前后站位。当对方回击高球至后场偏一侧进攻时，位于前面的队员要直线后退，后方的队员根据情况向侧移动，改换成左右站位。

（2）发球或接发球时处于左右平行站位。在发球后或在击球过程中，一旦有机会进行下压进攻，一名球员便快速上网封堵，另一人则快速移动到后场进行大力扣、吊、杀球，导致对方处于被动地位。

第三节 羽毛球竞赛规则简介

一、羽毛球场地

场地应是一个长方形，用宽 40 毫米的线画出，从场地地面起，场地中心点处网高 1.524 米，双打边线中心点处网高 1.55 米。

二、挑边

比赛开始前应挑边，赢方应在①或②选项中做出选择：①先发球或先接发球；②在一个场区或另一个场区开始比赛。输方在余下的一项中选择。

三、计分方法

（1）除非另有规定，一场比赛应以三局两胜定胜负。

（2）除（4）和（5）的情况外，先得 21 分的一方胜一局。

（3）一方“违例”或球触及该方场区内的地面成“死球”，则另一方胜这一回合并得一分。

（4）20 平后，领先 2 分的一方胜该局。

（5）29 平后，先得 30 分的一方胜该局。

（6）一局的胜方在下一局首先发球。

四、交换场区

以下情况，运动员应交换场区：第一局结束；第二局结束（如果有第三局）；在第三局比赛中，一方先得 11 分时。

五、发球

（1）一旦发球员和接发球员做好准备，任何一方不得延误开始发球。

（2）发球员球拍头的向后摆动一旦停止，任何对发球开始的迟延都是延误。

（3）发球员和接发球员，应站在斜对角的发球区界线以内，脚不得触及发球区和接发球区的界线。

（4）从发球开始，至发球结束，发球员和接发球员的两脚都必须有一部分与场地的地面接触，不得移动。

（5）发球员的球拍，应首先击中球托。

（6）发球员的球拍击中球的瞬间，整个球应低于距场地地面高度 1.15 米。

（7）自发球开始，发球员挥拍必须连贯向前，直至将球发出。

（8）发出的球应向上飞行过网，如果未被拦截，球应落在规定的接发球区内（即落在界线上或界线内）。

（9）发球员发球时，应击中球。

一旦运动员站好位置准备发球，发球员的球拍头开始向前挥动，即为发球开始。一旦发球开始，发球员的球拍击中或未能击中球，均为发球结束。发球员应在接发球员准备好后才能发球，如果接发球员已试图接发球，即视为已做好准备。双打比赛发球时，发球员和接发球员的同伴应在各自的场区内。其站位不限，但不得阻挡对方发球员或接发球员的视线。

六、单打

（1）发球区和接发球区。一局中，发球员的分数为0或双数时，双方运动员均应在各自的右发球区发球或接发球；一局中，发球员的分数为单数时，双方运动员均应在各自的左发球区发球或接发球。

（2）击球顺序和位置。一回合中，球应由发球员和接发球员交替从各自场区的任何位置击出，直至成“死球”为止。

（3）得分和发球。发球员胜一回合则得一分，随后发球员再从另一发球区发球；接发球员胜一回合则得一分，随后接发球员成为新发球员。

七、双打

1.发球区和接发球区

（1）一局中，发球方的分数为0或双数时，发球方均应从右发球区发球。

（2）一局中，发球方的分数为单数时，发球方均应从左发球区发球。

（3）接发球方按其上次发球时的位置站位。

（4）接发球员应是站在发球员斜对角发球区的运动员。

（5）发球方每得一分，原发球员则变换发球区再发球。

（6）除发球区错误的情况外，球都应从与发球方得分相对应的发球区发出。

2.击球顺序和位置

每一回合发球被回击后，由发球方的任何一人和接球方的任何一人，交替在各自场区的任何位置击球，如此往返直至“死球”。

3.得分和发球

（1）发球方胜一回合则得一分，随后发球员继续发球。

（2）接发球方胜一回合则得一分，随后接发球方成为新发球方。

4.发球顺序

每局比赛的发球权必须如下传递：先由首先发球员从右发球区发球；其次由首先接发球员的同伴从左发球区发球；然后是首先发球员的同伴；接着是首先接发球员；再接着是首先发球员，依此传递。

运动员在比赛中不应有发球、接发球顺序错误或在一局比赛中连续两次接发球（发球区错误的情况除外）。

5.发球区错误

以下情况为发球区错误：发球或接发球顺序错误；在错误的发球区发球或接发球。如果发现发球区错误，应在“死球”后予以纠正，已得比分有效。

八、违例

以下情况均属“违例”。

（1）不合法发球。

（2）球发出后：停在网顶；过网后挂在网上；被接发球员的同伴击中。

（3）比赛进行中，球：落在场地界线外（即未落在界线上或界线内）；未从网上越过；触及天花板或四周墙壁；触及运动员的身体或衣服；触及场地外其他物体或人；被击时停滞在球拍上，紧接着被拖带抛出；被同一运动员两次挥拍连续两次击中，但一次击球动作中球被拍框和拍弦面击中不属“违例”；被同方两名运动员连续击中；触及运动员球拍，而未飞向对方场区。

（4）比赛进行中，运动员：球拍、身体或衣服，触及球网或球网的支撑物；球拍或身体从网上侵入对方场区（击球时，球拍与球的接触点在击球者网这一方，而后球拍随球过网的情况除外）；球拍或身体，从网下侵入对方场区，导致妨碍对方或分散对方的注意力；妨碍对方，即阻挡对方随球过网的合法击球；故意分散对方注意力的任何举动，如喊叫、做手势等。

九、间歇

（1）每局比赛，当一方先得 11 分时，允许有不超过 60 秒的间歇。

（2）所有比赛中，局与局之间允许有不超过 120 秒的间歇。

提示

西华杯羽毛球比赛包括团体赛、单项赛和新生羽毛球比赛。

1. 团体赛

每年的 11 月份举行，以学院为单位，采用男女混合团体比赛的方式，采用五盘三胜制，出场顺序：混双、男单、女单、男双、女双。

2. 单项赛

单项赛项目包括混双、男单、女单、男双。

3. 新生羽毛球比赛

每年的 10 月份举行，只有单项赛：混双、男单、女单、男双、女双。

第四节　考核内容与标准

一、正手发高远球

距离发球线 1 米，用正手发高远球，将球发到双打线和底线之间的区域内为 10 分，发到双打线前 50 厘米区域内为 6 ～ 9 分，其余区域为 5 分。左右半场各发 5 个球，满分为 100 分。

二、前后场直线移动步法

100～90分：步法正确、协调、到位，身体重心稳定，前后场衔接连贯。

89～79分：步法基本合理、协调，身体重心比较稳定，前后场衔接比较连贯。

78～60分：步法不连贯，但能做基本步法。

60分以下：未掌握基本步法。

【参考文献】

[1] 肖杰.羽毛球运动理论与实践[M].北京：人民体育出版社，2011.

[2] 中国羽毛球协会.羽毛球竞赛规则 2021[M].北京：北京体育大学出版社，2021.

[3] 刘仁健.羽毛球[M].北京：科学出版社，2010.

思政课堂

谌龙，中国羽毛球队队员，1989 年生于湖北荆州，2000 年进入厦门队，2006 年进入国家队。他身高臂长，擅长拉吊突击型打法和防守反击。

2007 年，谌龙获得世界青年羽毛球锦标赛男单冠军。在 2010 年的中国羽毛球公开赛上，

谌龙先后击败朴成焕等对手，首次赢得羽毛球超级系列赛的冠军。在 2011 年的世界羽联超级系列赛中，谌龙发挥出色，中国大师赛、日本公开赛和丹麦公开赛连续三站问鼎男单冠军。

2012 年，谌龙获得世界羽联超级系列赛总决赛男单冠军。2013 年，首次进入全英羽毛球公开赛男单决赛的谌龙以 2：0 击败李宗伟，夺得冠军。2014 年，再次夺得超级系列赛总决赛冠军的谌龙，首次登上世界积分排名第一的位置。同年，在哥本哈根举行的世界羽毛球锦标赛上，他以稳定的发挥和较好的心理素质，获得职业生涯的第一个世锦赛冠军。在 2015 年的世界羽毛球锦标赛上，谌龙再次直落两局战胜李宗伟，成功卫冕，实现两连冠。

谌龙是 2010 年、2012 年和 2018 年汤姆斯杯冠军成员。2013 年，谌龙入选苏迪曼杯最终阵容，发挥稳定，五场球全胜且一局未失，最终助中国队成功卫冕。在 2016 年里约奥运会上，谌龙首次获得奥运冠军，帮助中国队实现男单项目上的三连冠。

2021 年 9 月 24 日，谌龙被评为“全国体育系统先进工作者”。2021 年 11 月 2 日，谌龙入选福建省体育局公示的“第十四届全国运动会运动员教练员和有功集体－个人记大功”拟表彰奖励名单。

第十章　网球运动

本章导读

12—13 世纪，网球运动仅仅是法国部分人士为调剂单调的生活、消除烦恼进行的一种用手掌击球的游戏。发展到今天，网球已成为一种风靡全球的时尚运动，这是因为网球运动有很高的锻炼价值。网球运动既是一种消遣和增进健康的手段，也是一种艺术追求和享受，还是一种扣人心弦的竞赛项目。作为一项竞技体育项目，网球运动是一项把力量美、艺术美、服饰美、环境美，以及在比赛中竞争的激烈性与观众的文明性、文化性、观赏性和参与性有机结合在一起的极具魅力的运动项目。作为锻炼身体和休闲娱乐的活动，网球运动文明、高雅、时尚、前卫、动作优美，每击出一次好球，都会使人兴奋异常、愉快无比，这让它吸引了千千万万的参与者。近年来，随着中国经济的不断发展，国内出现了一股“网球热”，群众性的网球运动在悄然兴起。网球这项运动在中国势必会迅速普及和提高。

学习目标

1. 了解网球运动的起源与发展。
2. 掌握网球运动的基本技术和基本战术。
3. 了解网球的基本竞赛规则。

第一节　网球运动概述

网球是 2 人或 4 人在一块长为 23.77 米、宽为 8.23 米（单打）或 10.97 米（双打）、中间隔着一个网的场地上，用球拍往返拍击一个有弹性的橡胶小球的球类运动。

现代网球运动起源于法国，12—13 世纪开始在法国、英国的宫廷中盛行，被称为皇家网球。到18世纪，网球运动才走出了宫廷，逐渐流行于欧洲，之后在全世界范围内发展起来，成为了一项深受人们喜爱的球类运动。

1873年，英国人沃尔特·克洛普顿·温菲尔德将早期的网球打法加以改良，使之成为夏天在草坪上进行的一种运动，并取名草地网球，同年还出版了一本以《草地网球》为名的小册子，对这种运动加以推广，同时在英国各地建立网球俱乐部。1874年，网球运动传入美国，最初在美国东部各学校中开展，不久传遍全美国，当时网球运动已由草地上开展改成可以在沙地上、水泥地上、柏油路上举行比赛，并用网球替代了草地网球的名称。1875年，英国网球俱乐部成立，并于1877年举办了全英网球男子单打锦标赛，即现在的温布尔登网球锦标赛，并且出台了许多的规则。

1912年，法国、英国、澳大利亚等12国代表在巴黎开会成立了国际网球联合会。网球运动是在19世纪进入中国的。在中华人民共和国成立以前的第一届全运会上，网球是正式比赛项目，从第三届开始又增加了女子网球项目。1924—1946年，中国选手共参加了6次戴维斯杯网球赛。中华人民共和国成立后，1953年，中国网球协会成立。网球比赛分为男子和女子单打、男子和女子双打、混合双打及男子、女子团体共7个项目。温布尔登网球锦标赛、法国网球公开赛、美国网球公开赛和澳大利亚网球公开赛，被称为世界四大网球公开赛。如果1名（单打）或2名（双打，含混合双打）运动员能在一个年度中赢得这四个赛事的单打或双打冠军，可以获得“大满贯”的荣誉称号，这是网球选手的最高荣誉。

戴维斯杯网球锦标赛和联合会杯网球赛（现更名为比利–简–金杯）分别是每年一度的世界男子、女子网球团体赛，也是世界网坛层次最高、影响力最大的国际性团体赛。

中国网球著名运动员有李娜、郑洁、张帅、王蔷、郑赛赛、王雅繁等。中国网球选手经过不断努力和顽强拼搏，逐渐走到世界排名的前列。其中，李娜是2011年法国网球公开赛、2014年澳大利亚网球公开赛女子单打冠军，是亚洲第一位大满贯女子单打冠军。2018年雅加达亚运会，徐一璠/杨钊煊夺得冠军，这是中国队时隔12年再夺亚运会女双冠军，也是历史上第三次登顶。

第二节　网球基本技战术

从技术动作的层面来说，网球技术动作多种多样，每一项技术动作都有不同的动作结构和不同的动作方法。网球技术中，运动员采用的合理的击球动作指各种直接触球的动作，如发球、接发球、挑高球、高压球和截击球等技术，这些技术又称为有球技术。而各种准备姿势、移动、跑动和握拍方法等没有直接触及球的配合动作，称为无球技术。

一、网球基本技术

（一）网球无球技术

在网球技术训练中，有许多技术是在无球的状态下进行练习的，其中主要包括准备姿势、握拍方法、移动步法和击球步法等。

1. 准备姿势

面对球网，两脚开立，略比肩宽，两膝微屈，上半身略微向前倾，膝关节不要超过脚尖，身体重心落在两脚之间。以右手持拍为例：右手轻握拍柄，左手轻轻托住拍颈或放在拍柄之上，两肘微屈，肘关节朝下，上臂内侧远离身体，球拍置于腹前，处在胸腹之间的高度，拍头指向正前方，目视来球，肩部的肌肉放松，握拍也要放松。

2. 握拍方法

握拍时自己感觉舒适才是最重要的，学习握拍是学习打网球的第一步，也是十分重要的一步，正确的握拍会使队员击出最有效、最安全的球。每种握拍方法都涉及击球原理。以下介绍 5 种握拍方法，即东方式握拍法（东方式正手和东方式反手握拍法）、西方式握拍法、半西方式握拍法、大陆式握拍法和双手握拍法。

（1）东方式握拍法。

· 东方式正手握拍法。先用左手拿着拍颈，使拍框与地面垂直，右手如同与拍柄握手一样，使虎口正对拍柄右上侧棱，拇指环绕拍柄至与中指接触，食指应向上一些，与中指分开，无名指和小指紧握拍柄。

· 东方式反手握拍法。左手拿着拍颈，拍头上翘，使拍框正对自己的鼻尖位置，然后右手虎口正对拍框，从拍框上直接滑落到拍柄，手掌与拍柄末端对齐。部分优秀选手在上网截击或击高的反手地面球时，灵活地使拇指伸直与左垂直面贴紧，这样可以做到加强拦截的力量。

（2）西方式握拍法。

拍面与地面平行，右手虎口朝下，直接抓住拍柄拿起来，手掌根贴在拍柄右下斜面，拇指和食指都不前伸，拇指压在拍柄上部小平面上，食指下关节握住拍柄的右下斜面。

（3）半西方式握拍法。

半西方式握拍法介于东方式和西方式握拍法之间，其把 V 字形虎口对准拍柄右上斜面与右垂直面交界线上，拇指伸直压住拍柄上平面，食指下关节握住右上斜面。

（4）大陆式握拍法。

与东方式握拍法不同，大陆式握拍法在进行正反手击球时都无须变换握拍。将球拍与地面垂直，拇指与食指成 V 字形，拇指与食指互相接触而不分开。其形状像握着锤子的样子，因此又被称为握锤式握拍法。

（5）双手握拍法。

· 双手正手握拍法。右手是东方式握拍法，握在拍柄的后（上）方，左手是东方式反手握拍法，握住拍柄的前（下）方。

· 双手反手握拍法。双手反手握拍法即右手以反手东方式握拍法，左手以正手东方式握拍法，左手紧贴右手上方。

3. 移动步法和击球步法

网球比赛中，双方经常运用控制落点的方式调动对方，以出其不意、攻其不备的方式来力争主动。比赛时来球的落点在不断发生变化，要想准确地反击，就要靠灵活、正确的步法移动到合适的击球位置。良好的步法是发挥基本技术的基础。

（1）移动步法。

从起动到制动之间的位移动作称为移动。移动的完整过程包括起动、移动、制动三个环节。移动的目的是及时接近球，保护好人与球的位置关系以便击球，同时迅速占据

东方式握拍法

西方式握拍法

大陆式握拍法

双手反拍握拍

场上有利位置。移动步法有以下几种。

·垫步。面对球网，若来球离自己稍近时，则用垫步移向来球，以调整身体与球的距离。垫步时，若向左，先跨出左脚，带动右脚向左移动；若向右，先跨出右脚，带动左脚向右移动。

·滑步。滑步指面对球网，两脚向左或向右平行移动。两脚平行站立，向左移动时，蹬右脚，再蹬左脚，两脚腾空后，先右后左，依次落地；向右移动时，则蹬左脚，再蹬右脚，两脚先左后右依次落地。滑步移动时，身体重心变换快而移动速度较慢，宜在短距离移动中运用，通常在来球距体侧稍近时可采用滑步移动接球。

·左右交叉步。交叉步法在底线正反手击球中经常使用。向右移动时，两脚掌向右转动，左脚先向右前方跨一步，交叉于右脚前，同时向右转体迈右脚，再迈左脚。向左移动时，方法与向右移动时相同，方向相反。

·跑步。跑步时一脚蹬地起动，另一脚迅速向前跟上，两脚交替移动，两臂配合摆动，不要过早做击球动作的准备，直到接近球时才尽力去击球，跑步特点是移动速度快，便于随时改变方向。

（2）击球步法。

击球步法是移动调整到位后，最后完成击球动作时所运用的专门步法。正确的步法是提高击球技术水平的保证。（以下均以右手持拍为例。）

·“关闭式”步法。运用“关闭式”步法击球是充分利用身体重心的前后移动来打球的方法，因此一定要保证向前迈步击球的步法，身体重心不能前移，击球前身体重心应在两脚之间，回转髋部及肩部向后，击球时再由右腿发力蹬转至左腿。该击球步法适合初学者，在击球时可以更好地获得身体的力量，使球速更快。

交叉步

·“开放式”步法。“开放式”步法主要用转肩的力量来击球，故击球时身体重心落在右脚上，在右腿蹬地、转腰、发力之后，身体重心转到左脚上。

·“半开放式”步法。运用“半开放式”步法调整脚步时，左脚介于“关闭式”步法和“开放式”步法之间。击球时，发力基本同“开放式”步法，支撑点在右脚的内侧，蹬地、转腰、发力之后，身体重心转到左脚上。

正手击上弦球

（二）网球有球技术

1. 正手击球

（1）准备姿势。

正对球网，两脚自然开立，与肩同宽或略宽于肩；两膝微屈，上体略前倾，脚跟稍抬起，身体重心放在两个前脚掌上，保持便于迅速起动的姿势。右手握拍柄，左手托着球拍颈部，拍头略高于手腕，持拍于体前，两眼注视对手和来球。

（2）击球动作。

当判断对方来球在自己的正手时，要迅速向后拉开球拍，转动两肩，身体重心后移，左脚前踏并与底线约成45°，右脚与底线平行，左肩对网，左臂屈肘前伸协助转体与身体平衡。

当右臂引拍到两肩在一条直线上的时候，拍头向上略高于手腕，拍面要保持开放，使拍头指向身体后面的挡网，右臂肘关节保持90°～120°。左臂肘关节保持90°～120°，左手高度与左肩持平（或略高于左肩）并指向球网。击球时应以肩关节为轴，手腕要固定，手要握紧球拍，用上臂挥动带动前臂、手腕及球拍，拍面在整个挥拍过程中应保持与地面垂直或略开一点，球拍从后引开始到向前挥拍击球应是一个完整的动作。要尽量使拍和球有较长时间的接触，以控制球飞行的方向。从感觉上说，似乎是向前推送球，要用球拍（网球拍的中心点）击球体的水平轴的后部。球拍与球撞击后，应继续向前挥拍，当球拍的手柄上部碰到左手时，右前臂内旋，左臂带动右臂将拍子的挥打至左肩后方，右上臂自然地挥至下颌处。

向后引拍时，右膝微屈；前挥击球时，身体弯曲并前弓，右膝由屈到伸，身体重心全部落在左脚上。（图 10–2–1）

图 10–2–1

（3）击球点和高度。

球拍与球接触的那个点即为击球点。击球一般在左脚前 90 ～ 150 厘米处，此时，这个点是人体从后向前挥臂击球过程中最有速度的点，因此在此点击球是比较有力量的。击球点的高度应该是腰部的高度。此高度是人体最容易发力的高度，腰的转动增加了力量，击球力量也就更大了。

2. 反手击球（双手握拍反手击球）

反手击球既是网球最基本的技术之一，也是初学者必须掌握的技术之一。反手击球与正手击球的结构和难度是同样的。当正手击球选用东方式握拍时，反手击球时应换握到东方式反手握拍或大陆式握拍。初学者在开始时对换拍可能有些不习惯，经过一段时间的练习，就能运用自如。

（1）准备姿势。

正对球网，两脚自然开立，与肩同宽或略宽于肩；两膝微屈，上体略前倾，脚跟稍抬起，身体重心放在两个前脚掌上，保持便于迅速起动的姿势。右手握拍柄，左手托着拍颈部，拍头略高于手腕，持拍于体前，目视对手和来球。

（2）击球动作。

当判断对方击球是反手时，要迅速将正手握拍变成双手反手握拍（左手拇指将球拍沿顺时针方向转动，使右手握拍变成东方式反手握拍或大陆式握拍，左手顺着拍柄向下滑动，直到两手相接），然后将球拍后引。拍头指向后挡网，左肘关节成 120° 左右，右手在左髋部，拍面要稍开放一些。右脚要向边线方向迈出一步，使身体侧对网，把身体重心移到左脚上，此时两膝微屈，身体重心略下降，右肩前探，下颌靠近右肩。两眼从向后引拍开始就要注视来球，以便预测来球的方向、旋转和速度，用球拍的中心击打球。向后引拍时左手扶住拍柄，开始向前挥拍时两臂就要协调一致全力前挥，以左手发力为主，右手控制击球的方向。要特别注意来球的位置，及时到位，击正、击准来球。这样才能充分发挥两臂击球的力量。球拍触球后两臂要尽量向前

反手击上弦球

反手击下弦球

伸，球拍和两臂形成一条直线时，顺势将拍子随挥到右肩后，下颌碰到左上臂才算完成击球动作。（图 10–2–2）

图 10–2–2

（3）击球点和击球的高度。

击球点一般在右脚左侧前 90 ～ 150 厘米处，这个点是人体从后向前挥臂击球过程中最有速度的点，因此在此击球是比较有力量的。击球点的高度以腰的高度或略低于腰的高度为好。这个高度最便于击球和发力，是一个理想的击球高度。对于还击不同高度的来球，要用身体重心的高低来调节，而不能用球拍头的高低来调节。

3. 发球

发球是网球运动的重要技术之一，是网球比赛中唯一由自己掌握并组织进攻或直接得分的良好机会。发球是现代网球运动中评价技术水平的重要因素之一，是取得比赛胜利的主要得分手段。

上手发球

（1）准备姿势。

两脚自然开立，约与肩同宽，在底线后侧身站立，左脚站在距底线 5 ～ 10 厘米处，并与底线成 45°，右脚与底线基本平行，身体重心在两脚之间。用大陆式握拍法或东方式反手握拍法，手臂放松地握拍于身体前。左手持球托住球拍的拍颈处。此时，全身充分放松，两肩下沉，做好发球的准备。

低手发球

（2）击球动作。

当开始发球时，两手臂一同向下和向上运动。左手离开球拍经体前下落，伸直上臂向前向上徐徐地将球抛出时，右臂自然下落经体侧后引，拍头经右脚上方摆向身体后方，然后继续向上摆动，当球拍与肩同高时转肩，使拍头垂于背后呈搔背状态，同时向右转体 45° ～ 50°，身体重心由前脚移至后脚，左右膝向前弓出，下颌抬起，此刻身体形成最大限度的背弓。借搔背下沉之势迅速蹬地转体、转肩，身体重心移至前脚，右臂肘关节抬起，带动前臂上举球拍，前臂协调配合，以前臂旋内动作和强力的扣腕将球击打出去。右脚离开地面，左脚脚尖踮起。两眼盯住球，球拍和手臂尽量向前上方伸。以平行于球网的拍面从制高点击打球的后上部。当球拍击中球之后，两眼仍要注视球飞进的方向，不要低头，继续以随挥的力量将球拍经体前从左膝侧面挥向身后，此时，左臂肘关节弯曲放下，前臂放在自己的左腹处。上体前倾，右肩明显高于左肩，右脚上步维持身体平衡或向前跨步以利于脚步跟上。（图 10–2–3）

（3）击球点和击球高度。

抛球是发球动作中最重要的环节。只有抛球稳、准，确定一个良好的击球点才可能发出一个好球，一般将球抛在头的上方或稍前些。越是大力发球，击球点越是向前移动。平击发球时，往往将球抛在身体重心投影前 60 厘米左右处，抛球的高度原则上是击球的高度。如果将球抛在需要的高度，在球上升至最大高度即将下落之前的相对静止的刹那间击球，更容易击准。

图 10–2–3

4. 接发球

接发球是网球运动中非常重要的一项技术组合。它不是一个单独的技术，而是由正反手击球（包括正、反手削球）、正反手挑高球等技术组成，这些技术的难度比一般来回击球的难度要高。这是因为发球员处于主动地位，接发球员处于被动接球地位的缘故。因此，接发球员要想完成一个理想的接发球动作，接好一个球，就必须很好地预测来球，判断来球的方位、力量、速度、旋转，以便及时到位还击，否则就会接发球直接失误或因还击不利而被动挨打。如果顶住对手的大力发球，就能打乱对手的节奏，变被动为主动。

5. 截击

截击是在网前技术中的一种攻击性击球方式，截击分为正手截击和反手截击。截击是在来球还未落地之前就将球回击到对方球场上的一种技术，其特点是可以加快击球节奏，更好地创造得分机会。特别是在双打中，最能体现截击的作用，截击也是双打得分最主要的技术之一。（图 10–2–4、图 10–2–5）

正手截击球

反手截击球

图 10–2–4

图 10–2–5

（三）网球基本技术练习方法

根据所学网球基本技术的特点，利用场地外的条件进行练习，以达到掌握技术、提高技术的目的所采用的练习手段，称为场外的练习方法。提高网球技术的最好方法是经常在场上和同伴一起训练。但是，如果没有场地，或者没有与同伴一起练习，可采用以下几种简单的场外练习方法来提高自己的技术水平。

1. 球感练习

熟悉球性的练习方法有以下几种。

（1）两个人面对面，用脚内侧踢球，网球与足球的脚下移动很相似，可以通过此练习提高脚下的移动及控制能力。

（2）两个人面对面，手抓抛球，一个人先把球抛起来，让球自由落地后弹起，在球达到腰部的位置时，另一个人用持拍手把球抓住。我们可以通过这个练习来提高初学者的三维空间判断能力。

（3）持拍向上垫球，初学者主要体会眼、手的配合及了解球拍和拍弦的性能。

（4）持拍向下拍球，可站立拍球，蹲下拍球，坐着拍球等。

2. 挥拍练习

（1）手模仿正确动作，进行挥空拍练习。

心中默想正确的动作，按照动作的要求，边默想，边做动作。在挥击时，设想确有其球，保持正确的位置和准确的击球点，由慢到快地反复做徒手挥拍动作的练习，直到熟练自如地掌握正确的挥拍动作，达到动作的动力定型。

（2）对着镜子来检查挥拍动作。

站在一面大镜子前，这样挥拍时可看到自己的全身，通过镜子检查球拍后摆时的最远位置、击球点位置及挥拍动作完成的位置。重复做挥拍击球动作，直到头脑里对正确的击球动作有了概念。在球场上，当击球动作不对时，要回想这些概念，就会有助于做出正确的挥拍动作。观察镜子里自己的击球姿势，并纠正那些不正确的动作。例如，许多运动员正拍击球的后摆过高，可以在镜子里看着自己的球拍向后拉到什么位置，如果太高了，则自行调整并继续在镜子前练习，直到获得正确的动作姿势。

（3）对墙练习使击球动作定型。

对墙练习是练习基本功的最好方法，墙是理想的“陪打者”，几乎所有击球技术都能对墙练习。不但初学者要进行对墙练习，而且职业选手常对墙练习，以达到“学而时习之”的目的。对墙练习有助于提高注意力，但是对墙击球不能太用力。有人喜欢猛力击球，结果球回来得太快，以致没有时间做好下次击球的预备姿势。练习落地球时，应站在离墙 9 米处，在墙上做一个记号，记下命中的次数；也可以和同伴一起对墙练习，两人对打，用近似于网球比赛的节奏，并且在击球后也像比赛一样移动，不像一个人打墙时总在同一位置上。对墙进行连续击球时，要注意掌握节奏，不断增加正确击球的次数，一旦失去节奏就停下来，重新开始。

（四）网球基本战术

战术是一种方法，是在比赛中为了取得胜利所采取的具体措施。在网球中，战术主要包括以下两个方面。

（一）单打战术

单打战术就是在进行一对一比赛时，为了获得胜利，在规则允许的条件下利用的各种方法及手段。它包括进攻型战术、防守型战术、发球上网型战术、底线战术、接发球战术等。

（二）双打战术

双打战术就是在单打战术的基础之上，更加注重两人配合的战术。

第三节　网球竞赛规则简介

一、比赛场地

网球场地为长方形，长度为 23.77 米，单打比赛的场地宽度为 8.23 米，双打比赛的场地宽度为 10.97 米。

二、永久固定物

场地上的永久固定物，不仅包括后挡板、侧挡板、观众、观众看台和座位、场地周围和上方的所有其他固定物，而且包括处于各自规定位置的主裁判、司线员、司网裁判和球童。

在使用双打球网和单打支柱的场地上进行单打比赛时，网柱、单打支柱外侧的球网部分属于永久固定物，而不能视其为网柱或球网的一部分。

三、局分

（一）常规局

在常规局的比赛中，应首先报发球运动员的得分，计分如下：无得分——0；第一分——15；第二分—— 30；第三分——40；第四分——本局比赛结束。

若两名运动员/队都得到三分，则比分为“平分”。“平分”后如果一名运动员/队得分，则比分为“占先”，如果“占先”的这名运动员/队又得分，他便赢得了这一局；如果“占先”后是另一名运动员/队得分，则比分仍为“平分”。运动员/队需要在“平分”后连续得到两分，才能赢得这一局。

（二）平局决胜局

在平局决胜局中，使用阿拉伯数字 0、1、2、3 等计分。首先赢得 7 分并净胜对手两分的运动员/队赢得这一局及这一盘。决胜局有必要进行到一方运动员/队净胜对手两分为止。

轮及发球的运动员在平局决胜局中首先发第一分球，随后的两分由他的对手发球（在双打比赛中，对方队中轮及发球的运动员进行发球）。此后，每一名运动员/队轮流连续发两分球，直到平局决胜局结束（在双打比赛中，队内发球顺序应与该盘发球顺序相同）。

在平局决胜局中首先发球的运动员/队应当在下一盘的第一局首先接发球。

四、盘分

盘分有不同的计分方法。主要的计分方法是“长盘制”和“平局决胜局制”两种。比赛中可以使用其中任何一种计分方法，但必须在赛前宣布。如果使用的是“平局决胜局制”的计分方法，还必须宣布决胜盘采用“平局决胜局制”还是“长盘制”。

（一）“长盘制”

先赢得 6 局并净胜对手两局的运动员 / 队赢得一盘。一盘有必要进行到一方运动员 / 队净胜两局为止。

（二）“平局决胜局制”

先赢得 6 局并净胜对手两局的运动员 / 队赢得一盘。如果局分达到 6：6，则须进行“平局决胜局”。

五、赛制

比赛可以采用三盘两胜制，先赢得两盘的运动员 / 队赢得比赛；或采用五盘三胜制，先赢得三盘的运动员 / 队赢得比赛。

六、站位和发球的选择

在准备活动开始前，通过抛硬币的方式决定比赛的第一局站位和发球 / 接发球权。抛硬币获胜的运动员 / 队可以选择：（1）在比赛的第一局中选择发球或接发球，在这种情况下，对手选择站位；（2）选择比赛的第一局站位，在这种情况下，对手选择发球或接发球；（3）要求对手作出以上任意一种选择。

七、交换场地

运动员应在每一盘的第一局、第三局和随后的每一个单数局结束后交换场地。运动员还应在每一盘结束后交换场地，但当一盘结束后双方所得局数之和为偶数时，运动员须在下一盘第一局结束后交换场地。

在平局决胜局中，运动员应在每 6 分后交换场地。

八、发球

（一）发球次序

在常规局结束后，该局的接发球员在下一局中发球，该局的发球员在下一局中接发球。

双打比赛中，在每一盘第一局开始前，由先发球的那队决定哪一名运动员先在该局发球。同样，在第二局开始前，他们的对手也应当决定由谁在该局先发球。第一局发球的运动员的搭档在第三局发球，第二局发球的运动员的搭档在第四局发球。这一次序一直延续到该盘结束。

（二）发球动作

在即将做出发球动作前，发球员必须静止站在底线后（即远离球网的那一侧），双脚位于中心标志的假定延长线和边线的假定延长线之间。

然后，发球员应当用手将球向任何方向抛出并在球落地前用球拍将球击出。在球拍击到球或未能击到球的那一刻，整个发球动作即被认为已经完成。对于只能使用一只手臂的运动员，可以用球拍完成抛球。

（三）发球程序

（1）在常规发球局中，发球员在每一局都应当从场地的右侧半区开始，交替在场地的两个半区发球。

（2）在平局决胜局中，第一分发球应当从场地的右半区发出，然后交替从场地的两个半区发球。

（3）发出的球应当越过球网，在接发球员回球之前落到对角方向的发球区内。

（四）何时发球和接发球

发球员应该在接发球员做好准备以后再发球。但是，接发球员应当按照发球员合理的发球节奏来比赛，并在发球员准备发球时，在合理的时间内做好接发球的准备。

接发球员如果试图回击发球，则视为已做好准备。如果证实接发球员确未做好准备，那么该次发球不能被判为失误。

（五）重新发球

如果出现下列情况则应当重新发球：

（1）发出的球触到了球网、中心带或网带后落在有效发球区内；或在球触到了球网、中心带或网带后，在落地前触到了接发球员或其搭档，或他们穿戴的或携带的任何物品；

（2）球发出时，接发球员还没有做好准备。

在重发球时，之前的那次发球作废，发球员应重发，但是不能取消重发前的发球失误。

九、运动员失分

如果出现下列情况，运动员将失分。

（1）发球员连续两次发球失误。

（2）在活球状态下，运动员在球连续两次落地前未能击球。

（3）在活球状态下，运动员回击的球落到有效击球区外的地面或在落地前碰到有效击球区外的其他物体。

（4）在活球状态下，运动员回击的球在落地前触到永久固定物。

（5）接发球员在发球没有落地前击球。

（6）运动员故意用球拍托带或接住处于活球状态中的球，或故意用球拍触球超过一次。

（7）在活球状态下的任何时候，运动员或他的球拍（无论球拍是否在他手中），或他穿戴的或携带的任何物品触到球网、网柱/单打支柱、网绳或金属绳、中心带或网带，或对手场地。

（8）运动员在球过网前击球。

（9）在活球状态下，除了运动员手中的球拍以外，球触及到运动员的身体或他穿戴的或携带的任何物品。

（10）在活球状态下，球触到了运动员的球拍，但球拍不在他的手中。

（11）在活球状态下，运动员故意并实质性地改变了球拍的形状。

（12）双打比赛中，同队的两名运动员在回球时都触到了球。

十、有效回击

下列情况属于有效回击。

（1）球触到了球网、网柱/单打支柱、网绳或金属绳、中心带或网带并且越过球网后落到有效场地内。

（2）在活球状态下，球落在有效场地内后旋转或被风吹回过网，运动员过网击球，将球击打到有效场地内，并且没有违反运动员失分规则的规定。

（3）回击球从网柱外侧绕过，无论该球是否高于球网，即使触到网柱，只要落在有效场地内，均视为有效。

（4）球从单打支柱及其相邻网柱之间的网绳下面穿过而又没有触及球网、网绳或网柱，并且落在有效场地内。

（5）运动员在自己球网一侧内回击球后，球拍随球过网，球落入有效场地内。

（6）在活球状态下，运动员击出的球碰到了有效场地内的另一个球。

提示

网球运动越来越受到大学生的喜爱，西华大学网球运动正处于强劲发展阶段。目前，西华大学分别成立了校网球队、学生网球协会和教职工网球协会，每周定时、定点、定量地进行训练，积极与各高校进行比赛交流。西华大学网球队踊跃参加各种层次的比赛，包括全国大学生比赛、四川省高校网球比赛及成都市各俱乐部间比赛等，曾多次在比赛中获得优异成绩。每年第二学期的第 10 周至第 12 周，西华大学会开展西华杯网球比赛，吸引和促进了更多的学生投身于网球运动中，进行比赛实践、交流，这使学生养成了良好的运动习惯。与此同时，西华大学还在不断地加强校园网球文化建设，使学生在校园中能感受到浓烈的网球运动氛围，为网球运动的开展和发展打下了坚实的文化基础。

第四节 考核内容与标准

一、技术考核

两个人一组进行来回对打，球的第一落点是在单打边线和发球线内，必须是一个人接一次才算一个球，不能让球落地两次以上才接球。

网球考核标准见表 10–4–1。

表 10–4–1　网球考核标准

次数	1	2	3	4	5	6	7	8	9	10
分值	10	20	30	40	45	50	60	65	70	80

二、技评考核

技评考核会把以下几点作为打分标准。

（1）打球动作的完整性。

（2）脚下的移动步法。

（3）击球的节奏和控制力。

【参考文献】

[1]白波，周文胜，闫美怡.网球快速入门与实战技术[M].成都：成都时代出版社，2014.

[2]陈建强.网球学与练[M].上海：复旦大学出版社，2010.

[3]陈治.现代网球技术教学与训练新探[M].北京：人民体育出版社，2011.

[4]张耆，黄蔚，王军.网球教学理论与训练方法[M].北京：中国商务出版社，2011.

[5]唐小林.网球运动教学与训练[M].北京：人民体育出版社，2009.

思政课堂

郑洁，1983年出生于四川省成都市，中国网球运动员。郑洁于1990年开始练习网球，2001年选调进入国家集训队，2003年开始转为职业选手。2004年，郑洁成为中国第一位杀入大满贯16强的运动员；2006年，郑洁与晏紫搭档获得了澳大利亚网球公开赛和温布尔登网球锦标赛的女子双打冠军。2008年北京奥运会，郑洁与晏紫搭档获得网球女子双打铜牌。截至2014年年底，郑洁个人职业生涯共获得4个WTA巡回赛单打冠军、15个网球女子双打冠军。同时，郑洁积极热衷慈善事业，创办了“郑洁杯”青少年网球赛，对中国网球运动的发展有一定的促进作用。

郑洁从来不懂得放弃和退缩，瘦小的身躯里总能爆出无穷韧劲。她的身高只有1米64，在网球这个圈子里身体条件并不好，但她从最初坚守到最后，让女网金花继续绽放光华。

第十一章　游泳运动

本章导读

游泳是一种凭借自身肢体动作和水的反作用力在水中活动的技能，是一种有意识的活动，与人类生存、生活、生产紧密联系，是人类在同大自然斗争中为求生存而产生的。随着人类社会的进步和发展，游泳逐渐成为一项重要的体育运动。

游泳时，人要对抗水的阻力游进。在此过程中，身体各部位肌肉都参与运动，这使人的呼吸系统、心血管系统得到锻炼，身体素质得到全面发展，身材也变得更匀称。

学习目标

1. 培养学生对游泳的兴趣，养成自觉参加游泳锻炼的好习惯。
2. 学习游泳技术。
3. 了解游泳卫生与救护的相关知识。

第一节　游泳运动概述

一、游泳运动的起源与发展

（一）游泳运动的起源

游泳运动的起源和发展经历了一个很长的历史过程，是与人类社会的生产劳动、生活娱乐及战争等活动紧密联系的，它是人类在征服自然、改造自己的生产劳动中产生的，是在满足人们的娱乐、竞争的需要中发展起来的。

（二）中国游泳运动的发展

中华人民共和国成立后，在党和政府的领导与支持下，中国游泳运动很快发展起来，中国游泳运动员游泳技术水平迅速提高。1952 年，首次全国游泳运动大会在广州举办。到了 1954 年，中华人民共和国成立之前的游泳纪录全被刷新。

在亚运会游泳比赛中，日本和韩国在很长一段时间里是中国的主要竞争对手，在 1990 年北京举办的第 11 届亚运会上，中国游泳队一举夺得 23 枚金牌，亚运会金牌数第一次超过了日本、韩国游泳队。

在 2008 年北京奥运会上，中国游泳健儿获得 1 金 3 银 2 铜的好成绩。

在 2012 年伦敦奥运会上，中国游泳健儿获得 5 金 3 银 2 铜的优异成绩，并两破世界纪录，三破奥运会纪录。

在 2016 年里约奥运会上，中国游泳健儿获得 1 金 2 银 3 铜的好成绩。当然，中国游泳同游泳强国相比，实力还有一定的差距，但是中国游泳具有较大的潜力。

在 2020 年东京奥运会上，中国游泳队获得 3 枚金牌、2 枚银牌、1 枚铜牌。截至 2022 年 6 月，中国运动员手握两项世界纪录，分别是刘湘的女子 50 米仰泳（27 秒 35）和女子 4 × 200 米接力（7 分 40 秒 33）。

二、游泳运动的分类和比赛项目

根据目的和功能来分，游泳运动可分成竞技游泳、实用游泳、大众游泳三类，以下主要介绍竞技游泳。

竞技游泳是指有特定技术要求，按《游泳竞赛规则》规定进行竞赛的游泳运动项目。随着游泳运动的发展，竞技游泳的内容不断充实和丰富。目前，竞技游泳分为游泳池比赛和公开水域比赛两大类别。在游泳池中比赛的竞技游泳包括自由泳、仰泳、蛙泳、蝶泳 4 种泳式和由这 4 种泳式组成的个人混合泳及接力比赛。按国际游泳联合会（简称“国际泳联”）规定，在 50 米池比赛中，被列入游泳世界纪录的男、女项目共有 40 项，奥运会游泳比赛只设 32 项。在 25 米池比赛中，国际泳联承认的男、女项目世界纪录共有 46 项。（表 11-1-1）

表 11-1-1　游泳运动项目

泳姿	比赛距离/米		备注
	25米池	50米池	
自由泳	50、100、200、400、800、1500	50、100、200、400、800、1500	（1）男、女项目相同；（2）奥运会游泳比赛在50米池进行，男子不设800米自由泳，女于不设1500米自由泳。男女均不设50米的仰泳、蛙泳和蝶泳项目
仰泳	50、100、200	50、100、200	
蛙泳	50、100、200	50、100、200	
蝶泳	50、100、200	50、100、200	
个人混合泳	100、200、400	200、400	
自由泳接力	4 × 50、4 × 100、4 × 200	4 × 100、4 × 200	
混合接力	4 × 50、4 × 100	4 × 100	

第二节　游泳基本技术

一、蛙泳

蛙泳完整训练

蛙泳是4种竞技游泳中速度最慢的一种。蛙泳的呼吸方法比较容易被初学者掌握，每个动作周期结束后都有一定的滑行放松时间，初学者较容易学会。

（一）手臂动作

为了便于练习者学习，将蛙泳划水动作分为外划、内划、伸臂滑行三个阶段进行讲解。

1. 外划

当蹬腿结束，两腿并拢时，两臂开始外划至抓水位置，当两手超过肩宽，并向后对着水时，就形成了抓水姿势。在外划的大部分阶段，两臂是伸展的，但当接近抓水位置时，为了给后面的推进力阶段做好准备，手臂开始略屈。外划开始时掌心应该向下，接近抓水时向外旋转，外划结束时手掌向外后方倾斜。外划基本没有产生推进力，因此动作应慢而轻柔。

蛙泳双手扶边憋气漂浮

2. 内划

内划是产生推进力的划水阶段，抓水后，手臂沿一个较大的半圆形路线向下、向内、向上划水，直至两臂在头下会合。当两手几乎合拢时，内划结束。从抓水开始，肘关节应继续弯曲，到内划结束时肘关节弯曲超过90°。手掌从原来朝外逐渐转变为朝内。手的速度应逐渐加快，直到合拢时达到最大速度。

蛙泳入水

3. 伸臂滑行

伸臂其实在内划过半时就已经开始了，此时手对水的压力就已经开始减小，但还要继续屈臂，在前伸之前先将手臂拉到颌下。

手前伸后不久，两肘向内下方收紧，使手臂运动的方向从向内转为向前。在内划阶段，手逐渐向内旋转，当两手到达颌下时，手臂朝上，之后随手臂前伸转为掌心向下进入滑行阶段。

伸臂阶段，手的速度应该减慢，使手臂以较慢的速度外划和抓水。有许多练习者以前冲的方式快速向前伸臂，这样会带来较大的阻力，因此不提倡这种快速的伸臂。（图11-2-1）

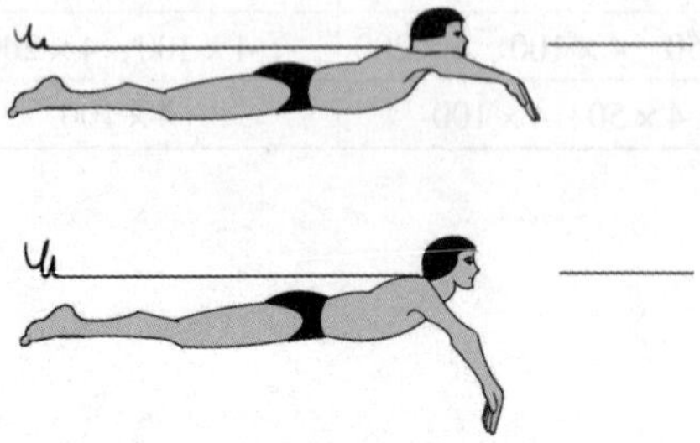

图11-2-1

（二）腿部动作

蛙泳的腿部动作已经从原来较宽的楔形环状蹬水动作，演变成了现在简短快速的环状蹬夹水动作。开始的时候，人们认为鞭状蹬水能够通过腿的伸展，并利用脚底像划桨一样向后推水，因此效果较好。脚的动作与手臂一样，是以曲线形式产生推进力的，现代蛙泳运动员采用的蹬水动作是楔形蹬夹与鞭状蹬夹的结合。不过，目前蛙泳运动员腿分开的程度比过去要小。蛙泳腿的动作可分成收腿、外翻、向内蹬夹水和滑行四个阶段。向内蹬夹水是腿产生推进力的唯一阶段。

1. 收腿

手臂划水动作完成后，小腿向前收，直到接近臂部。小腿前收的动作是屈膝造成的，并没有屈髋（背小腿）动作。由于小腿的重量较轻，收腿时向前推水的阻力小一些，而大腿的重量要大得多。如果向前下方收大腿，造成的阻力就比较大，会使前进速度骤然下降。

在收腿时，为了不屈髋，应沉髋，使身体从头到髋向下倾斜，只有这样才能使脚保持在水面下。

在收腿时脚趾向后，小腿是并拢的，收屈过程中小腿应当保持在髋关节的横截面以内，以减小阻力。脚几乎是沿直线向前移动的，而不是向前上方移动。收腿时两膝略微分开，使小腿和脚保持在身体的投影截面内，两膝的距离不宜超过肩宽，收腿动作应缓慢而轻柔。（图 11–2–2）

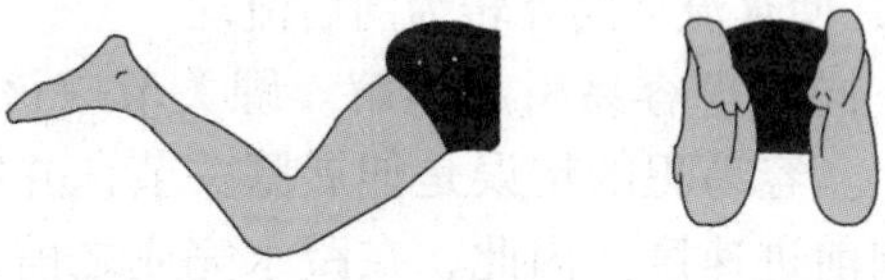

图 11–2–2

2. 外翻

外翻阶段几乎没有推进力。其主要作用是使脚形成有利的对水姿势，做好向内蹬夹水的准备。当脚接近臂部时，开始向外旋转，直到脚位于髋关节的外部，并向后对准水。这时脚就形成了抓水姿势。

膝关节应尽量弯曲，并接近臀部。这样可以达到较高的位置，加长向内蹬夹水的路线。在蹬水之前，脚应该弯曲（勾脚尖），踝关节向外旋转。脚外部的灵活性好，可以使脚在蹬水时尽早开始产生推进力，因此对游蛙泳十分有利。如果这方面的灵活性较差，应该进行一些专门的柔韧素质训练。

在外翻时，髋关节应略屈。这点似乎与前面的描述互相矛盾，其实不然。收腿时，屈髋的幅度应尽量做到最小，而外翻时则需要有一定程度的屈髋，这可以带来更大的推进力。这样伸髋和伸膝肌群都已参与后面的蹬水工作。

波浪式蛙泳与平式蛙泳腿部动作的区别主要在于屈髋的时间和程度。平式蛙泳在收腿时就开始屈髋，因此屈髋持续时间较长，屈髋程度较大。而波浪式蛙泳只在蹬水开始前很快屈髋，程度也较小。因此，采用这种技术，身体速度的下降幅度低于平式蛙泳，同时获得的推进力又大于那些不屈髋的姿势。

外翻过程中，脚的速度应减慢，当形成抓水姿势时，脚的速度比身体速度大不了多

蛙泳腿训练

少。此时开始进入产生推进力阶段——向内蹬夹水。(图 11-2-3)

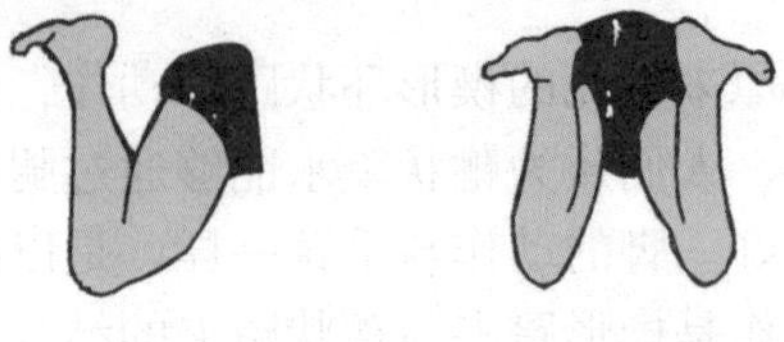

图 11-2-3

3. 向内蹬夹水

向内蹬夹水包括两个部分：第一部分是向下蹬水时脚向下的运动超过了向内的运动；第二部分才是真正的向内蹬水，以向内蹬夹水为主，这是一个连续的动作阶段。

向内蹬水从脚抓水开始，直到两腿在后面完全伸展并接近并拢时结束。这个动作的路线是半圆形的，腿的运动有向外、向后、向下和向内的各个方向。这个阶段结束时，髋关节和膝关节应伸展到两腿完全伸直的地步，两脚应向内下旋转，直至两脚相对。

在开始向下蹬水环节，脚应该朝外，并向下旋转。在此阶段，如果把脚当作螺旋桨的叶片，那么拇趾一侧就是叶片的前缘，小趾一侧是后缘。当脚向下和向后蹬水时，水流从前缘流向后缘，脚略向下倾斜的攻角使水流从向上转为向后流动，从而产生了推进力。动作持续到两腿伸直时才结束，这是推进力最大的环节。当腿伸直时，脚的蹬水方向从向下转为向内，直到两脚并拢或接近并拢，脚才开始放松，并向水面方向上升。

拇趾的一侧和小趾的一侧继续分别充当“叶片”的前缘和后缘，脚的运动方向和攻角共同作用于相对的水流，使水流从向外转为向后流动。

脚的攻角非常重要，同时也容易引起误解。踝关节应该保持弯曲，使脚趾朝下。脚底应朝内，而不是朝上。容易犯的错误是伸展膝关节，并向上抬腿，这样容易导致脚底向上推水，从而影响前进速度。因此，在蹬水完成之前，膝关节不应伸展，腿也不应上抬。

蛙泳蹬边滑行

如果蹬水动作正确，臀部会像海豚式打腿那样上升，这是腿向下和向内蹬水引起的。向下的波浪动作可以提臀，若没有此动作会减小部分推进力。但是，这个动作也不能做得过度，否则脚可能会过度向下移动，也会减小推进力。海豚式动作是正确蹬水的自然结果，不必有意识地强化，同时，也不要竭力去避免。蹬水过程中，脚的速度应稳步加快，在上抬之前达到最快。蛙泳腿练习如图 11-2-4 所示。

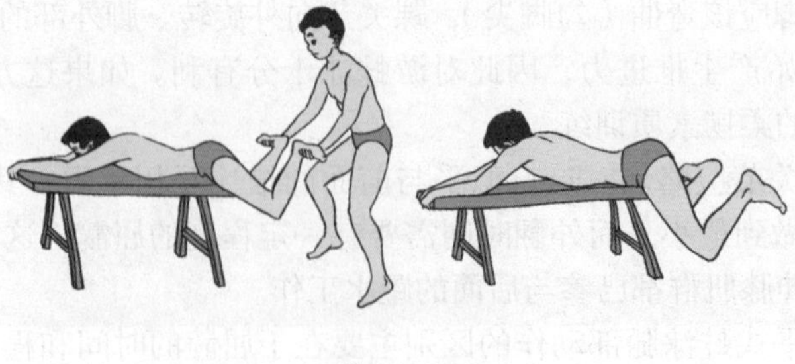

图 11-2-4

4. 滑行

腿的滑行阶段发生在手臂划水时，当两腿与身体成一条直线后，两腿应并拢，在手臂划水时保持流线型。此阶段腿和脚完全伸展，脚趾朝下。

（三）手臂与腿的配合

蛙泳有 3 种配合方式，即连接式、滑行式和重叠式。连接式配合是指两腿并拢后，手臂立即开始划水。滑行式配合是指腿部动作完成后，手臂动作开始前，有短暂的滑行阶段。重叠式配合是指在蹬水动作完成之前，手臂就已经开始划水。（图 11–2–5）

图 11–2–5

多数人认为滑行式配合的效果最差，因为在蹬水之后、划水之前，人的前进速度下降。选择连接式配合的人认为这样可以避免臂腿之间推进力暂停的情况出现，然而这是一种错觉，因为手臂外划阶段是不产生推进力的。因此，在从蹬水结束到手臂外划至抓水位置这段时间内，速度仍然会下降，而重叠式配合至少可以减少蹬腿和划水之间速度下降的时间。在两腿完成向内蹬水的最后阶段时，手臂就应该开始外划。这样，当腿产生推进力的阶段刚刚结束时，手臂就可以抓水，开始产生推进力。

（四）身体姿势与呼吸

1. 身体姿势

波浪式蛙泳的身体姿势是在不断变化的，波浪式蛙泳有三个必须保持流线型身体姿势的动作阶段。

（1）蹬水动作阶段。手臂划水和蹬水产生推进力阶段，身体应该尽可能保持水平。两腿蹬水时，躯干与腿部尽量成直线，接近水面。肩位于水中。手臂尽量伸展。头可以位于水面和两臂之间的水下。这样也有助于身体保持流线型，而且不违反竞赛规则。

（2）手臂划水产生推进力阶段。在手臂划水产生推进力阶段，躯干应与髋关节和腿成直线，并接近水面。虽然在此阶段要准备吸气，但在手臂划水产生推进力阶段结束之前，脸部不应露出水面。

（3）收腿阶段。收腿阶段身体应从头到膝关节向下倾斜，在外翻动作开始之前，不应有屈髋动作。

2. 呼吸

不管游泳距离是多少，在每个蛙泳动作周期中都应该吸气。吸气是整个动作节奏中不可分割的一部分，不仅不会影响推进力，还有助于推进力的产生。如果做某个动作时不吸气，整个动作节奏就会受到影响。

蛙泳呼吸训练

蛙泳呼吸和腿的配合训练

（五）水下长划臂

《游泳竞赛规则》允许蛙泳运动员在出发和每次转身后做一次水下长划臂动作。在长划臂开始之前，允许运动员做一次海豚式打腿，长划臂完成，向前伸臂时开始做一次蛙泳蹬腿动作，在下一次手臂动作中两手外分到最宽点之前，头必须露出水面。这一动作可以产生较大的推进力。

二、爬泳

游爬泳时，人在水中成俯卧姿势，两臂交替划水，两腿轮流打水。爬泳是所有泳姿中最快的。竞赛规则允许在自由泳比赛时采用任意姿势，自由泳选手几乎全部采用爬泳姿势。因此，自由泳也称为爬泳。

爬泳一个动作周期包括左右手臂各一次划水和几种不同的打腿次数组合，臂腿的配合有几种不同的形式，比较普遍的有 6 次打腿、4 次打腿、2 次打腿和 2 次交叉打腿。本节将对臂部动作、打腿动作、身体姿势与呼吸方式、臂腿配合进行讲述。

（一）臂部动作

爬泳的臂部动作是推动身体向前游进的主要动力。它分为入水和伸臂、划水、出水和移臂四个主要阶段，这几个阶段在划水动作中是一个紧密相连的完整动作。

爬泳完整配合

1. 入水和伸臂

手臂入水时，肘关节略屈，并高于手臂，手指自然伸直并拢，向前斜下方插入水，注意掌心向外，动作自然放松。手臂随后在相同的点入水。如果手从水面上推入水中，会产生较大的波浪阻力；而用上述流线型入水方式，则可以将波浪阻力减小到最低程度。

游爬泳时应注意入水时手不要从脸前摆过，否则将导致身体左右摆动。正确的入水点应该在身体中线与肩的延长线之间。

爬泳入水

手入水后，手臂在水面下前伸，前伸时手掌心转为朝下。手入水后不应立即开始向后划水。一手入水时，另一臂正处于划水的中段，此时如果立即开始划水动作，将会影响另一侧正在划水的手臂，因此，前伸的手臂应与身体保持流线型姿势，直到另一臂完成划水动作，再进行下一阶段，即下划的动作。

2. 划水

手臂划水是产生推进力的主要阶段。爬泳的水下划水过程包括三个部分：下划、内划和上划。（图 11-2-6）

（1）下划。

下划时，手臂应沿曲线向下划水，直到抓水动作完成。下划过程中，肘关节逐渐弯曲，使手臂在抓水时朝向后面。当肘关节位置已经高于手、前臂和上臂并向后对准水时，就形成了抓水姿势，此时下划基本结束。

下划过程中手也有略向外滑动的动作，要求抓水时手掌略向外旋转。手臂形成的这些姿势对后面的内划很有利，能够产生更大的推进力，手向外滑动的动作是转肩的自然结果，不必强化，否则容易做得过度。

手臂达到这种位置时，推进力才开始产生。手臂必须朝后，才能通过后面的曲线划水将水推到后面，推动身体前进。这个阶段主要是为后面的划水做好位置上的准备。如果还没有形成正确的抓水姿势就开始发力，只能将水推到下面，使前进速度下降。

（2）内划。

内划动作是自由泳中第一个产生推进力的划水阶段。内划阶段从抓水开始，到手臂在身体下方达到身体中线时或略越过中线时结束，动作轨迹为半圆形。抓水时手臂略弯曲，随着内划的进行，手臂继续弯曲，直到内划结束时手臂大约弯曲成 90°。内划过程中手掌逐渐向内旋转，直到结束时手掌略朝向内上方。

内划过程中手的速度应逐渐加快，但不要加到最大，要为后面划水继续加速留有一定的余地。内划结束时手至少应该达到身体中线。这样有利于在下一个阶段产生更大的推进力。

手内划时超过身体中线的做法不一定都是错的，相反，这种技术常见于那些曲线划水效果较好的人。不过，有一点需要注意，内划超过身体中线可能导致髋关节左右摇摆。如果发生这种情况，就有必要减小内划的幅度。

人们游爬泳时非呼吸一侧的手内划的幅度通常大于呼吸一侧的手臂。这是因为多数人身体向呼吸一侧转动的幅度较大，需要较长的内划时间使身体向另一侧转动。虽然身体转动可能会导致部分推进力的丧失，但结果是利大于弊，因为转动能够使身体在划水的最有利阶段——上划阶段，一直保持较好的直线性。

（3）上划。

上划是爬泳划水的第二个阶段，也是最后一个推进力阶段。它的起点即内划的结束点。上划时，手迅速向外旋转，使手从原来向内倾斜变为向外倾斜，手臂朝外、上和后面的水面方向移动。上划的结束是以手经过大腿，而不是手到达水面为标志。在上划过程中手臂略有伸展，但绝对不是完全伸展，在这个阶段手的速度达到最高峰。

上划阶段常见的两个错误：一是手臂完全伸展；二是用力向水面方向划水。在这两种情况下，手和臂的攻角因为太大而难以产生前进的推进力。因此，水不是被推到了后面，而是被推到了上面。

图 11-2-6

3. 出水和移臂

在划水结束后，手臂由于惯性的作用而很快地靠近水面，这时，由上臂带动肘关节做向外上方的提拉动作，将前臂和手提出水面。前臂出水动作要比上臂稍慢一些，掌心向后上方。手臂出水动作应迅速而不停顿。但同时应该柔和，上臂和手掌应尽量放松。

手臂出水后。一般应按传统的高肘移臂方式将手臂移到前面，便于入水后快速抓水，在移臂的前半部分，手臂略弯曲，移臂后半部分手臂向前伸。肘关节逐渐弯曲可以使手出水后持续向前上方移动，避免从较宽的位置转动。手臂虽然会在某种程度上自然地略靠外移臂，但应该尽力保持向前。如果移臂过低、过宽，会造成身体的侧向摆动，破坏身体的流线型。

当手移过肩关节时，应将手臂前伸，为入水做好准备。手入水时手臂仍然略有弯曲，以减少入水时造成的湍流。移臂的前半段，手掌向内，朝向身体一侧，到后半段前伸入水时，手掌应朝外。

手臂移过肩关节时，要保持高肘姿势。这样可以使手臂以最佳姿势入水，激起较少的水花，从而减小阻力。

移臂是一个非常重要却不会产生推进力的动作，它的作用是为下一次入水做准备。移臂的目标应该是在尽量不破坏身体流线型的条件下将手臂从空中移到前面，并且给手臂、肩和躯干一个短暂的放松时间。移臂时手臂应放松，只要能够保持两臂的相对位置就可以了。如果想要加快动作周期，应注重加快划水动作，而不是移臂动作。只要加快划水动作，移臂自然就会加快，以保持与划水臂的同步。这样可以节省能量，并避免破坏身体姿势。

爬泳需要两臂的配合非常默契才能获得较快的速度。两臂的交替划水必须与身体的转动协调配合，才能充分发挥划水各个阶段的作用，使身体保持流线型。需要注意的是，当一臂在前方入水时，另一臂应该处于内划阶段的中段，这样可以使身体向划水臂一侧转动，做好上划准备。其另外一个重要特点是，前面的手臂应该在另一臂完成上划后再开始下划。这点对中长距离游泳十分重要，而短距离游泳时两臂的配合会有所不同。

爬泳坐姿打水

短距离游泳一般要减少前伸过程，在另一臂上划过程中，前面的手臂就已经开始下划，这样可以使一臂刚刚结束推进，另一臂立即开始抓水，产生推进力。虽然与手臂前伸、身体成流线型相比，这么做加大了身体迎面的阻力，并且增加了游泳时的能量消耗，但它能够加快对短距离游泳来说最重要的速度。在中长距离游泳中，人们往往等一臂完成推进后再开始下划，这样虽然会牺牲一部分速度，但却能够保存体力。（图 11–2–7）

爬泳俯卧打水

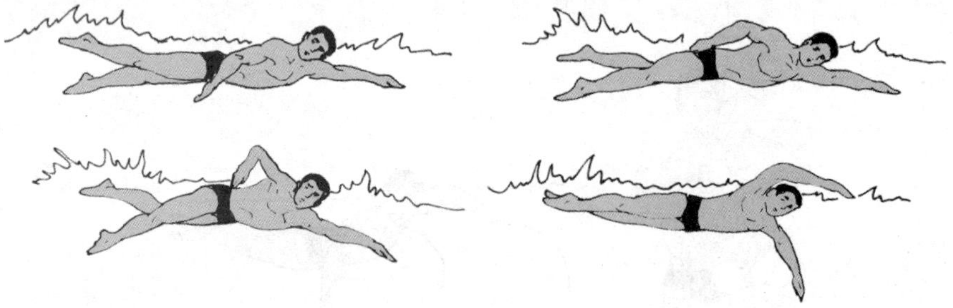

图 11–2–7

（二）打腿动作

自由泳的打腿主要是朝着上下方向进行的交替打水动作。虽然打水过程中两腿有侧向的运动，但主要运动方向是向上和向下，因此，我们把这两个主要动作称为下打和上打。

1. 下打

两腿是交替打水的，当一腿下打时，另一腿正处于上打阶段。

下打是鞭状打水动作。下打开始时屈髋，随后伸膝。其实，在前一次上打到达最高位置时，下打就已经开始了。在上打过程中，当腿达到与身体相同的位置时，开始屈髋，当大腿开始下打时，小腿仍然在继续上打。小腿继续上打是一个被动的动作，并不是有意去做的。正确的打腿动作：当大腿开始下打时，小腿应该放松，在水的压力作用下弯曲。随后，在大腿的带动下，小腿开始以鞭状动作向下伸展打水。

水向上作用于小腿的压力同样使脚伸展、跖屈、脚内转。出色的跖屈（绷脚尖）能力对打腿起着决定性的作用，能够使脚在下打时形成一个有利的攻角，产生较大的推进力。

2.上打

在前一次下打动作完成时，应向上再次返回水面。此时膝关节伸展，从髋部开始上打。这个动作主要由臀大肌完成，腿上面的水压使腿保持伸直，同样，水压还使脚形成一个既不屈、也不伸的自然姿势。当腿上移经过身体水平面时，上打实际上就已经结束了，此时屈髋，大腿进入又一次下打动作。

在打腿过程中，腿的姿势与水有很大的关系。多数情况下，膝关节和踝关节周围的肌肉保持放松，在水压的作用下使腿和脚形成适宜的姿势，唯一的例外是在下打的最后阶段，膝关节强有力地伸展，脚跖屈。其他情况下，负责打腿的是膝关节周围那些使大腿上抬和下压的肌肉。

打腿常犯的错误：在上打时屈膝。大腿没有发力带动小腿运动，只是通过屈伸小腿打水，这样在上打时常常用小腿向前推水。这个动作不仅影响上打效果，还可能抵消掉一部分下打得到的推进力，结果使前进速度下降。

打腿不能太深，幅度也不能太大，比较适宜的幅度是 50 ～ 80 厘米。显然，为了维持身体姿势和推进身体前进，游爬泳时需要较大幅度地打腿。但是打腿不能太深，否则会增大阻力。上打时脚应该达到水面，可以露出水面，但不能露得太多，打得太高只能使身体下沉。下打完成时，脚略低于身体下限即可。

爬泳打腿是与随身体沿纵轴的滚动相一致的，并保持身体的直线型。当身体向右滚动时，一腿应该向右下方打腿，另一腿正相反，应向左上方打腿。当身体向左滚动时，两腿的动作正好相反。

（三）身体姿势与呼吸方式

1.保持身体流线型

保持身体流线型的关键是头部位置自然、背部挺直和打腿幅度适宜。游泳时脸应该置于水中，水平面应该在发际线与头顶之间。吸气时头应该转动，但不能抬起。下颌略向下，眼睛看前下方，不能为片面追求较高的身体位置而过度塌腰。打腿幅度要适宜，上打时脚基本不出水面。下打时脚只略低于躯干下沿。

爬泳呼吸、单臂和打腿配合训练

2.侧向直线型

不管身体向哪一侧滚动，都应该从头部到胯部在躯干中间呈一条直线。保持良好的侧向直线型，主要依靠身体从一侧向另一侧的滚动，身体的滚动与手臂、肩部的动作应协调配合。

爬泳每一侧转动的角度（与平卧位置的夹角）至少应该达到45°，但多数人只有向吸气一侧的转动大于45°。

3. 呼吸方式

头部动作应与身体的转动协调配合，避免抬头吸气。当一臂正在完成上划动作时，头部向同侧转动，身体的滚动可以使头部轻易地露出水面吸气，但要避免头部转动幅度过大。事实上，游爬泳时人是在水平面以下、头部在水波的波谷中进行吸气的。

吸气应该在移臂的前半段完成，后半段头部应还原至水中，并与身体向另一侧的滚动配合起来，这样可以使身体在划水的最有力阶段——上划阶段保持水平姿势。

在长距离游泳中，绝对不要憋气，憋气容易引起疲劳，每一个动作周期都应该吸气，以保持稳定的氧气供应。

吸气后应立即呼气，但要控制呼气的节奏，以免在下一次吸气之前就把气呼完。呼气开始时的速度很慢，只有少量气体呼出，而且主要从鼻腔呼出，以减轻胸廓的压力。到下一次吸气之前呼气速度才开始加快，将剩余的气体迅速呼出，准备吸气。嘴露出水面时应完成呼气动作，以便立即吸气。

常见的吸气方式是在每一个动作周期吸气一次，且总在同侧吸气，也有些人采用两侧轮流吸气的方式。许多优秀运动员，特别是女运动员都采用这种吸气方式。这种方式主要有以下优点。

（1）使动作更均匀对称，两侧吸气使身体向两侧转动的幅度比较均匀，能够增大转动幅度，提高划水效果。

（2）通过控制呼吸节奏增强肺部通气能力。

（3）随时观察两侧的对手。

（四）臂腿配合

臂腿配合方式一般是根据一个划水周期中打腿的次数来表示的，且常用的配合方式是 6 次打腿、2 次打腿和 4 次打腿配合方式，下面主要介绍 6 次打腿配合方式。

6 次打腿配合：每划水 1 次，打腿 3 次，或每个划水周期打腿 6 次。其实每次划水有 6 次打腿，因为一腿下打时，另一腿正在上打。不过打腿次数通常只包括下打。

在使用以上方式的过程中，手臂水下划水的每个阶段都有一次对应的下打。一腿的下打与同侧手臂的下划相对应。手臂的内划与另一侧腿的下打相对应，而上划与同侧腿下打相对应。

仰泳动作示范

三、仰泳

仰泳是人体仰卧在水中游进的泳式。仰泳与爬泳相似，由两臂轮流划水和两腿交替打水进行，只是要以仰卧姿势前进。这种身体姿势使人不能在身体下方划水，而只能在体侧划水。仰泳技术动作由手臂动作、腿部动作、手臂与腿的配合，身体姿势和呼吸等几个动作协调配合组成。

（一）手臂动作

仰泳手臂动作包括四个划水阶段和一个移臂阶段。我们把水下动作分为：第一次下划、第一次上划、第二次下划、第二次上划。

1. 水下动作

（1）第一次下划。

右臂的第一次下划，手臂以完全伸展的姿势在肩前入水，入水时掌心朝外，小指率先入水。入水后，手臂向下和向外移动，直到形成抓水姿势。此时，手基本达到了在水下最深和体侧最宽的位置。

（2）第一次上划。

第一次上划是第一个产生推进力的手臂动作阶段，是从抓水开始的。抓水后，手臂沿半圆形路线向上和向后划水，直到肘关节弯曲至90°，手臂达到胸部一侧的位置。在这次上划过程中，手向上和向内旋转，手逐渐加速，但在下一个划水阶段结束之前，手掌划水还不能达到最高速度。

（3）第二次下划。

在第一次上划使手达到最高点时，第二次下划开始。手臂沿半圆形轨迹向后和向下划水，直到手臂完全伸直，且位于大腿的下面。手从原来的向上倾斜转变为向下倾斜。这个阶段结束时，手掌应朝向池底，但指尖应始终向外。

（4）第二次上划。

第二次上划的动作与自由泳相似。当然，身体姿势与自由泳正好相反。当第二次下划结束后，手向上、向后和向内划动后，开始向前和向上移臂，不再有推进力产生。

第二次上划过程中，手腕应充分伸展，使掌心朝后，并略朝上，指尖应朝下。在从下划到上划的转换过程中，手的速度略有下降。之后再一次加快，直至结束时达到最高速度。

2. 出水、移臂和入水

当完成第二次上划，手接近大腿背面后，手臂应放松、向内旋转，使掌心朝向身体一侧，以拇指一侧率先出水。这样可以减小出水阻力。应以拇指率先出水，而不能以小指率先出水。出水时手的速度明显下降，在肩向上转动的协助下，手臂可以轻松地离开水面。

出水后，手臂在空中向前上方移动，直到再一次入水。手臂应从头顶侧上部经过（上臂贴耳），不能从侧面低平地移臂，以免髋部和腿在手臂动作的影响下偏离直线。

3. 两臂的配合时机

游仰泳时，两只手臂像风车一样轮流划水。当一臂入水时，另一臂应该正好完成第二次下划。当一臂入水下划时，另一臂正处于第二次上划。这样，两臂可以持续产生推进力。

（二）腿部动作

仰泳的腿部动作与爬泳十分相似，是腿部沿对角线方向进行的交替打水动作。

（三）手臂与腿的配合

仰泳几乎都采用6次打腿的配合方式，即每个划臂周期内打水6次。每次打腿与划水的前三个阶段同时进行，与爬泳6次打腿的臂腿配合方式相似。

划水的第四个阶段，即第二次上划与另一臂的第一次下划同时进行，配合顺序如下。

（1）右臂第 1 次下划时，右腿上打，2 次上划。

（2）右臂第 1 次上划时，左腿上打，左臂划水时，手臂与腿的配合正好相反。

打腿还能起到稳定身体的作用，使人的身体维持在一条直线上，人应随着身体的转动沿对角线方向做上下打水动作。

（四）身体姿势

仰泳比其他泳姿更难保持身体的直线型。这是因为手臂是轮流划水的，而且移臂时比较容易靠外。有些人还可能“坐”在水中，头高臀低，使水平直线型姿势被破坏。

仰泳时身体应保持良好直线型。腰部可以略有弯曲，但躯干基本上是保持水平的。腰部略屈可以防止大腿在上打时露出水面。从水面上看，头后部应位于水中，吃水线应恰好在两耳的下面。下颌应微微收起，眼睛看后上方（脚的方向）。不应拱后背，也不应过度弯腰。

（五）呼吸

游仰泳时口鼻始终露出水面，呼吸不受水的限制，但为了避免吸气不充分造成的动作紊乱，一般保持一定的呼吸节奏，如跑步和竞走运动员用一定的节奏进行呼吸一样，呼吸频率的选择还应符合自身生理特点。

四、蝶泳

蝶泳是 4 种竞技游泳姿势中最年轻的泳式，它是从蛙泳技术中派生出来的。蝶泳的两臂同时划水，在每个划水周期中打腿 2 次。

蝶泳动作示范

（一）臂部动作

蝶泳的臂部动作包括入水、外划、抓水、内划、上划和移臂动作。

1. 入水、外划和抓水

两手入水点应与肩同宽，或略宽一些。手掌朝外，使手侧（拇指先入水）切入水。入水后，两手朝前下方移动，直到两臂位于肩的外侧，此时就形成了抓水姿势，开始产生推进力。外划开始时，手掌应略朝外或朝下。不管开始时的姿势如何，在外划过程中手应该向外旋转，到抓水时应朝向外后方。此阶段手的速度逐渐下降，到抓水时降到最低。外划不产生推进力，因此动作是柔和而伸展的，其目的是为后面的内划阶段产生推进力做好准备。

2. 内划

内划过程是蝶泳第一个产生推进力的水下划水阶段；抓水后，肘关节继续弯曲，同时手臂沿半圆形路线向内和向下划水。内划结束时，两手在身体下面几乎接触，此时肘关节弯曲大约 90°。

抓水时，手是向外下方倾斜的，在内划过程中手逐渐向内旋转，到两手距离最近时，手向内上方倾斜，这个阶段手的动作应逐渐加速。

3. 上划

上划始于内划结束、两手距离最近时。上划时手臂向外、向后和向上沿曲线划水。手在上划时迅速向外旋转，向外后方倾斜。在从内划向上划转换时，手的速度略有下降，然后又逐渐加速，直到推进力终止。手经过大腿时开始出水，转入空中移臂阶段。上划过程中手臂略伸，直到出水时仍保持一定的弯曲。

4.出水和移臂

出水在手到达水面、手臂完全伸展之前就已经开始了。当手经过大腿时，手掌向内旋转，手以小指率先出水，以最小的阻力轻松地提出水面。

上划时手臂已经开始略微伸展，到出水后迅速伸展，手臂从外上方以环形路线向前移动。移臂的前半段内，手臂可以完全伸展，或略有弯曲，但在后半段最好略屈，以便入水后更快地转入外划。移臂的最后阶段，手臂会向内移动，但入水后应转为向外移动。如果入水前手臂微屈，这个转变就比较容易完成，因为在入水后手臂会前伸，这样即使臂仍在继续向内移动，手已经可以开始外划了。

移臂过程中手保持在体侧，前半段手掌朝内，后半段朝外。移臂要快，但不能猛冲。在手入水之前，应该有足够的时间使腿做好第一次下打的准备。移臂时手臂应尽量放松，使肌肉得到短暂的休息。应利用上划的力量使手臂完成前半段移臂，在后半段使用的力量只要能使手臂继续前移即可。

（二）海豚式打腿

海豚式打腿专指蝶泳的打腿动作，因为它的腿部动作像海豚尾鳍的动作。它是一系列的波浪形动作，从躯干下部开始，一直传递到整个腿部，并包括上打和下打两个部分。每个划臂周期有两次打腿动作。第一次打腿发生在手入水并外划时，第二次发生在上划的最后阶段。第一次打腿起到了加速身体前进的作用，而第二次打腿的主要作用是防止手臂上划引起髋部下沉。两次上打均不产生推进力。

（三）手臂与腿的配合

前面已经介绍过，在每次划水周期中有两次打腿动作。第一次下打在入水和外划时进行，第二次下打在手臂上划时进行。上述方法虽然正确，但对于蝶泳复杂的臂腿配合来说就显得过于简单了。

两次打腿与划水之间的配合：当手入水时开始第一次下打，这样可以抵消手臂前伸带来的阻力。在手臂外划的过程中，腿继续下打，在抓水之前完成下打动作。当手臂内划时腿上打，这样在手臂产生推进力的阶段就可以使身体形成较好的流线型，并使腿做好第二次下打的准备。第二次下打应与手臂上划同时进行，移臂时进行第二次上打。这次上打与第一次的作用相同，它使腿上升到接近水面的位置，在前进速度迅速下降的情况下保持身体的流线型，并为后面的下打做好准备。

（四）身体姿势

蝶泳没有固定的身体姿势，而是在整个周期中不断变化的。好的波浪形动作要做到以下三点。

（1）手入水时，头部刚好下降到手臂下面。

（2）腿第一次下打时臀部刚好上升到露出水面。

（3）第二次下打完成时臀部和头部在水下的位置不深。

（五）呼吸

为了使脸部露出水面吸气，在手臂外划时头部就已经开始移动了。手入水时，眼睛应看下方。但在外划时，头部应开始向水面抬起，否则就会延误吸气的时机。当手臂内划时，头部接近水面。上划时脸应该露出水面。吸气应在上划和移臂的前半段进行，在移臂的后半段，脸部应回到水中。

第三节　游泳竞赛规则简介

一、出发

（一）出发的规定

（1）自由泳、蛙泳、蝶泳、个人混合泳及自由泳接力的比赛必须从出发台出发。当执行总裁判发出长哨声信号后，运动员应站到出发台上，当发令员发出“各就位”的口令后，运动员应立即做好出发准备姿势，即至少有一只脚位于出发台的前端，手臂位置不限。当所有运动员都处于静止状态时，发令员发出“出发信号”。

（2）仰泳比赛、混合泳接力比赛的第1棒，必须从水中出发。当执行总裁判发出第1声长哨声信号后，运动员应立即下水；当执行总裁判发出第2声长哨声信号后，运动员应迅速游回池端；当所有运动员都做好出发准备时，发令员发出“各就位”口令；当所有运动员都处于静止状态时，发令员发出“出发信号”。

（二）出发犯规的判罚规定

（1）任何运动员在“出发信号”发出之前出发，应判犯规。如果“出发信号”发出后发现运动员抢跳，应继续比赛，在该组比赛结束后取消抢跳运动员的录取资格；如果在“出发信号”发出前发现运动员抢跳，则不再发“出发信号”，待取消抢跳运动员比赛资格后，执行总裁判再以长哨声（仰泳为第2声长哨）开始重新组织其余运动员出发。

（2）因裁判员的失误或器材失灵而导致运动员抢跳时，发令员应将运动员召回重新组织出发，不视为抢跳犯规。

二、计时

（一）自动计时

（1）自动计时装置必须在指定裁判员的监督下进行操作。由自动计时装置记录的成绩应当用于确定名次和各泳道的成绩。如果自动计时装置发生故障或运动员未能触停该装置，则半自动计时或人工计时的成绩将作为正式成绩。

（2）使用自动计时装置时，成绩记录到百分之一秒。当可以精确到千分之一秒时，不记录千分位数，也不以千分位数来确定成绩和名次。比赛中成绩相同的所有运动员（接力队）其名次相同。电子公告板上只应显示到百分之一秒的成绩。

（3）某组比赛中，当自动计时装置未能记录到 1 名或多名运动员的成绩和（或）名次时，应：① 记录所有可获得的自动计时和半自动计时装置成绩和名次。② 记录所有人工计时成绩和名次。③ 正式名次按下述方法确定：同一组中，对具有自动计时装置成绩和名次的运动员进行比较，应保持其相对顺序；不具有自动计时装置名次但具有自动计时装置成绩的运动员，须用其自动计时装置成绩与其他运动员的自动计时装置成绩进行比较，确定其相对顺序；既没有自动计时装置名次又没有自动计时装置成绩的运动员，应采用其半自动计时装置成绩或 3 块数字式计时表计取的成绩来确定其相对顺序。④ 正式成绩按下述方法确定：具有自动计时装置成绩的所有运动员，其自动计时装置成绩即为正式成绩；无自动计时装置成绩的所有运动员，其半自动计时装置成绩或 3 块数字式计时表计取的成绩即为正式成绩。

（二）人工计时

（1）每条泳道采用 3 块计时表计时而未设置终点裁判时，运动员的正式成绩是录取名次的根本依据。

（2）任何由 1 名裁判员操作的计时装置均应视为 1 块计时表。

（3）建议每条泳道指派 3 名计时员，所使用的计时表必须精确至百分之一秒。

（4）人工计时的正式成绩按下述方法确定：① 在 3 块计时表中，有两块计时表计取的成绩相同时，该成绩即为正式成绩；② 如果 3 块计时表计取的成绩都不相同，应以中间的成绩为正式成绩；③ 如果 3 块计时表中只有两块正常运行，应以平均成绩为正式成绩。

（5）当计时成绩和终点名次顺序不一致时（如第 2 名的成绩反比第 1 名的成绩好），应以执行总裁判的判定为准：若执行总裁判判定以终点名次为准，应将第 1 名与第 2 名的正式成绩相加后平均，作为第 1 名和第 2 名的正式成绩（平均成绩取至百分位秒数）；若执行总裁判判定以计时成绩为准，应以计时成绩顺序重新排列名次。若出现两名以上终点名次和计时成绩顺序不一致时，仍按此办法处理。

三、比赛规定

（1）比赛中，不得将不同项目的运动员（接力队）混合编组。除男女混合接力项目外，不得将不同性别的运动员（接力队）混合编组。

（2）运动员应游完全程才能获得录取资格。

（3）运动员应始终在其出发的同一泳道内比赛和抵达终点。

（4）在所有项目中，运动员转身时必须按各泳式的规定触及池壁，不允许在池底跨越或行走。

（5）在自由泳项目和混合泳项目的自由泳段比赛中，允许运动员在池底站立，但不得行走。

（6）不允许拉分道线。

（7）比赛中，运动员不得使用或穿戴任何有利于其速度、浮力、耐力的器材或泳衣（如手蹼、脚蹼、弹力绷带或粘胶材料等），但可戴游泳镜。不允许在身上使用任何胶带，除非得到组织委员会（竞赛委员会）指定的医疗机构同意。

（8）在比赛场地内，不允许速度诱导及采用任何能起速度诱导作用的装置与方法。

（9）由于某运动员犯规而影响其他运动员获得优异成绩时，执行总裁判有权允许被干扰的运动员参加下一组预赛。如在决赛或最后一组预赛中发生上述情况，可令该组重新比赛。

（10）接力项目如果有预赛，奖牌和证书应授予获名次接力队中参加了预赛或决赛的所有运动员。

（11）只有赛事组织委员会（竞赛委员会）设置的录像设备才能作为判断运动员犯规和名次的依据之一。

四、犯规判罚规定

（1）游出本泳道阻碍其他运动员或以其他方式干扰其他运动员者，应判犯规。如属故意犯规，执行总裁判应将犯规情况报告主办单位和犯规运动员所在单位。

（2）在一项比赛进行过程中，当所有比赛的运动员还未游完全程前，未参加比赛的运动员如果下水，应取消其原定的下一次的比赛资格。

（3）接力比赛中，如本队的前一名运动员尚未触及池壁，后一名运动员的脚已蹬离出发台，应判犯规。

（4）接力比赛中，在各队的所有运动员还未游完之前，除了应游该棒的运动员之外，任何其他接力队员如果进入水中，应判犯规。

（5）运动员抵达终点后或在接力比赛中游完自己的距离后，应尽快离池，如妨碍其他游进中的运动员，应判该运动员（接力队）犯规。

第四节　考核内容与标准

大一和大二学生游泳考核内容与标准见表 11-4-1、表 11-4-2。

表 11-4-1　大一学生游泳考核内容与标准表

距离/米	3	5	8	10	13	15	18	20	25
分值	30	40	50	60	70	80	85	90	100

表 11-4-2　大二学生游泳考核内容与标准表

距离/米	10	15	20	25	30	35	40	45	50
分值	30	40	50	60	70	80	85	90	100

注：① 学生游泳考核的泳姿不限，目的是使学生学会游泳，能自救。② 不得借助浮板等辅助器材进行游泳考核。出于各种原因不能进行下水游泳的学生须出示校医院证明，考核内容为陆上游泳动作，但陆上动作的考核成绩最高只能记为 70 分。

【参考文献】

[1]全国体育学院教材委员会.游泳运动[M].北京：人民体育出版社，2001.
[2]全国体育学院教材委员会.游泳[M].北京：人民体育出版社，1991.
[3]梅雪雄.游泳[M].北京：高等教育出版社，1999.
[4]科斯蒂尔.游泳[M].北京：人民体育出版社，2002.

[5]金斯坦.游泳[M].长沙：湖南文艺出版社，2002.
[6]许琦.游泳裁判必读[M].北京：北京体育大学出版社，2002.

思政课堂

游泳运动员罗雪娟在11岁的时候就进入了浙江省游泳队，在训练中，罗雪娟的蛙泳成绩非常出色。2000年，罗雪娟成功入选国家队，并且参加了2000年悉尼奥运会，虽然她只在女子200米蛙泳比赛中排名第八，但悉尼奥运会后，罗雪娟的实力和信心有了大幅度的提升。2003年，罗雪娟在世界游泳锦标赛（以下简称游泳世锦赛）女子100米蛙泳比赛中，以1分06秒80的成绩为中国游泳队夺得了此次游泳世锦赛的第一枚金牌，也成为游泳世锦赛历史上第一位在该项目上成功卫冕的选手。中国国家女子游泳队队员罗雪娟在2004年的雅典奥运会上夺得了女子100米蛙泳冠军，并刷新了女子100米蛙泳奥运会纪录。正是罗雪娟在日复一日的游泳训练和比赛中磨练出的勇敢顽强的意志和不屈不挠的决心帮助她创造了历史。

第十二章　跆拳道运动

本章导读

跆拳道是许多体育爱好者喜欢的运动项目，在高校体育教学中对学生有较大的吸引力。学生通过观察、了解和学习运用跆拳道的相关知识和基本技术，能够得到身心锻炼，激发运动欲望。师生间的练习，可增进师生间的情感交流；学生间的练习，可增加学生间的思想交流，培养学生团结合作的精神。个人展示可以增强学生的自信心和表达自我的能力，更好地提高学生的身心健康水平。

学习目标

1.使学生参与跆拳道，感受运动的快乐，养成良好的体育锻炼习惯。

2.在运动技能方面，使大多数学生掌握跆拳道的基本技术，并能运用于实战及身体各部位的协调配合中。

3.在身体健康方面，发展学生的身体协调能力和灵活性，增强学生的身体素质。

4.在心理健康方面，调节学生焦虑、烦恼的消极情绪，培养其坚强的意志品质。

5.在社会适应力方面，使学生在和谐的氛围中，体会跆拳道的魅力，培养其表现自我和乐于合作的精神。

第一节　跆拳道运动概述

跆拳道运动起源于朝鲜半岛，是一种手脚并用的传统搏击格斗术，也是一项紧张激烈、惊险刺激，以腿法对抗为主要形式的现代竞技运动，更是一种强健体魄、磨炼意志品质的高尚武道文化。跆拳道因其特有的自卫、竞技比赛功能和道德礼仪教育功效，受到全世界尚武青少年的推崇和喜爱。许多家长将子女送进跆拳道馆，以磨炼其意志和培养良好的道德品质。跆拳道已成为奥运会的正式比赛项目。

跆拳道对于普通人而言也是一项极好的健身运动。对跆拳道基本技术动作、套路的研习，可以大大提高身体的灵敏性、柔韧性，达到健身、怡情的目的。

跆拳道所包含的思想：练习此项运动者必须修身养性，道德教育第一，运动技巧第二。这项运动有严格的礼仪与规则要求。一方面，跆拳道运动起源于传统社会的优雅礼仪，面向对手按规定的角度弯腰，优雅地鞠躬；另一方面，规则要求运动员身上、头上戴护具，并建议在道服内腹股沟、前臂和胫骨上佩戴护具并戴护齿。

一、跆拳道运动的特点

（一）以腿为主，手脚并用

跆拳道技术中占主导地位的是腿法，腿法在整体运用中约占 3/4，因为腿的长度是人体中最长的，腿的力量是人体中最大的，其次才是手。腿的技法有很多种形式，可高可低、可近可远、可左可右、可直可屈、可转可旋，威胁力很大，是比赛时得分和制敌的有效方法。手臂如果灵活性好，可以自如地完成防守和进攻动作，也可以变化为拳、掌、肘、肩等，进行实战。在竞赛规则之外的跆拳道实战中，人体的一些主要关节部位也可以用来作进攻的武器或防守的盾牌，如人体手、肘、膝和脚等关节部位，是跆拳道实战中最常用、最有效的击打武器，这是跆拳道技术的本质。

（二）方法简练，刚直硬打

不论是在比赛时，还是在实战中，跆拳道的进攻方法都是十分简练的。对抗时双方都是直接接触，以刚制刚，采取简练硬朗的方法用拳或腿直接击打对方，速度快，变化多；防守的动作也是以直接的格挡为主，随即是连续的反击动作。防守时很少使用躲闪防守方法，追求直来直往，硬拼硬打，尽可能保持或缩短双方之间的距离，以增加击打的有效性，在近距离拼斗中争取比赛或实战的胜利。

（三）内外兼修，技法独特

跆拳道理论认为，经过专门训练，人的关节部位能产生不可思议的威力，特别是手、肘、膝、脚等 4 个部位，尤以手和脚为甚。长期专门练习跆拳道，可以使人达到内外合一的程度。由于无法确定人体关节部位武器化的威力和潜力到底有多大，人们往往通过对木板、砖瓦等物体的击打来测量练习者的功力水平。功力测验是跆拳道训练水平、晋级考试、表演和比赛的一个重要内容，以此显示出跆拳道独特的技法和特点。

（四）以击破为测试功力的手段

跆拳道在向外推广时，大多是以击破的方式向人们展示其威力的，通常是用拳、掌或脚分别击碎木板、砖瓦，检验和测试练习者的功力程度。这种独特的方法现已成为跆拳道训练、晋级、表演、比赛等的一个主要内容。

（五）强调气势，发声扬威

无论跆拳道品势还是竞技跆拳道，都要求练习者在气势上给人以威严的印象，多以发出洪亮并带有威慑力的声音来显示威力。尤其在竞技跆拳道比赛中，双方运动员都会以规则允许的发声来提高自己的斗志，借此在气势上压倒对手，甚至在出击时配合击打效果，争取在心理上战胜对手。

二、跆拳道运动的锻炼价值

（一）修身养性

培养坚强的意志品质。跆拳道运动推崇“以礼始，以礼终”的尚武精神，以“礼义廉耻，忍耐克己，百折不屈”为宗旨。练习跆拳道可以提高人的道德修养，培养人顽强果断、吃苦耐劳的精神，磨炼人坚忍不拔、积极向上的品质，使其养成礼让谦逊、宽厚待人、友好忍让的美德，孕育其热爱祖国、勇于献身的思想。

（二）强体防身

练就健全的体魄。跆拳道运动紧张激烈，对抗性强，可提高关节的灵活性及肌肉的柔韧素质，提高人体的速度、反应能力、灵敏性、力量和耐力等素质，提高内脏器官的机能和人体神经系统的灵活性，增强人体的击打和抗击打能力。攻防练习可以让学生掌握实用的技击术和防身自卫术，为保护自身安全和维护社会安定打下基础。

（三）观赏竞技

享受击打艺术的美感。在跆拳道比赛或实战时，双方队员不仅要斗智斗勇，还要通过高超的技艺展示跆拳道技术动作的优势。尤其是跆拳道变化多端、尽现人体机能特点的腿法技术，在对抗中高来低往，表现得淋漓尽致，不仅给人以美的享受，还能激发人的斗志，鼓舞人展现奋发向上的精神，陶冶人的道德情操，使人在欣赏跆拳道竞技比赛的同时，潜移默化地受到良好的意志品质教育。

三、跆拳道运动的发展

跆拳道是一项运用手脚技术进行搏击格斗的体育项目，是在引进与吸收中国传统武术及日本空手道的基础上，创新与发展起来的一门独特技法，具有较高的防身自卫和强壮体魄的实用价值。

1966 年，第一个国际跆拳道组织——国际跆拳道联盟成立，崔泓熙任主席。

1973 年 5 月，世界跆拳道联合会在汉城（今首尔）成立，金云成当选为主席，当时有世界各大洲的二十多个国家加入这一组织。

1975 年，世界跆拳道联合会被接纳为国际体育单项联合会的成员。

1980 年，国际奥委会正式承认世界跆拳道联合会。

1986 年，崔泓熙率领的韩国跆拳道代表团来中国访问表演。当年，该项运动被列为第 10 届亚运会的比赛项目。

1987 年，跆拳道被列为泛美运动会、全非运动会和东亚运动会的正式比赛项目。

1988 年，第 24 届奥运会在韩国汉城（今首尔）拉开帷幕，主办国经不懈努力，使跆拳道被列为第 24 届、第 25 届和第 26 届奥运会的表演项目，为跆拳道的迅速发展提供了最大的机会和动力。

1994 年，在法国巴黎召开的国际奥委会第 103 届会议决议将跆拳道项目列为 2000 年奥运会正式比赛项目。

四、跆拳道运动在中国的发展

1992 年 10 月，中国跆拳道筹备小组成立，这标志着中国跆拳道的正式开展。1994 年 5 月，首届全国跆拳道教练员和裁判员学习班在河北省正定县举行。1994 年 9 月，第一届全国跆拳道比赛在云南昆明举行，当时 15 个单位的 150 多名运动员参加了比赛。1995 年 5 月，共有 22 个单位 250 多名运动员参加了在北京体育大学举行的第 1 届全国跆拳道锦标赛，从此，跆拳道在中国迅速发展起来。1999 年 6 月，在加拿大埃特蒙多举行的世界跆拳道锦标赛上，我国女运动员王朔战胜多名世界强手，获得女子 55 公斤级冠军，这是我国运动员获得的第一个跆拳道世界冠军。进入 21 世纪后，陈中等我国女子运动员多次获得奥运会跆拳道金牌；2016 年在第 31 届里约奥运会上，赵帅夺得我国男子跆拳道奥运会首金。中国国家跆拳道队，在中国发展跆拳道的初期就开始参加世锦赛，为后续的发展创造了很高的起点。2016 年，里约奥运会上，赵帅获得跆拳道男子 58 公斤级冠军，实现中国男子跆拳道奥运会金牌零的突破；郑姝音获得女子 67 公斤级冠军。2020 年东京奥运会男子跆拳道 68 公斤级比赛中，中国选手赵帅获得一枚铜牌。

提示

2003 年，由四川省体育局授牌，西南地区首个高校体育单项运动项目俱乐部“西华大学跆拳道俱乐部”在西华大学挂牌成立，这标志着西华大学跆拳道项目发展的起步。2006 年，经教育部批准，西南地区唯一一所具有跆拳道项目高水平运动队招生资格的高校——西华大学迎来了首批跆拳道运动员学生。2006 年至今，西华大学跆拳道运动员已经获得世界级、国家级、省级等多个冠军。

第二节 跆拳道基本技术

一、跆拳道基本技术种类

跆拳道基本技术一般可分为品势、竞技、特技、威力四大类。其中，以对抗形式表现的竞技最为突出。奥运会跆拳道项目均采用竞技形式决出优胜者。以下对品势、竞技进行介绍。

（一）品势

在中国，跆拳道爱好者学习的更多的是竞技，殊不知，品势才是跆拳道真正的灵魂和精华，正如中国技击套路在武学文化中的意义一样，一个人的基本功是否扎实、对跆拳道精神领悟程度的深浅，均通过品势水平表现和说明。

1. 品势的概念

跆拳道品势是将各种攻防动作按照一定规律组合在一起的固定套路，它既包含最基本的技术动作，又蕴涵着变化无限的搏击技巧。品势讲究的是动作、心理、气势、精神和对实战每招每式更深入地揣摩及对意义的升华，它与中国的太极八卦融会贯通。

品势马步抱拳

2. 品势对于实战的价值

品势训练要求训练者假设敌意，模拟各种实战场景，通过不断地揣摩和训练，使人形成条件反射，以便能够在跆拳道的实战和比赛中正确运用。

品势对于普通爱好者的价值：品势不但使人对腿法的把握和运用自如灵活，而且在动作的规范性、协调性、平衡性及气魄和胆量的培养中具有更重要的意义。

3. 基本动作

（1）准备姿势。分腿立（原地动作均采用此方法）：并步，左脚向左开立，两脚间距离同肩宽，然后两手成掌在体前交叉，两手握拳外翻拉至体侧腰带旁（发力并发声）。

自然立（行进间动作均采用此方法）：并步，左脚向左开立一脚宽，两手成掌，两臂屈肘于体前上撩至心窝处，翻手握拳下压，拳心朝内，缓至腰带结前一拳处，两拳之间间隔一拳。

（2）基本技术：拳的握法。

手部基本进攻：上、中、下握拳进攻。

【动作要领】握拳自腰间旋转冲拳体前，上段进攻眉心处，中段进攻心窝处，下段进攻腰带结前。

品势行进间基本动作立步冲拳

（3）手部基本防守：上、中、下握拳防守，上段格挡、中段格挡、下段格挡。

【动作要领】握拳自腰带侧旋转格挡，上段防守前额处（屈肘 90°），中段防守心窝处（屈肘 90°），下段防守腰带结前。

（4）步法基本动作：立步、弓步。

立步：两脚前后站立，前后脚间隔一脚长度，左右间隔一脚宽度。

弓步：两脚前后站立，前腿屈膝 145° 左右，后腿伸直，前后脚距离为四脚长，前后脚脚跟在同一直线上。

弓步冲拳

（二）竞技

竞技就是按照一定的规则，双方练习者通过使用各种跆拳道技术以战胜对方为目的的一种竞赛活动。它要求练习者所使用的动作实用、有效，因为只有这样才能在激烈对抗的比赛中战胜对手。竞技跆拳道中经常能战胜对手的得分率比较高的动作大致有 8～10 种，动作虽然不多，但非常实用，也比较容易掌握。

1. 准备姿势

准备姿势也称实战姿势、预备姿势或实战预备姿势是跆拳道比赛中双方开始时的基本站立姿势。准备姿势应便于进攻、防守反击及步法的移动。

（1）两脚开立，与肩同宽，两臂垂于体侧。

（2）左脚或右脚向另一脚的前方迈出，两脚以一步的距离前后站立，使身体侧对对方，同时两手半握拳，沉肩，两臂屈肘自然下垂。

（3）身体重心落在两脚之间，膝关节略弯曲，目视对方面部，下颌微收。

2. 要领

（1）两臂所放位置不是固定的，也可以一臂下垂或两臂都下垂。

（2）两脚之间的距离和身体重心的高低可根据具体情况进行调整，原则是要保证在移动时能调整好身体重心。

（3）若身体重心下降，大小腿之间的夹角几乎等于 90°，为低位准备姿势。

3. 基本步法

基本步法是指在准备姿势后，向不同方向移动的方法。

在跆拳道技术体系中，步法是其中重要的一环，尤其在运动员刚开始接触跆拳道这项运动时，要用较多的时间来进行专门的步法练习。因为竞技跆拳道规则的限制，在比赛中，运动员主要用腿攻击和防守反击，所以运动员的步法是否灵活，在一定程度上决定其进攻和防守是否能够达到目的，这也使得步法训练在跆拳道训练中占据重要地位。

（1）上步。

【动作过程】右脚在前站立，左脚向前上一步，成为左架，反之亦然。

【动作要领】上步通过向左拧腰转胯完成，两臂在体侧自然上下移动，身体重心不要上下起伏过大。

【实战使用】上步常用于逼迫对方后撤，或引诱对方进攻，而当对方使用上步时，自己可以立即使用进攻技术攻击对方。

（2）后撤步。

【动作过程】右脚在前，左脚向后撤一步，成为左架，反之亦然。

【动作要领】后撤步时身体重心平稳地移动。后撤步通过向左拧腰转胯完成，两臂在体侧自然上下移动。

【实战使用】后撤步常用在对方使用前横踢时。当对方准备继续进攻时，可使用前腿的侧踢或鞭踢、劈腿阻击对方。

（3）前跃步。

【动作过程】右脚在前，两脚同时向前跃进一步，保持右脚在前的准备姿势，反之亦然。

【动作要领】向前跃进时，身体重心不宜起伏过大，尽量使身体重心平稳地移动，两脚稍离地即可。

【实战使用】前跃步常用在快速接近对方使用横踢或劈腿等进攻动作时。当对方前跃步时，可使用前腿的劈腿、后踢或后旋等进攻动作。有时对方使用前跃步是为了引诱自己反击后调整身体重心时再进攻得点，此时自己应随之后撤一步而不被对方利用。

（4）后跃步。

【动作过程】右脚在前，两脚同时向后回撤一步，保持右脚在前的准备姿势，反之亦然。

【动作要领】向后回撤时，身体重心不宜起伏过大，尽量使身体重心平稳地移动，两脚稍离地即可。

【实战使用】后跃步常用在对方进攻，自己需要快速与对方拉开距离时。此时由于自己有一个向后撤的惯性，再用进攻的动作就有一定的难度，一般是使用迎击动作转后踢或后旋等。因此，对方使用后跃步时，自己要防止对方的阻击动作。如果自己使用组合动作，在对方跃步时，自己一般使用侧踢、推踢或外摆劈腿等动作。

（5）原地换步。

【动作过程】右脚在前，两脚原地前后交换，由右架换成左架，反之亦然。

实战预备姿势

后撤步

前跃步

后跃步

原地换步

【动作要领】身体重心不宜起伏过大，尽量使身体重心平稳地移动，两脚稍离地即可。

【实战使用】原地换步常用在对方与自己是闭式站位，自己为了与对方形成开式站位以便有利于击打对方胸腹时，或是为了不让对方的优势腿发挥威力，使对方感到不便。当对方原地换步时，可利用此时机抢攻得点。

侧移步

（6）侧移步。

【动作过程】第 1 种步法是以前脚为轴，后脚向左（右）侧方向移动，用以改变与对手的站位方向；第 2 种步法是右脚在前，先向右（左）侧移动一步，随之左脚也迅速向右（左）侧移动一步。

垫步

【动作要领】一般是将身体重心移向前脚，以利于后腿进攻。

【实战使用】主动进攻时，若对方反应速度快，则使用侧移步，诱使对方来不及调整身体重心而不能很好地反击；或是当对方进攻，自己不向后撤时，使用侧移步与对方贴近后使用进攻动作。

（7）垫步。

前踢

【动作过程】右架站立，右脚向左脚内侧上步，同时左腿迅速抬起以便进攻和防守。

【动作要领】右脚垫步时，左脚要迅速提起，身体重心落在右腿上，右膝微屈。

【实战使用】使用垫步，主要是在主动进攻时用前腿攻击对方。

4.腿法

横踢

（1）前踢。

【动作过程】以左势实战姿势开始，右脚向后蹬地，身体重心前移至左脚，右脚蹬地顺势屈膝提起，左脚以前脚掌为轴外旋约 90°，右腿迅速以膝关节为轴伸膝、送髋、顶髋，快速向前踢出，力达脚尖或前脚掌。踢击目标后右腿迅速放松弹回，落回原地成左势实战姿势。

【动作要领】膝关节上提时大小腿折叠，膝关节夹紧，小腿和踝关节放松，有弹性；踢击时顺势往前送髋，高踢时往上送髋。

【易犯错误】直腿上撩，大小腿没有折叠，膝关节未夹紧；上体后仰过大，失去平衡；踢击目标时向前用力，与推踢动作混淆。

（2）横踢。

【动作过程】以实战的基本姿势开始，右脚蹬地，右腿以髋关节为轴屈膝提起，两手握拳置于体侧，随即左脚以前脚掌为轴外旋 180°，髋关节向左旋转，右腿以膝关节为轴向前蹬伸，右脚快速向右前上方直线踢出，力点在脚跟。发力后沿起腿路线收腿、放松、身体重心落下（落回原处或向前均可），再次回到实战姿势。

【动作要领】起腿时，膝关节夹紧；踢出发力时，头、肩、腰、髋、膝、腿和踝成一条直线；大小腿直线踢出，原路线收回。侧踢动作的主要攻击部位有膝部、腹部、肋部、胸部和头面部。膝关节上提时，须向内侧旋转 90°，身体须向进攻方向旋转 180°，大小腿折叠，膝关节夹紧；踢击时顺势往前送髋；高踢时往上送髋。

【易犯错误】支撑脚以前脚掌为轴转幅不够，导致髋关节侧转幅度不够，整个身体侧面前伸不够，从而减少了攻击纵深的延展性；手部动作不协调，出现同侧手脚伸展的情况；击打腿动作完成，再转髋落回原地，为错误表象，击打后须向前，落到身体同侧前方。

（3）下劈。

【动作过程】以实战姿势开始，右脚蹬地，身体重心前移至左脚。同时，右腿以髋关节为轴屈膝上提，两手握拳置于胸前；随即充分送髋，上提膝关节至胸部，右小腿以膝关节为轴向上伸直，将右腿伸直举于体前，右脚过头；然后放松向下以右脚脚跟（或脚掌）为力点劈击，一直到地面，成实战姿势。

【动作要领】腿尽量往高，往头后举，要向上送髋，身体重心往高起；脚放松往前落，落地要有控制；起腿要快速、果断；踝关节要放松。劈腿的主要攻击部位有头顶、脸部和锁骨。

【易犯错误】重起腿、轻落腿，发力环节错误；目标感模糊，发力环节区间太长，不能全力击打目标。

（4）后踢。

【动作过程】实战姿势开始，转身后，腿后撤背对对方，身体重心后移至左脚。右脚蹬地后屈膝提起，右脚贴近左大腿，两手握拳置于胸前，随即左脚蹬地伸直，右脚自左大腿内侧向后方直线踢出，力达脚跟。踢击后右脚沿原路线快速收回，成实战姿势。

【动作要领】起腿后，上体和大小腿折叠收紧；后踢时动作延伸要长且用力；转身，提腿，出脚动作连续一次性完成，不能停顿；击打目标在正后偏右。手部动作要配合腿的动作，不要有同侧手脚伸展的情况。后踢动作的主要攻击部位有膝部、腹部、裆部、胸部和头部。

【易犯错误】身体未转就出腿；发力腿膝关节未夹紧就直接出腿，目标感模糊；同侧手脚动作不协调。

下劈

后踢

二、跆拳道基本技术练习方法

（一）直观练习法

以 2 人或 3 人一组的形式，一名学生演练动作，另一名学生或两名学生协助，提出错误动作并进行直观纠正，如产生分歧，可在下次课中请教师纠正。

（二）量化练习法

可单独进行，必须在每次课后练习时给自己定个量化的标准，如上格挡动作 8 个为一组，重复练习 3 组等要求。这样才能体会身体练习后的感受，以及动作怎么做才能更加协调、顺利。

（三）团队练习法

2 人以上、10 人以下进行统一的练习，其优点包括：① 可提高动作的统一性；② 可呈现彼此动作的延误性；③ 可提高团队的协作性。这样可在最短时间内找到彼此的差距感，提高每个学生对知识的认知度。

三、基本技术练习中容易出现的问题及解决方法

关于开跆拳道基本技术练习，学生需要定期学练及巩固才能完全掌握其中的技术，否则容易遗忘或做出错误动作。以下着重阐述学生在练习过程中容易出现的问题及解

决方法。

（一）品势

1. 因手脚发力而忽视身体旋转动作

【解决方法】请熟记，手脚动作是由身体旋转产生的，没有身体旋转的动作是不可能有手脚动作的延伸的。

2. 不熟悉成套品势动作顺序

【解决方法】首先要熟记演武图的动作顺序，再在此基础上升级动作顺序。

（二）竞技

1. 髋关节伸展问题

【解决方法】请注意身体支撑脚是以前脚掌为轴，做相应角度的转动的，在脚接触目标之前，要求身体整个侧面和目标在同一水平面上。

2. 踝关节绷直问题

【解决方法】在演练动作前，一定要在场地上做伸踝跪姿的踝关节伸压，使踝关节正面有明显牵拉感。

第三节　跆拳道竞赛规则简介

一、比赛场地

比赛场地应为平整、无障碍物的场地，铺设有弹性的防滑垫。必要时，比赛场地可置于离地面 0.6 ~ 1 米高度的平台上。边界线外缘部分应以低于 30 度的坡度向下倾斜，以保障参赛运动员的安全。

（一）正方形赛场

竞赛场地由竞赛区域与安全区域构成。正方形竞赛区域为 8 米 × 8 米。赛区周边为安全区，四面距离应相等。竞赛场地（竞赛区和安全区）应不小于 10 米 × 10 米，不大于 12 米 × 12 米，如果竞赛场地在平台上，安全区可按需扩大，以确保参赛运动员的安全。依据竞赛操作指南，应以不同的颜色划分竞赛区域和安全区域。

（二）八角形赛场

竞赛场地由竞赛区域与安全区域构成。竞赛场地应为正方形，应不小于 10 米 × 10 米，不大于 12 米 × 12 米。竞赛场地的中央为八角形的竞赛区，该赛区直径为 8 米，八角形的每一侧边长度为 3.3 米。竞赛场地的外围线和竞赛区的边界线之间为安全区。依据竞赛操作指南，应以不同的颜色划分竞赛区域和安全区域。

二、竞赛分类

（1）个人赛一般在相同重量级别的参赛运动员之间进行。必要时，相邻重量级别可重组为新级别。参赛运动员在一场赛事中只允许参加一个级别的比赛。

（2）团体赛：团体赛的竞赛方法和量级区分在《世界跆拳道团队锦标赛指南》中规定。

（3）赛制分类如下：单败淘汰制；循环赛制。

三、比赛服装

（1）参赛运动员须穿着世界跆拳道联盟所认证的道服、护胸、头盔、护裆、护臂、护腿、手套、电子感应袜，并在进入竞赛区之前配戴护齿。进入竞赛区域时，头盔必须紧夹于左臂下。在竞赛开始前，应遵循主裁指示戴上头盔。

（2）穿着道服时，护臂、护腿应戴在道服内；穿着比赛服装时，护臂、护腿应戴在服装内，两种情况下，护裆都应穿在服装内。

四、比赛时间

比赛将进行 3 局，每局 2 分钟，局间休息一分钟。如果 3 局过后分数持平，休息 1 分钟后进行第 4 局时长 1 分钟的黄金加时赛。

每局比赛时长可根据相关比赛技术代表的决议可调整为 1 分钟 ×3 局，一分 30 秒 ×3 局，2 分钟 ×2 局或 5 分钟 ×1 局（每位参赛运动员有 1 次 30 秒的暂停时间）。

五、合法技术与区域

（一）合规技术

（1）拳的技术：紧握拳头并使用正拳进行正面攻击的技术。

（2）脚的技术：使用踝关节以下脚的部位进行攻击的技术。

（二）合规区域

（1）躯干：允许使用拳的技术和脚的技术攻击被护具包裹的躯干部位，但禁止攻击后背脊柱。

（2）头部：指锁骨以上的部位，只允许使用脚的技术进行攻击。

六、得分

（1）得分区域。躯干：护胸的蓝色或红色区域；头部：头盔底边上方的所有头部区域。

（2）有效得分标准。① 通过合法技术，以一定力度击打躯干得分区域，则得分；② 通过合法技术，打击头部得分区域，则得分；③ 除拳的技术外，技术、击打力度和/或击打部位的有效性将由电子计分系统判定，PSS（护具和计分系统）的判定不可录像审议；④ 世界跆拳道联盟技术委员会应根据选手重量级别、性别和年龄段，决定击打力度和PSS的感应度，在某些必要的情况下，技术代表可以重新校准有效的击打程度。

（3）有效得分如下。① 有效拳击打护胸得 1 分；② 有效踢腿技术击打护胸获得 2 分；③ 有效转身技术击打护胸获得 4 分；④ 有效技术击打头部获得 3 分；⑤ 有效转身技术击打头部获得 5 分；⑥ 选手犯规，对方选手获得 1 分。

（4）比赛成绩为 3 局比赛分数总和。

（5）无效得分。当参赛运动员的记录得分有以下犯规行为时：如在得分后发生犯规行为，主裁应宣布对犯规行为的判罚并宣布得分无效。

七、违规行为

以下属于违规行为，将给予”Gam-jeom”扣分判罚。

（1）越出边界线。

（2）倒地。

（3）故意回避或消极比赛。

（4）抓或推对方运动员。

（5）抬腿阻碍，和/或踢对方运动员腿部以阻挡其进行腿部进攻，或抬腿或空踢超过 3 秒以阻碍对方运动员的可能进攻动作，或瞄准对方腰以下部位攻击。

（6）攻击对方运动员腰部以下部位。

（7）在主裁发出分开“Kal-yeo”口令后攻击对方运动员。

（8）用手攻击对方运动员头部。

（9）用膝部顶撞或攻击对方运动员。

（10）攻击已倒地的对方运运动员。

（11）近身的情况下，如运动员膝关节朝外使用脚侧或脚底踢击PSS躯干（猴踢、鱼踢）。

（12）选手或教练的不良行为：不遵守主裁的指令或判定；对官员判定的不当抗议行为；试图扰乱或影响比赛结果的不当行为；激怒或侮辱对方选手或教练；发现未经认证的医生或其他队伍人员坐在医生席；选手或教练的任何其他严重不当行为或违反体育道德的行为。

八、黄金得分与优势判定

（1）若在第 3 局之后仍不能确定获胜方，将加赛第 4 局（黄金加时赛），为时 1 分钟。

（2）若参赛选手进入黄金加时赛，前 3 局的所有分数均为无效。

（3）在黄金加时赛中先得分超过 2 分的选手，或其对手获得两次“扣分”，则其为获胜方。

（4）在黄金加时赛后，若双方均未获得 2 分，将根据以下条例确定优先获胜方：在黄金加时赛中通过拳的技术获得 1 分的选手；若没有选手通过拳的技术得分或双方都通过拳击获得 1 分，获胜方为PSS记录的击打数较高者；若PSS记录的击打次数持平，获胜方为前 3 局获胜局数较多的选手；若双方获胜局数持平，获胜方为四局比赛中犯规次数较少的选手；若判定结果仍相同，则主裁和边裁应基于黄金加时赛的结果进行优势判定。若主裁和边裁的优势判定结果相同，由主裁决定优胜者。

九、判定

（一）主裁终止比赛胜

以下情形主裁可以宣布终止比赛。

（1）如果一名参赛运动员被对手的合规技术击倒且在 8 秒 “Yeo-dul” 指令后无法继续比赛，或不论读秒过程如何，主裁认定该参赛运动员无法继续进行比赛。

（2）如果参赛运动员不遵守主裁指令仍继续比赛达 3 次。

（3）如果主裁认为需要停止比赛以确保参赛运动员安全。

（4）由于参赛运动员受伤，组委会医生决定停止比赛。

（二）分差胜

如在第 2 局结束时和/或在第 3 局比赛期间，2 名运动员的分差达 20 分时，主裁仍应宣布比赛结束，并通过分差获胜宣布获胜方。在半决赛或决赛通过分差获胜不适用于成年组的锦标赛规程。

（三）弃权胜

一方运动员弃权，另一方运动员获胜。

（1）一方运动员在比赛中因受伤或其他原因弃权。

（2）教练向比赛场地扔毛巾示意自己的运动员弃权，另一方获胜解释。

（四）失格胜

一方运动员称重不合格或在检录台传唤 3 次仍未检录，根据失格原因，后续行为将有所不同。

（1）如果参赛选手未通过或未参加称重：应将结果反映在抽签表上，并将结果提交给技术官员和其他相关人员；本次比赛将不指定主裁；未通过或未参加称重的运动员对手无需到场参加比赛。

（2）如果选手通过称重但未到运动员检录台：指定主裁与对手应进入比赛区域并在其位置等待，直到主裁宣布对手为获胜方。

（五）判罚犯规胜

在以下情形中主裁宣布判罚犯规胜：如果选手累计“扣分”次数达 10 次。

（六）因不道德行为被取消参赛资格胜

在以下情形中，主裁宣布因不道德行为取消参赛资格获胜。

（1）当发现选手或任何他/她的队员操控 PSS 的传感器或计分系统。

（2）当选手在称重时作弊。

（3）当发现选手违反世界跆拳道联盟反兴奋剂规则时。

（4）当选手或教练有规则中所述的严重违规行为所有因不道德行为而被取消参赛资格的选手，将删除其成绩，并且受其影响的运动员的记录将重新调整。

（七）无效结果标记胜

双方失格；双方弃权；双方因不道德行为取消比赛资格。

第四节　跆拳道晋级、晋段及等级列表

一、跆拳道晋级、晋段

（1）升段考试内容除品势外，另考核实战、威力、特技、理论。

（2）高段位考核内容还要审查资历与评估贡献。

跆拳道“十级”“三品”“九段”的划分如下。

跆拳道有着严格的技术等级考核制度。练习者水平的高低，以“级”“品”“段”来划分。“级”分十级至一级，十级水平最低。一级之后入“段”，段位从低到高分为一至九段。15 岁或以下选手达到一至三段水平，则授予一品至三品。

跆拳道训练、比赛专用道服，采用厚实、优质、吸汗的白布缝制，象征思想的纯洁和追求技术的纯熟。

腰带的颜色代表着选手的技术水平，从低到高依次为：白带（十级）、白黄带（九级）、黄带（八级）、黄绿带（七级）、绿带（六级）、绿蓝带（五级）、蓝带（四级）、蓝红带（三级）、红带（二级）、红黑带（一级、一品至三品）、黑带（一段至九段）。

二、跆拳道等级列表

跆拳道的等级通过腰带的不同颜色来体现，每个国家的设定也有所不同，这里列出的是较为常用的等级。

（一）色带

跆拳道色带见表 12-4-1。

表 12-4-1　跆拳道色带列表

级数	色带名称	颜色
十	白带	白
九	白黄带	白黄
八	黄带	黄
七	黄绿带	黄绿
六	绿带	绿
五	绿蓝带	绿蓝
四	蓝带	蓝

续表

级数	色带名称	颜色
三	蓝红带	蓝红
二	红带	红
一	红黑带	红黑

（二）黑带

黑色表示白色的对立，黑带相对白色技术已经熟练，意味着黑暗中也能发挥自身能力。年龄不超过 15 岁达到黑带水平称为“品”，共 3 品。15 岁以上的叫作段，共 10 段。（表 12-4-2、表 12-4-3）

表 12-4-2　黑带

品级	晋段必修品势	年龄限制	备注
一	太极八章	15岁或以下	当其运动员达18岁会自动升段为一段
二	高丽	15岁或以下	当其运动员达18岁会自动升段为一段
三	金刚	15岁或以下	当其运动员达18岁会自动升段为一段

表 12-4-3　黑带段级

段级	晋段必修品势	年龄限制
一	高丽	18岁或以上
二	金刚	18岁或以上
三	太白	18岁或以上
四	平原	21岁或以上
五	十进	25岁或以上
六	地跆	30岁或以上
七	天拳	36岁或以上
八	汉水	44岁或以上
九	一如	53岁或以上

黑带的七至九段只有具备很高学识造诣和在跆拳道的发展上有着极大贡献的人物方可获授。

第五节　考核内容与标准

一、技术内容

跆拳道考核技术内容见表 12-5-1。

表 12-5-1　跆拳道考核技术内容表

阶段	学习及考试内容		
	理论	品势	竞技
一年级下期	基础理论问答	太极一章演示	横踢、前踢演示
二年级上期	基础理论问答	太极一章、太极二章演示	横踢、前踢、后踢、下劈演示
二年级下期	基础理论问答	太极一章、太极二章、太极三章演示	结合步法横踢、前踢、后踢、下劈演示

二、动作评判标准

动作评判标准见表 12-5-2。

表 12-5-2　动作评判标准表

分值	评判细则
90～100	精神饱满，礼节严谨，动作熟练，细节动作规格高，发力动作准确、刚劲、有力，质量高，能体现跆拳道的特点和规格
70～89	精神饱满，礼节严谨，动作熟练，细节动作有瑕疵，发力动作刚劲、有力，质量较高，能体现跆拳道的特点和规格
59～69	精神饱满，有礼节，动作较熟练，发力动作有力，质量中等，能体现跆拳道的特点和规格
48～58	有礼节体现，动作不够熟练，质量一般，无明显漏错，基本能体现跆拳道的特点和风格
47以下	无礼节体现，不能独立完成动作，质量差，有漏错，不能体现跆拳道的特点和风格

【参考文献】

[1] 国家体育总局职业技能鉴定指导中心.跆拳道[M].北京：高等教育出版社，2010.
[2] 何俊.搏击跆拳道[M].北京：北京体育大学出版社，2002.
[3] 李德祥.跆拳道[M].北京：北京体育大学出版社，2000.

思政课堂

跆拳道运动是一项力量与全身协调能力综合发展的运动，同时也考验着参与者的智慧和应变能力。

中国跆拳道队中的陈中、罗薇、吴静钰、王朔、赵帅都曾获得过世界冠军，这说明中国人可以凭借智慧、技巧和经验在跆拳道这样的技击项目上成为世界最佳。这是中国智慧的体现。人们可以从中得到启发，短板不一定总会限制人的高度，找到适合自己的方法和道路也有可能成功。

第十三章　健美运动

本章导读

本章主要介绍了健美运动的相关知识，让学生了解锻炼人体各部位肌肉的方法，了解健美的竞赛规则，以及西华大学开设健美课程的基本情况、课程的考试要求及标准。

学习目标

1. 了解健美运动的起源与发展。
2. 掌握器械健身的基本技术。

第一节　健美运动概述

一、健美运动的起源与发展

德国的尤金·山道是健美运动的创始人。山道自幼体弱多病，幼年时他随父亲到意大利的罗马旅游，在参观佛罗伦萨学院美术馆时，深深地为那些古代角力士雕像的健美体魄所吸引，于是他开始每天坚持锻炼。山道 18 岁时上大学，在学习了人体解剖学之后，更加懂得了科学锻炼的重要意义。由于他从实践中摸索出了一套发展肌肉的锻炼方法，4 年后，他全身的肌肉发达到可与古代角力士雕像相媲美。1901 年 9 月，他组织了世界首次健美大力士比赛。1946 年，国际健美联合会成立。女子健美运动始于 20 世纪 40 年代，初期是身材、体姿、容貌的“选美”比赛，只是在男子健美比赛结束后安排女子健美表演，在 20 世纪 70 年代后才有正式的女子健美比赛。1977 年 10 月，世界上第一次穿泳装的女子健美比赛在美国俄亥俄州举行。1980 年，国际健美联合会正式成立妇女委员会，女子健美比赛被列为正式比赛项目。

中国的健美运动于 20 世纪 20 年代在上海兴起，在大学生的倡导下成立了“沪江大学健美会”。中华人民共和国成立后，各地健身运动发展较快。1983—1989 年共举办了 7 届全国“力士杯”健美比赛。从 1986 年第 4 届健美比赛开始，正式增设了女子比赛，并按照国际健美比赛的规定穿泳装。1985 年，中国健美协会正式加入国际健美联合会；1986 年，中国举重协会健美运动委员会成立；1988 年，中国派运动员参加了在澳大利亚举行的世界男子业余健美锦标赛。随着中国体育事业的蓬勃发展，健美运动与其他体育项目一样，日益广泛开展，已成为人们追求健美和提高身体素质的一项时尚体育活动。

二、健美运动员的饮食与健康

健美运动员如果摄入的热量多于消耗，则其来源不论是碳水化合物，还是脂肪或蛋白质等，最终都会成为脂肪储存于皮下，从而影响肌肉线条的清晰度。

对于健美运动员，尤其是训练有素的健美运动员来说，他们理想的营养比例应该维持在蛋白质为 20%、碳水化合物为 55% 和脂肪为 25%。

根据健美运动的特点和增长肌肉的需要，健美运动员可按如下公式搭配食谱：适度的蛋白质 + 较低含量的脂肪食品 + 高含量的碳水化合物。

健美运动员在饮食方面的注意事项如下。

（1）如果健美运动正在进行增大肌肉、增加体重的重点锻炼，最好每天吃 5 ～ 6 餐，而不是 3 餐。蛋白质的摄入量每餐不可多于 30 克。摄入量过多，会加重肝、肾的负担，从而损伤其功能。

（2）如果健美运动员正在进行减肥或使肌肉线条变清晰的重点锻炼，除了不吃或少吃含脂肪、碳水化合物的食物之外，还要少喝含碳水化合物的饮料和少吃盐。盐虽然没有产生能量的作用，但若吃盐过多会使人体内积存多于常量的水，从而使肌肉内的水分增多而减低其结实性和线条的明显度。

（3）进餐时细嚼慢咽，精神放松。若上顿未消化，可停吃一餐。

（4）参加比赛之前的一餐，不要吃或少吃含脂肪和蛋白质的食物，多吃含碳水化合物的食物，在比赛中可适量补充一些功能饮料。

第二节　器械健身基本技术

一、腿部肌肉锻炼法

两腿是人体的基座，平时承担着整个身体的质量，如两腿无力，会给日常生活和工作带来不便，更谈不上健美。人的衰老从腿开始，因为两腿无力，行走活动减少，会导致心肺功能下降，所以应重视腿部肌肉的锻炼。

（一）发展股四头肌、臀大肌的锻炼方法

1. 负重深蹲

【预备姿势】杠铃置于颈后肩上，两手松握横杠，抬头、挺胸和紧腰。

【动作过程】屈膝缓慢下蹲至膝关节角度略小于 90°（图 13–2–1），稍停，再伸膝起立至预备姿势。

【动作要领】在做动作的过程中，始终抬头、挺胸、紧腰，使杠铃垂直升降，意念集

中在股四头肌、臀大肌上。

2. 跨举

【预备姿势】杠铃置于两腿间，两脚平行而立，与肩同宽。屈膝下蹲，一只手在身前握杠，另一只手在身后握杠。(图 13–2–2)

【动作过程】上体正直，目视前方，保持挺胸、紧腰姿势，股四头肌、臀大肌用力使两腿伸直。(图 13–2–3)

【动作要领】下蹲和起立时，上体要挺直，两臂伸直，不得屈臂和耸肩。起立时完全靠腿部力量；屈膝下蹲时，不可突然下蹲，应以股四头肌、臀大肌的力量控制杠铃缓缓下降，意念集中在股四头肌、臀大肌上。

图 13–2–1

图 13–2–2

图 13–2–3

(二)发展股二头肌的锻炼方法

1. 俯卧腿弯举

【预备姿势】穿上锻炼专用铁鞋或将哑铃、沙袋等重物牢系在脚上。俯卧在长凳上，上身和大腿紧贴凳面，两手扶住凳子。

【动作过程】以股二头肌收缩的力量，将小腿弯起，至股二头肌极力收缩绷紧(图 13–2–4)，稍停，小腿缓缓下落至完全伸直；也可在专用器械上做(图 13–2–5)。

【动作要领】做俯卧腿弯举时，腹部要始终紧贴凳面，臀部不能撅起，意念集中在股二头肌上。

2. 立姿腿弯举

【预备姿势】站立，上体略前倾，穿上锻炼专用铁鞋或将哑铃、沙袋等重物系在脚上。

【动作过程】将小腿尽量弯起、尽量靠近臀部。(图 13–2–6)

【动作要领】动作不可太快，待股二头肌极力收缩后，稍停，再缓缓放下，意念始终集中在股二头肌上。

图 13–2–4

图 13–2–5

图 13–2–6

（三）发展小腿肌群的锻炼方法

1. 立姿提踵

【预备姿势】杠铃置于颈后肩上，腰背腿伸直，两手扶住杠铃横杠。两脚分开约 20 厘米，脚掌站立于木块上。

【动作过程】收缩小腿肌群，使脚跟尽量提起直至不能再提为止（图 13-2-7）。稍停，脚跟下降至最低点。

【动作要领】做动作时要保持身体重心稳定，下降时，脚跟要低于垫木面，意念集中在小腿肌群上。

2. 坐姿提踵

【预备姿势】坐在凳上，脚掌踏在垫木上，脚跟须在垫木外，杠铃置于腿上。

【动作过程】尽量向上提踵至脚跟不能再高为止，小腿肌群极力收缩绷紧（图 13-2-8），稍停，脚跟下降至最低点。

图 13-2-7

图 13-2-8

【动作要领】在做动作的过程中，杠铃横杠的位置要正对脚跟，脚跟下降时，要低于垫木面，意念集中在小腿肌群上。

二、胸部肌肉锻炼法

胸部肌肉包括位于胸前皮下的胸大肌、位于胸廓上部前外侧胸大肌深层的胸小肌和位于胸廓外侧面的前锯肌。在锻炼胸肌时，需要用不同的动作从不同的角度对胸肌进行不同的刺激，才能使胸部肌肉练得既发达又有线条。

（一）杠铃平卧推举

【预备姿势】仰卧于卧推凳上，两手握距稍宽于肩，杠铃横杠置于胸部乳头上方部位，两脚平踏地面。

【动作过程】将杠铃垂直上举至两臂完全伸直（图 13-2-9），稍停，缓缓将杠铃还原至预备姿势（也可用哑铃做）。

【动作要领】上推路线要垂直，意念集中在胸大肌上。

（二）仰卧飞鸟

【预备姿势】仰卧在长凳上，两脚踏实地面，躯干成桥形，上背部和臀部触及凳面，胸部和躯干用力向上挺起。两臂自然伸直，两手对握哑铃于肩关节的正上方，两手间握距小于肩宽。

【动作过程】两手持哑铃向体侧缓缓屈肘落下，伴随着哑铃下降，肘间角度逐渐变小。下降到极限时，肘关节成 100° ～ 120° （图 13-2-10）。以胸大肌主动收缩将哑铃沿原路线升起，上升路线成弧形，肘间角度逐渐加大，最后还原成预备姿势，肘关节角度成 170° 左右。

【动作要领】肩、肘和腕始终在同一垂面上，意念集中在胸大肌和三角肌前束上。

图 13-2-9

图 13-2-10

三、背部肌肉锻炼法

背部肌肉主要由上背部斜方肌、中背部背阔肌和下背部骶棘肌三部分组成。强壮发达的背部肌肉，使上体成V形，并能使腰背挺直，塑造良好的体形。

（一）直立耸肩

【预备姿势】直立，两脚自然分开，两手与肩同宽，握杠铃横杠，掌心向后，两臂自然下垂于体前。（图 13-2-11）

【动作过程】肩部尽量前倾下垂，两臂伸直不动，然后以斜方肌的收缩力量，使两肩耸起尽量接近两耳。稍停，缓缓还原成预备姿势。

【动作要领】在动作过程中，两臂不得上提杠铃，臂部和两手仅起固定杠铃的作用，耸肩时，不得弯腰、弯背，意念集中在斜方肌上。

（二）单杠引体向上

【预备姿势】两手正握单杠，握距与肩同宽，身体自然下垂。

【动作过程】用背阔肌收缩的力量，将身体拉起，直至下颌超过杠面（图 13-2-12）。稍停，而后身体缓缓下降至两臂完全伸直。

【动作要领】在做动作的过程中，身体不能摆动，向上拉时不能用蹬腿力量，拉得越高越好，意念集中在背阔肌上。

图 13-2-11

图 13-2-12

四、肩部三角肌锻炼法

肩部是否健美，主要看三角肌发达与否。三角肌位于肩部，呈三角形，底向上，尖向下，从前后外侧包裹着肩关节，它的最前部和最后部的肌纤维呈梭形，而中部肌纤维呈多羽状，这种结构使三角肌具有较大力量。

发展三角肌的锻炼方法如下。

（一）颈前推举

【预备姿势】直立或正坐于凳上，两手自然握杠，握距略宽于肩，两手握住杠铃，停于胸前锁骨处。（图 13–2–13）

【动作过程】以三角肌的收缩力量，垂直向上推起杠铃，直至手臂完全伸直，停留 1 ～ 2 秒，然后沿原路线返回，成预备姿势。

【动作要领】上体保持正直，不得借助腰、腿的力量，意念集中在三角肌前束上。

（二）颈后推举

【预备姿势】直立或坐在凳上，两手握住杠铃，置于颈后肩上，握距宽于肩。（图 13–2–14）

【动作过程】以三角肌的力量，将杠铃垂直向上推至两臂完全伸直，停留 1 ～ 2 秒，然后沿原路线返回。

【动作要领】两肘始终保持外展，杠铃垂直向上推，意念集中在三角肌后束上。

图 13–2–13

图 13–2–14

五、臂部肌肉锻炼法

臂部肌群分上臂肌和前臂肌。上臂肌主要是肱肌、肱二头肌和肱三头肌；前臂肌主要是旋前圆肌、屈手肌、伸手肌和手肌。

（一）发展上臂肌群的锻炼法

1. 杠铃弯举

【预备姿势】两脚自然而立，两臂反握铃下垂于体前，握距与肩同宽。

【动作过程】上臂保持固定不动，以肘关节为轴弯起前臂，至杠铃几乎触及胸部为止，停留 1 ～ 2 秒（图 13–2–15），再还原成预备姿势。

【动作要领】弯臂时，上体切忌前后摆动，意念集中在肱肌、肱二头肌上。

2. 反握引体向上

【预备姿势】反握单杠，握距与肩同宽，两脚成交叉状，身体成悬垂状。

【动作过程】以肱二头肌收缩的力量，拉引身体至横杠与胸部靠近（图 13–2–16），停留 1 ～ 2 秒，再循原路线下落至预备姿势。

【动作要领】在上拉过程中，不得借助腰腹的振摆来做动作，意念集中在肱二头肌上。

图 13–2–15

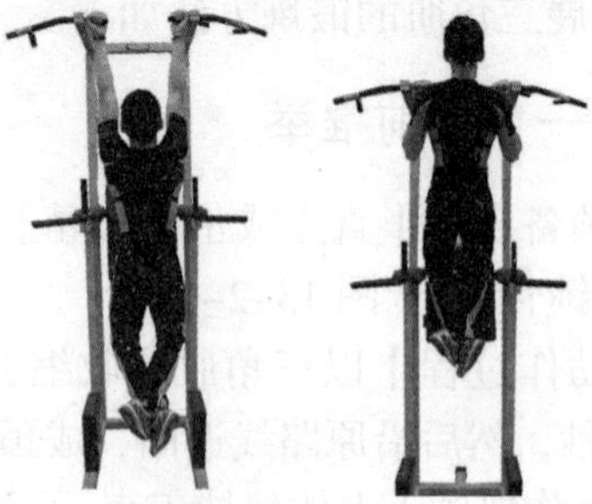

图 13–2–16

（二）发展前臂肌群锻炼法

下面以反握腕弯举为例进行介绍。

【预备姿势】坐在凳上，大腿与小腿约成 90°，两手掌心向上反握杠铃，前臂放于大腿上，腕部下垂于膝外。（图 13–2–17）

【动作过程】以前臂肌收缩的力量，使手腕向上弯曲，直至不能再屈为止（图 13–2–18），停留 1 ～ 2 秒，再沿原路线返回成预备姿势。

【动作要领】手腕向上弯曲时，要尽量收缩前臂肌。意念集中在前臂肌上。

图 13–2–17

图 13–2–18

腹肌
（腹直肌）
仰卧起坐

六、腹部肌肉锻炼法

腹部肌肉由腹直肌、腹外斜肌和腹内斜肌构成。

（一）单杠悬垂举腿

【预备姿势】两手与肩同宽正握单杠，身体自然下垂。

【动作过程】以腹直肌收缩的力量，屈膝或直腿上举，两腿超过水平面（图 13–2–19），停留 1 ～ 2 秒，再慢慢还原成预备姿势。

【动作要领】不得借助身体摆动的助力，意念集中在下腹部。

（二）仰卧起坐

【预备姿势】屈膝仰卧在练习垫上，两手轻扶于两耳侧。

【动作过程】以腹直肌收缩的力量，使上体前屈（图 13–2–20），直至两肘肘尖触及膝关节。停留 1 ～ 2 秒，再沿原路线返回成预备姿势。

【动作要领】上体前屈时，动作要慢，不得后仰助力，意念集中在腹直肌上。

图 13-2-19

图 13-2-20

第三节　健美竞赛规则简介

健美运动员为了实现自己的理想而塑造体型，要取得优异成绩，不但需要长年累月的刻苦训练，而且要随时随地做好参加比赛的准备。一场健美比赛，不但是检验平时训练水平的标准，而且是展示运动员完美体型的平台。健美比赛还是人体艺术美的表现方式。在比赛中，观众和裁判员不仅要欣赏健美运动员的肌肉、体形、线条，还要对健美运动员展示完美体格的各种艺术造型进行评判。

一、男子评分标准

（一）肌肉

身体各部位肌群发达，有围度，肌肉清晰。

（二）肤色

皮肤光洁，色泽和谐。

（三）匀称

人体骨架、肌群的整体布局合理、匀称。

（四）造型

规定动作要求根据规定的技术动作规格，充分展现重点部位的肌肉，并显示其他各部位的肌群，动作结构合理。自选动作要能运用控制肌肉的能力，展现肌肉块；整套动作过渡衔接合理，并以艺术造型的表演技能和配合音乐节奏体现出高超的表演水平。

二、女子评分标准

（一）外表

容貌端庄，皮肤光洁，色泽和谐。

（二）匀称

人体骨架、肌群的整体布局合理、匀称。

（三）肌肉

身体各部位肌群发达，有围度，肌肉清晰。

（四）造型

规定动作应能根据规定的技术动作的要求，充分展现出重点部位的肌肉，并显示其他各部位的肌群。自选动作要能运用肌肉的控制能力，展示各个部位的肌肉块，并以艺术造型的表演技能，运用体操、芭蕾和舞蹈的手势和步法，配合音乐旋律，使整套动作的过渡衔接和音乐节奏协调一致，体现出高超的表演技能。

第四节　考核内容与标准

一、高校（以西华大学为例）器械健美教学内容与课时安排

西华大学体育学院器械健美课的开课时间较短，一般以公共选修课的形式开设，有2名老师上课，每学期开设4个班，每个班授课16学时。由于学时较少，很难达到练习效果，因此，建议学生每周练习3～4次，每次1小时左右。

二、器械健美课考核内容与考核标准

目前，在西华大学体育学院的器械健美考试中，技能考试占总成绩的比重较大；相关理论考试多以练习作业的形式完成，并占一定的比重；加上平时上课表现，作为最后总成绩。

技能考试采取徒手考试。器械健美课考核标准见表12-4-1、表12-4-2。

表 12-4-1　俯卧撑（男）

个数	1	2	3	4	5	6	……	50及以上
分值	2	4	6	8	10	12	……	100

表 12-4-2　卷腹（女）

个数	20	25	30	35	40及以上
分值	60	70	80	90	100

【参考文献】

[1] 刘东智．健身教练[M].北京：高等教育出版社，2009.

[2] 相建华．私人健身教练[M].北京：高等教育出版社，2012.

[3] 刘石峰．器械健身完全指南[M].成都：成都时代出版社，2008.

[4] 朴桂焕．男性健身全攻略[M].长春：吉林科学技术出版社，2011.

思政课堂

近年来，华波、鹿晨辉、田宁等运动员平时刻苦训练，在世界健美比赛中夺得了世界级的健美冠军，让世界看到了“中国肌肉”和“中国力量”。正是对健康、对美好的追求促使他们坚持每天的刻苦训练，正是爱国的热情激励着他们向世界证明中国人一样很有力量。

第十四章　健美操运动

本章导读

健美操课程的开设对于提高大学生的体质及健康水平，促进学生健康、全面、和谐地发展具有重要作用。近些年，西华大学的健美操队在国内和国际比赛中都取得了骄人的成绩。校内的健美操社团参加了各个级别的多项比赛，取得了优异成绩。每年一届的西华杯健美操比赛更是吸引了学校20多个学科型学院的几十支队伍参赛，深受教职员工和在校学生的欢迎。

基于学校健美操项目的开展情况，结合西华大学公共体育课健美操课程的开设情况，本章内容旨在使学生了解健美操的起源和发展，学习健美操基本动作技能，掌握健美操运动竞赛的观赏方法及竞赛规则，进而激发学生的运动兴趣，培养学生形成“终身体育”的良好意识，使学生健康成长。

学习目标

1. 熟练地掌握健美操运动的基础知识、基本动作。

2. 掌握健美操运动的竞赛规则。

3. 掌握健美操课程考试的考核内容和标准。

4. 能对自身的体质健康状况进行测试和评价，编制切实可行的健美操锻炼计划，对健美操运动具有一定的欣赏和裁判能力。

第一节 健美操运动概述

健美操作为体操运动的主要内容之一，是以人体自身为对象，以塑形、健美为目标，融体操、舞蹈、音乐为一体的身体练习。健美操的动作由各种走、跑、跳、转体、平衡造型、俯卧撑、仰卧起坐及或高或低的踢腿，以及各种舞蹈的步法组合而成。其要求锻炼者在音乐伴奏下充分展现准确、轻巧、熟练、协调的特点。健美操不受场地、器械、时间等条件的限制，运动量大小可由参加者自行调整。健美操对各种年龄及不同健康状况的人均有增强体质、促进健康、振奋精神、丰富生活和增长知识的作用，因此深受广大群众的喜爱。

健美操一词源于英文的aerobics，它的释义是有氧运动或有氧舞蹈。因此，健美操也被人们称为有氧健美操。健美操运动的发展历史大体可以分为古代健美操、近现代健美操两个阶段。

一、古代健美操

古代人对健身、健美的追求是现代健美操形成和发展的基础。古希腊体育是近代欧洲体育之源，古希腊的体操有体育疗法和健身术的含义。另外，当时的体操馆为跑、跳、投掷、拳术和角力等运动提供了场地设施，而古希腊人也喜欢用跑、跳、投掷、柔软体操、健美体操、舞蹈等形式的身体练习进行锻炼。亚里士多德曾提出，体操和音乐应该成为教育科目；柏拉图在《理想国》中提出了“用体操锻炼身体，用音乐陶冶心灵”的观点。

二、近现代健美操

自文艺复兴时期到20世纪中叶之前是近代健美操阶段的发展，在这一阶段，各种体操流派的教育思想、方法和动作技术，都与现代健美操的运动的产生和发展有着千丝万缕的联系。这个时期的人们既重视人体的健美，又注意全身运动的自然性和动作的流畅程度。

现代健美操起源于20世纪60年代末的美国，最早被医学博士库帕作为提高宇航员体能的训练内容之一，最后逐步发展成一项独特的运动。健美操成为一项独立的体育运动项目是在20世纪70年代末，在此期间涌现出一批健美操的代表人物，简·方达就是其中一位。她根据自己的亲身实践与体会编写了《简·方达健美术》一书，并制作了录像带，向30多个国家发行传播，这使健美操成为一项风靡世界的健身运动。

健美操在20世纪80年代初传入我国，传入伊始便受到了青年学生的喜爱，并且在高校和社会上普及开来。健美操在不断发展的过程中，已逐渐形成了一套科学的健身、训练和竞赛体系。1992年，中国大学生健美操艺术体操协会成立，其致力于中国学校的健美操、艺术体操等项目的推广和普及。中国健美操协会对《全国健美操大众锻炼标准》的一级至六级动作进行了重新创编，制定了第三套《全国健美操大众锻炼标准》(简称《大众锻炼标准》)，此标准适用于全国及各省、区、市，以及各年龄阶段的相关学生。

西华大学对大学一年级和二年级的学生开设了健美操课程，大学一年级学生的学习内容为第三套《大众锻炼标准》二级规定动作组合，大学二年级学生的学习内容为第三套《大众锻炼标准》四级规定动作组合。

第二节 健美操基本动作

一、第三套《大众锻炼标准》二级动作

第三套《大众锻炼标准》二级动作图解和说明如下。

组合一

节拍		下肢步法	上肢动作
动作		 1 2 3 4 5 6 7 8	
一	1~4	右脚开始十字步	1拍右臂侧平举，2拍左臂侧平举，3拍两臂上举，4拍两臂下举
	5~8	向后走4步	屈臂自然摆动，7~8拍同5~6拍动作
二	1~8	动作同第一个8拍，但向前走4步	
动作		 1~2 3 4~5 6 7~8	

节拍		下肢步法	上肢动作
三	1～6	右脚开始6拍漫步	1～2拍右手前平举，3拍两手叉腰，4～5拍左手前平举，6拍两手胸前交叉
	7～8	右脚向后1/2后漫步	两臂做侧后下举
动作		 1 ～ 2 3 ～ 4 5～6 7～8	
节拍		下肢步法	上肢动作
四	1～2	右脚向右并步跳	屈左臂自然摆动
	3～8	左脚向右前方做前、侧、后6拍漫步	3～4拍两臂前平举弹动2次，5～6拍两臂侧平举，7～8拍两臂斜下举
第五至第八个8拍与第一至第四个8拍动作相同，但方向相反			

组合二

动作		 1～2 3～4 5 6 7 8	
节拍		下肢步法	上肢动作
一	1～2	右脚向右侧滑步	右臂侧上举，左臂侧平举
	3～4	1/2后漫步	两臂屈臂后摆
	5～6	左脚向左前方做并步	击掌3次
	7～8	右脚向右后方做并步	两手叉腰

动作			
节拍		下肢步法	上肢动作
二	1～2	左脚向左后方做并步	击掌3次
	3～4	右脚向右前方做并步	两手叉腰
	5～6	左脚向左侧滑步	左臂侧上举，右臂侧平举
	7～8	1/2后漫步	两臂屈臂后摆
动作			
节拍		下肢步法	上肢动作
三	1～4	右转90°，右脚上步吸腿2次	两臂向前冲拳、向后下冲拳2次
	5～8	左脚成V字步，左转90°	两臂由右向左水平摆动
动作		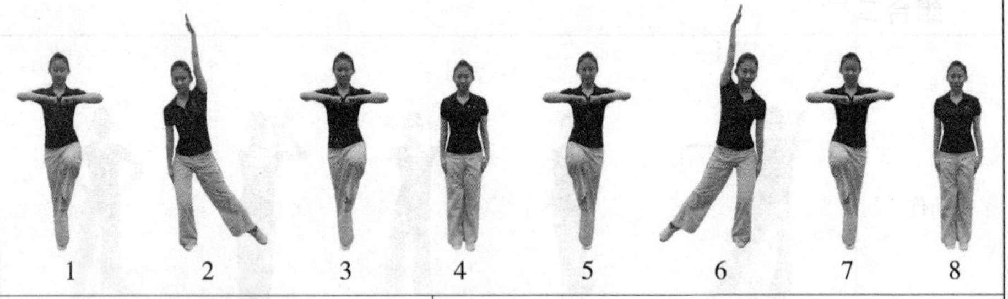	
节拍		下肢步法	上肢动作
四	1～4	左脚吸腿（侧点地）2次	1拍两臂于胸前平屈；2拍左臂上举，右臂垂直放于体侧；3拍同1拍动作，4拍还原
	5～8	5～8拍同1～4拍动作，但方向相反	
第五至第八个8拍与第一至第四个8拍动作相同，但方向相反			

组合三

<table>
<tr><td>动作</td><td colspan="3">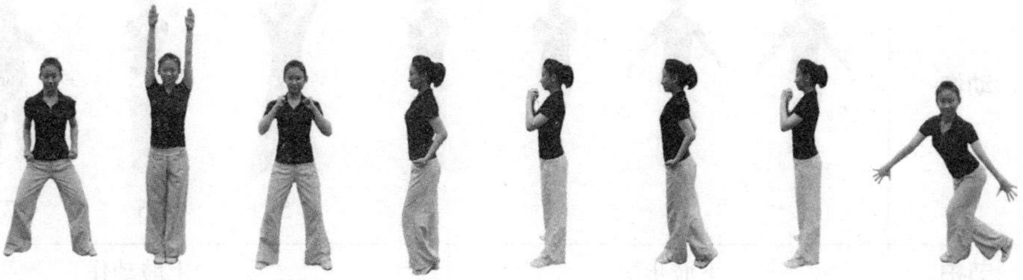
1 2 3 4 5 6 7 8</td></tr>
<tr><td colspan="2">节拍</td><td>下肢步法</td><td>上肢动作</td></tr>
<tr><td rowspan="2">一</td><td>1～4</td><td>右脚侧并步跳，4拍时右转90°</td><td>两臂上举、下拉</td></tr>
<tr><td>5～8</td><td>左脚做侧交叉步</td><td>两臂屈臂前后摆动，8拍时，上体向左扭转90°，身体朝正前方，两臂侧下举</td></tr>
<tr><td>动作</td><td colspan="3">1～4拍同上1～4拍动作，但方向相反

5 6 7 8</td></tr>
<tr><td colspan="2">节拍</td><td>下肢步法</td><td>上肢动作</td></tr>
<tr><td rowspan="2">二</td><td>1～4</td><td>左脚侧并步跳，4拍时左转90°</td><td>两臂上举、下拉</td></tr>
<tr><td>5～8</td><td>右脚开始侧并步2次</td><td>5～6拍右臂前下举，7拍左臂前下举，8拍还原</td></tr>
<tr><td>动作</td><td colspan="3">
1 2 3 4 5～6 7～8</td></tr>
<tr><td colspan="2">节拍</td><td>下肢步法</td><td>上肢动作</td></tr>
<tr><td rowspan="2">三</td><td>1～4</td><td>左脚向前一字步</td><td>1拍两臂肩上屈，2拍两臂下举，3～4拍两臂肩前屈</td></tr>
<tr><td>5～8</td><td>左、右依次分并腿</td><td>5～6拍两臂上举，掌心朝前，7～8拍两手放在膝上</td></tr>
</table>

动作		 1 2 3 4 5 6 7 8	
节拍		下肢步法	上肢动作
四	1～4	左脚向后一字步	1～2拍两臂侧下举，3～4拍两臂于胸前交叉
	5～8	左、右依次分并腿2次	5～7拍两臂经胸前交叉侧上举1次，胸前交叉1次，侧下举1次；8拍还原
第五至第八个8拍与第一至第四个8拍动作相同，但方向相反			

组合四

动作		 1 2 3～4 5 6 7～8	
节拍		下肢步法	上肢动作
一	1～8	1～8拍右脚开始小马跳4次，向侧向前成梯形	1～2拍右臂做体侧向内绕环，3～4拍换左臂，5～8拍同1～4拍动作
动作		 1 2 3 4 5～6 7 8	
节拍		下肢步法	上肢动作
二	1～4	右脚开始弧形跑4步，右转270°	屈臂自然摆动
	5～8	开合跳1次	5～6拍两手放腿上，7拍击掌，8拍两手放于体侧
动作		 1 2 3 4 5 6 7 8	

节拍		下肢步法	上肢动作
三	1～4	右脚向右前上步后，左腿屈腿	1拍两手胸前交叉，2拍右臂侧举、左臂上举，3拍同1拍动作，4拍两手叉腰
	5～8	右转90°，左脚向前上步后，右腿屈腿	动作同1～4拍，但方向相反
动作		 1 2 3 4 5 6 7 8	
节拍		下肢步法	上肢动作
四	1～4	右侧、左侧点地各2次	1拍右手向左前下举，2拍两手叉腰，3～4拍动作和1～2拍同，但方向相反
	5～8	右脚上步向前转脚跟，还原	5拍两臂于胸前平屈，6拍前推，7拍同5拍动作，8拍两臂放于体侧
第五至第八个8拍与第一至第四个8拍动作相同，但方向相反			

二、第三套《大众锻炼标准》四级动作

第三套《大众锻炼标准》四级动作图解和说明如下。

组合一

动作		 1 2 3 4 5 6 7 8	
节拍		下肢步法	上肢动作
预备姿势		站立	
一	1～3	右脚向侧迈步，接1/2后漫步	1拍两臂侧举，2拍右臂屈肘前摆、左臂后摆，3拍自然摆动
	4～8	左脚向左做向后、向前交叉步招接吸腿	4～5拍两臂从腰间伸出前举，6拍两臂再摆至体侧，7～8拍两臂肩侧屈，击掌

<table>
<tr><td colspan="2">动作</td><td colspan="2">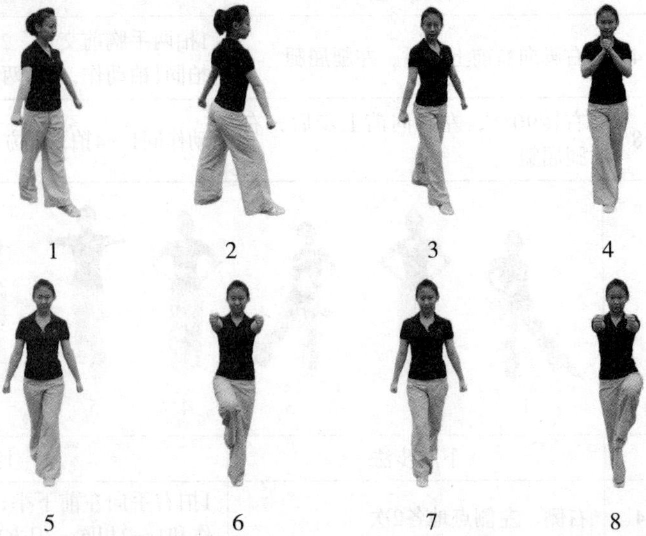
</td></tr>
<tr><td colspan="2">节拍</td><td>下肢步法</td><td>上肢动作</td></tr>
<tr><td rowspan="2">二</td><td>1～4</td><td>左脚向右前迈步，右脚做 1/2 漫步，右转 90°，右脚踏步</td><td>1 ～ 3 拍手臂随身体动作做前后自然摆动，4 拍于胸前击掌</td></tr>
<tr><td>5～8</td><td>左腿开始做上步吸腿 2 次</td><td>迈步时手臂向下屈伸，吸腿时手臂向前水平屈伸</td></tr>
<tr><td colspan="2">动作</td><td colspan="2">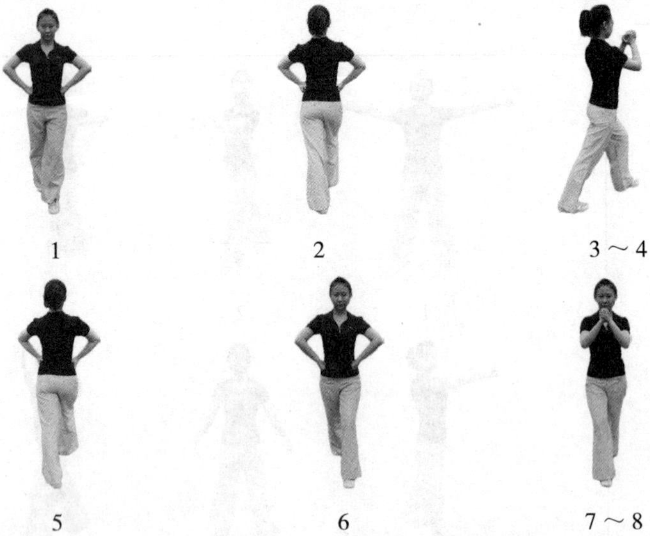
</td></tr>
<tr><td colspan="2">节拍</td><td>下肢步法</td><td>上肢动作</td></tr>
<tr><td rowspan="3">三</td><td>1～2</td><td>左脚上步，身体重心在两脚之间，提踵右转 180°</td><td>两手叉腰</td></tr>
<tr><td>3～4</td><td>右脚向后 1/2 漫步</td><td>击掌 2 次</td></tr>
<tr><td>5～8</td><td colspan="2">同 1 ～ 4 拍动作，但方向相反</td></tr>
</table>

动作			
节拍		下肢步法	上肢动作
四	1～4	左脚向左后方迈步，做侧抬腿跳，接后 1/2 漫步	1 ～ 2 拍两臂交叉后经体侧摆至侧上举，3 ～ 4 两臂先后于胸前、腹前交叉
	5～8	同 1 ～ 4 拍动作，但方向相反	
第五至第八个8拍与第一至第四个8拍动作相同，但方向相反			

组合二

动作			
节拍		下肢步法	上肢动作
预备姿势		站立	
一	1～2	右脚向侧迈步点地	1 拍两臂放在腰间，2 拍左臂向前冲拳
	3～4	左脚向侧并步	两臂放于体侧
	5～6	向侧小并步跳	右臂屈臂前摆，左臂屈臂后摆
	7～8	右脚向后 1/2 漫步	两臂向后摆

动作	 1 2 3 4  5 6 7 8	

节拍		下肢步法	上肢动作
二	1～4	右脚向右前方上步，左腿吸腿 2 次	两臂屈臂，随动作前后自然摆动
	5～8	左脚开始向左后方做迈步吸腿 2 次，共转体 450°	5～6 拍两臂肩侧屈，击掌，7～8 拍同 5～6 拍动作

动作	 1 2 3 4  5 6 7 8

节拍		下肢步法	上肢动作
三	1～4	右脚开始向后做交叉步接换脚步	两臂前平举，然后摆至体侧
	5～8	右脚开始向侧走 3 步，同时转体 360° 接换脚步	两臂随动作自然摆动

动作			
节拍		下肢步法	上肢动作
四	1～6	左脚开始向侧面做 6 拍漫步	两臂随动作自然摆动
	7～8	右转 90° 向前走 2 步	两手叉腰
第五至第八个8拍与第一至第四个8拍动作相同，但方向相反			

组合三

动作			
节拍		下肢步法	上肢动作
预备姿势		站立	
一	1～4	右脚开始向前交叉迈步，点地 2 次	两臂经腰间，左臂向前冲拳
	5～6	右脚交叉上步，左腿侧摆跳起	两臂摆至侧上举
	7～8	左脚向右前 1/2 漫步	7 拍左臂前摆，右臂后摆，8 拍两臂放于体侧

动作		 1～2　3～4　5 6　7　8	
节拍		下肢步法	上肢动作
二	1～4	左脚开始小马跳 2 次，同时转体 360°	1～2 拍右臂经体侧摆至上举，3～4 拍左臂经体侧摆至上举
	5～8	做 V 字步，左转 90°	两臂随动作自然摆动
动作		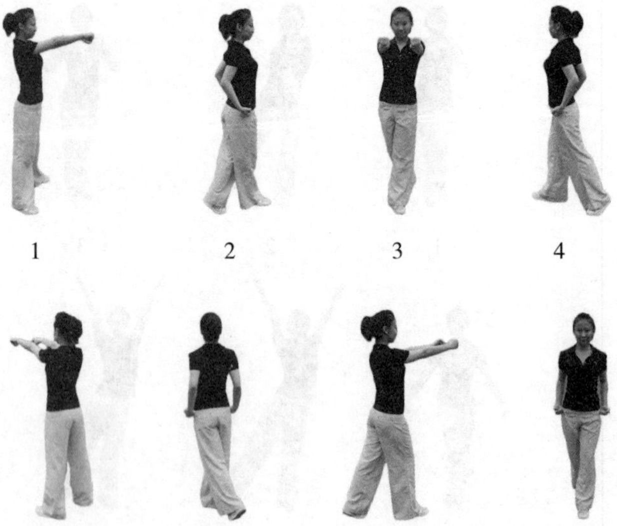 1　2　3　4 5　6　7　8	
节拍		下肢步法	上肢动作
三	1～4	左脚成十字步，同时右转 270°，并向左侧弧形移动	两臂做前举、后拉动作 2 次
	5～8	左脚成十字步，同时右转 180°，并向左侧弧形移动	两臂做前举、后拉动作 2 次

<table>
<tr><td colspan="2">动作</td><td colspan="2">
1 ～ 2

3 ～ 4

5 ～ 6

7 ～ 8</td></tr>
<tr><td colspan="2">节拍</td><td>下肢步法</td><td>上肢动作</td></tr>
<tr><td rowspan="3">四</td><td>**1～2**</td><td>左脚向左前方迈步，做换脚步</td><td>右臂屈肘，随动作前后摆动</td></tr>
<tr><td>**3～4**</td><td>右脚向右前方迈步，做换脚步</td><td>左臂屈肘，随动作前后摆动</td></tr>
<tr><td>**5～8**</td><td>左右脚依次做分并腿 2 次</td><td>5 拍两臂侧上举，6 拍两臂于胸前交叉，7 拍两臂侧下举，8 拍两臂于胸前交叉</td></tr>
<tr><td colspan="4">**第五至第八个8拍与第一至第四个8拍动作相同，但方向相反**</td></tr>
</table>

组合四

<table>
<tr><td colspan="2">动作</td><td colspan="2">
</td></tr>
<tr><td colspan="2">节拍</td><td>下肢步法</td><td>上肢动作</td></tr>
<tr><td colspan="2">预备姿势</td><td>站立</td><td></td></tr>
<tr><td rowspan="2">一</td><td>1～4</td><td>1～3拍右脚开始向前点地3次，4拍吸右腿</td><td>两臂屈臂自然摆动</td></tr>
<tr><td>5～8</td><td>右脚交叉上步，做十字步</td><td>两臂上举，然后摆至体侧</td></tr>
<tr><td colspan="2">动作</td><td colspan="2">
</td></tr>
<tr><td colspan="2">节拍</td><td>下肢步法</td><td>上肢动作</td></tr>
<tr><td rowspan="3">二</td><td>1～3</td><td>1拍右脚向右一步，身体重心右移，2～3拍左脚开始踏2步</td><td>1拍右臂肩侧屈，伸展成侧平举
2拍右臂屈臂成肩侧屈，3拍两臂置于体侧</td></tr>
<tr><td>4～6</td><td>同1～3拍动作，但方向相反</td><td></td></tr>
<tr><td>7～8</td><td>右脚开始侧点地跳2次</td><td>两臂置于体侧</td></tr>
</table>

<table>
<tr><td colspan="2">动作</td><td colspan="2">
</td></tr>
<tr><td colspan="2">节拍</td><td>下肢步法</td><td>上肢动作</td></tr>
<tr><td rowspan="2">三</td><td>1～4</td><td>右转 90°，左脚开始向前走 3 步，吸右腿</td><td>1～3 拍两臂经前举向下摆，4 拍两臂于胸前击掌</td></tr>
<tr><td>5～8</td><td>侧摆左腿跳 2 次，同时身体向右转动</td><td>5 拍右臂胸前平屈，左臂经前摆至侧平举，6 拍同 5 拍，但方向相反；7 拍同 5 拍动作，8 拍两臂于胸前击掌</td></tr>
<tr><td colspan="2">动作</td><td colspan="2">
</td></tr>
<tr><td colspan="2">节拍</td><td>下肢步法</td><td>上肢动作</td></tr>
<tr><td rowspan="2">四</td><td>1～4</td><td>1～3 拍右脚开始向后走 3 步，同时左转 135°，4 拍左腿后屈小跳</td><td>1～3 拍两臂置于体侧，4 拍两臂放于腰间</td></tr>
<tr><td>5～8</td><td>左脚开始弹踢腿跳 2 次，同时右转 45°</td><td>5 拍右臂向上冲拳，6 拍还原，7 拍左臂向上冲拳，8 拍还原</td></tr>
<tr><td colspan="4">第五至第八个8拍与第一至第四个8拍动作相同，但方向相反</td></tr>
</table>

第三节　健美操竞赛规则简介

《中国学生健身健美操竞赛评分规则（第三版）》是在第一版和第二版评分规则的基础上重新修订编写的，经教育部中国大学生健美操艺术体操协会于2008年审定，于同年开始在全国教育系统及各省区学生比赛中执行。目前该规则是中国学生健身健美操比赛的唯一评分标准，因此该规则也适用于西华大学西华杯健美操比赛。

一、总则

（一）宗旨

（1）为中国学生健身健美操竞赛提供客观统一的竞赛规则。

（2）为评判员公正、准确地评分提供客观依据。

（3）为参赛者提供赛前训练和比赛的指导依据。

（4）是中国学生开展健身健美操运动的规范性文件。

（二）竞赛性质

（1）全国大学生运动会健身健美操比赛。

（2）全国中学生运动会健身健美操比赛。

（3）中国学生健身健美操锦标赛。

（4）中国学生健康活力大赛。

（三）参赛资格

我国全日制大（中）学、高（中）等专科学校，民办及私立大（中）学的在校在籍学生。参赛运动员必须是遵守学校各有关规定，文化课考试合格，并经医院检查身体健康者。

（四）竞赛项目

（1）规定套路：中国大学生健美操艺术体操协会审定的由一定动作组成的成套动作。

（2）徒手自编套路：根据规则及规程要求由各队自己创编的成套动作。

（3）轻器械自编套路：轻器械是指在成套动作中运动员能轻松持握或搬动的器械。无论借助什么样的轻器械创编健美操动作，都应依据该器械的特质，充分发挥其器械特点，体现该器械的健身价值。

（五）成套动作时间

自编套路的时间为2分30秒±10秒（从第一个可听见的声音开始，到最后一个声音结束，不包括提示音）。

（六）参赛人数与更换运动员

（1）每队参赛人数为 6 ～ 12 人，性别不限。

（2）如有特殊情况更换运动员时，需持有效证明，经组委会同意方可更换。

（七）竞赛场地

（1）赛台：赛台高于地面 80 ～ 90 厘米，后面有背景遮挡，赛台大小不得小于 14 米 × 14 米。

（2）竞赛区域：比赛场地可为地板或地毯，要清楚地标出 12 米 × 12 米的比赛区域。标志带为 5 厘米宽的醒目色带，标志带是场地的一部分。

（八）竞赛程序

（1）比赛采用预赛和决赛。

（2）赛程分为分区赛和总决赛。

（九）出场顺序

预赛和决赛出场顺序由抽签决定，抽签在赛前 15 天前进行，由组委会竞赛部门负责抽签决定。

（十）评分及计分方法

（1）评分方法：比赛采用公开示分的方法。评判员评分精确到 0.1 分，运动员最后得分精确到 0.01 分。

（2）计分方法：成套动作的得分为艺术分与完成分之和，艺术分和完成分各为 10 分，成套动作满分为 20 分。各组评判员评分去掉一个最高分和一个最低分，中间两名评判员评分的平均数为该组评判得分，两组评判得分相加减去评判长扣分即为最后得分。

（3）最后得分高者名次列前，若得分相等，名次排列取决顺序为最高完成分、最高艺术分；若成绩再相等，则名次并列，无下一名次。

（4）不接受对评分结果的抗议。

（十一）音乐

（1）音响设备：音响设备应基本达到专业水准，常规放音设备必须包括 CD 机及调音台等设备。

（2）特定要求：① 音乐的质量应达到专业水准；② 音乐速度为每分钟 136 ～ 156 拍，前奏音乐、过渡音乐、结束音乐速度可超出以上范围，但仅可出现 1 个 8 拍时值；③ 能够使用一首或多首乐曲混合的音乐，可加入特殊音效，音乐节奏明快、清晰、风格热情、奔放、有动感、具有震撼力；④ 音乐必须录制在 CD 的开头，自备两份比赛音乐。

（十二）服装及仪容

（1）外表：整洁与适宜的运动员外表，女运动员的头发须梳系于头后，头发不得遮挡脸部。

（2）着装：服装整体以紧身为主，材质和款式不限，但必须适宜运动。运动员必须穿白色运动鞋和运动袜，运动员可穿短裤或长裤，连体式或分体式。可根据成套动作的整体风格选择服装，服装上可有简单修饰，但不允许使用悬垂饰物，禁止佩戴饰物（含首饰、手表等），禁止穿描绘战争、暴力、宗教信仰和性爱为主题的服装，化妆应适度。

（十三）特别奖项

（1）特设“最佳编排”“最佳完成”“最佳表现”特别奖。
（2）特评“最佳教练”“最佳男女运动员”特别奖。

（十四）奖励

根据比赛规程的规定确定奖励办法。

二、成套动作评分

（一）成套动作的评分因素

（1）艺术编排：艺术分为10分。
（2）完成情况：完成分为10分。
（3）评判长减分。

（二）艺术编排的评分因素及标准

（1）成套设计（5分）。

成套动作的设计应舒展、优美、大方、健康、有动感，应符合健身健美操项目的特征和年龄特点，动作组合应充分体现出协调性与多样性，动作内容的选择与安排在成套动作中要有很好的均衡性。动作设计不提倡选择难度动作，如出现此类动作，不予加分，对出现的错误予以减分。轻器械自编套路的设计强调器械属性的充分、合理。成套操中累计脱离器械的徒手动作不得超过6个8拍。

操化组合：成套动作步法必须包括14个基本步法及其变化步法，即踏步、曼波步、一字步、V字步、单并步、后屈腿、侧抬膝、双并步、后交叉步、向前走、脚跟前点、脚尖侧点、脚尖后点、依次抬膝等14个基本步法及各种基本步法的变形动作。

步法组合应体现各种基本步法的强度、节奏和平面的变化，应以高低冲击动作为主。操化动作应展示出以14个基本步法组合上肢及身体其他部位的动作形式，体现出组合形式的多样性，动作变化的多样性和复杂性。轻器械自编操化动作强调要符合该器械的特点和动作规范，明确练习部位。

配合和托举：动作设计巧妙、造型优美、完成流畅；成套动作中至少出现2次身体接触的配合动作；成套动作中托举的数量不多于3次。轻器械自编操的配合与托举动作应体现出器械特点，无论器械离开身体与否都应表现出器械是动作语汇的一部分。

过渡与连接：过渡动作必须动感、平滑、流动地将三个空间（地面、站立、腾空）的使用穿插起来；连接动作必须要把在同一空间完成的组合和动作衔接起来，并富有创造性与连贯性。

开头与结尾：开头与结尾动作设计清楚，要与成套动作协调自然、连接流畅；开头与结尾允许出现托举动作，但不允许出现违例动作。轻器械自编操的开头与结尾应与器械有相应联系，使器械从头至尾都展示出是成套动作不可缺少的一个部分。

依次动作：运动员能够依次或分批做动作，任何一名运动员停顿节拍不得超过 1 × 8 拍。

队形变化：成套动作的队形变化应自然、迅速、流畅、美观、清晰。成套动作中至少出现 8 次队形变化，队形的移动与变化要注意流畅和对比强烈，注意点、线、面的合理搭配。

违例动作：成套动作不允许出现违例动作。

（2）音乐（1 分）。

音乐的选配应保持完整性，并与成套动作风格协调，有利于表现运动员的个性特点与技术风格。成套动作按音乐的结构、风格及乐句进行编排。成套动作的表演要与音乐风格相吻合。音乐的质量、音效，要有专业效果和实际意义。

（3）风格与主题（1 分）。

成套动作的编排要根据音乐风格、特点来设定一个风格与主题。通过成套中的各种内容的表达来实现风格与主题。主题能够表现某种简单的剧情，且能够与音乐、动作、表演、服装、造型等元素的配合来实现。风格与主题的表达是提高观赏性的关键。器械应与主题很好配合并加强突出主题的效果。成套动作中如使用 2 种以上的器械，这 2 种器械应有一定的联系或关系，并反映一定的主题。

（4）独创性（1 分）。

成套动作的编排要突出独一无二的风格，风格是艺术创新的关键；风格的主线要紧紧围绕健美操的项目特征，鼓励多元素的创新编排；围绕健美操特点和器械特点组合的一切创新都是提倡的。

（5）场地及空间（1 分）。

成套动作应均衡、合理、充分地使用场地和空间。场地要充分使用 5 个区域（四角一中央），路线要合理使用 4 种以上（前、后、左、右、对角与弧线），空间要充分利用三维（地面、站立、空中）空间的变化。

（6）表演（1 分）。

运动员外形整洁、干练，能瞬间吸引观众，表现出朝气蓬勃的精神面貌。运动员的动作充满活力，其娴熟的动作技巧表现出健康的体能素质。运动员全身心的激情投入与自信，能由内而外的感染观众，引起观众的共鸣。

（三）完成情况的评分因素及标准

1. 技术技巧

技术技巧指完美完成所有动作的能力。完成评判员对所有动作出现错误的减分标准，具体如下。

（1）小错误：稍偏离正确完成，每次扣 0.1 分。

（2）中错误：明显偏离正确完成，每次扣 0.2 分。

（3）大错误：较严重偏离正确完成，每次扣 0.3 分。

（4）严重错误：严重偏离正确完成，每次扣 0.4 分。

（5）失误：根本无法达到要求，无法清晰展示身体的位置，失去平衡（跌倒），器械失误等，每次扣 0.5 分。

（6）身体姿态控制能力：在完成动作时始终保持身体正确姿态的能力。

（7）动作的力度：成套动作的力度、爆发力、肌肉耐久力。力度是通过动作快速准确到位的延伸制动控制来实现的，动作要松而不懈、力而不僵。

（8）动作的准确性：部位准确，技术规范、动作方向清楚，完美控制。开始与结束动作清晰明了。运动员的节奏感与动作的韵律性协调一致，完美体现动作的弹动与控制。

（9）动作的熟练性：动作技术娴熟，轻松流畅。

（10）动作的幅度：动作幅度要大，但要避免过伸动作和大幅度的反关节运动。

（11）器械使用的正确性、有效性、熟练性：不正确，不熟练，没有有效使用器械或只是将器械作为道具和装饰物均应减分。

2. 一致性

一致性指作为一个整体完成动作的能力。

（1）运动幅度：整体完成动作时的运动范围一致。

（2）运动强度：整体完成动作时均衡一致的运动能力。

（3）表演技巧：作为一个整体所具有的一致性表演技艺。

（四）评判长减分

（1）音乐问题：① 时间不足或超过规定时间 5 秒钟以内，减 0.5 分；② 时间不足或超过规定时间 10 秒钟以上，减 1 分；③ 音乐速度不符合要求，减 0.5 分；④ 音乐质量差，最多减 0.5 分。

（2）出场：① 运动员被叫到后 20 秒钟未出场，减 0.5 分；② 运动员被叫到后 60 秒钟未出场，视为弃权。

（3）运动员的着装仪容不符合规定，每次减 0.1 分。① 露出身体的隐私部位；② 运动员没有着护体内衣；③ 运动员运动中露出内衣；④ 运动员怪异发型及肤色；⑤ 运动员头发遮盖脸部；⑥ 运动员发带，鞋带散开或脱落；⑦ 男或女运动员的着装与仪表不协调一致。

（4）出界：每出现一次减 0.1 分。

（5）违反动作：每出现一次减 1 分。

（6）任何轻器械与运动员的结合失误按下列情况减分：① 界内脱离器械，原地拾回减 0.5 分；② 器械脱离至界外，拾回器械减 0.8 分；③ 器械脱离至界外，运动员不拾回而继续做动作判为失去器械，减 1 分；④ 任何伤害到其他运动员的器械使用或失误，被判为严重失误减 1 分。

第四节　考核内容与标准

健美操公共基础课必修考核内容与标准见表 14-4-1、表 14-4-2。

表 14-4-1　健美操公共基础课必修考核内容

考核学期	考核内容
大学一年级第一、第二学期	第三套《大众锻炼标准》二级
大学二年级第一、第二学期	第三套《大众锻炼标准》四级

表 14-4-2　健美操公共基础课必修考试评分标准

评定内容	评分指标	分值
表现力	激情、风格	20
动作的完成	动作的准确性 动作的协调性 组合动作的连接 节奏感	60
音乐节奏的掌握	动作与音乐 激情与音乐	20

注：成绩的计算方法为三项评分因素分别打分，将三项得分相加即为最后得分。

【参考文献】

[1] 周西宽.体育基本理论教程[M].北京.人民体育出版社，2004.

[2] 肖光来.健美操[M].北京：人民体育出版社，2008.

[3] 肖旭，胡志.大学体育实用教程[M].北京：北京体育大学出版社，2010.

[4] 杨爱华，王媛，陈凤超，等.大学体育与健康[M].成都：西南交通大学出版社，2017.

思政课堂

2004年，第8届世界锦标赛中国男子6人操项目获得铜牌。2008年，第10届世界锦标赛中国队获得了1金、1银、1铜的好成绩。第26届世界大学生运动会首次将健美操项目作为正式的比赛项目列入国际赛事，中国队获得了混合双人操、有氧踏板、有氧舞蹈、集体操等4个单项冠军和团体冠军夺得6枚金牌中的5枚，取得了历史性的突破，为健美操的蓬勃发展掀开了新的篇章。

第十五章　啦啦操运动

本章导读

啦啦操运动是指在音乐的伴奏下，通过运动员集体完成复杂、高难度的动作内容，充分展示团队高超的运动技能技巧，体现青春活力、积极向上的团队精神，并努力追求团队最高荣誉的一项体育运动。啦啦操分为舞蹈啦啦操和技巧啦啦操。目前为止，西华大学主要开设的是舞蹈啦啦操公共体育课程。

学习目标

1. 掌握啦啦操的基本技术动作。
2. 掌握啦啦操竞赛规则。
3. 培养组织能力、团队精神、纪律观念等。

第一节　啦啦操运动概述

啦啦操始创于19世纪80年代的美国校园，至今已有百余年历史。1980年，美国举办了首届全美啦啦操锦标赛，这标志着啦啦操运动进入了竞技体育运动的行列。2001年首届世界啦啦操锦标赛在日本东京举办。2006年4月，中国啦啦操代表团首次出征参加在美国佛罗里达州奥兰多市举行的世界啦啦操锦标赛，此次参赛为推动我国啦啦操运动的发展起到了承前启后的作用，也是提高我国高校啦啦操竞技水平的重要事件。2007年4月，西华大学啦啦操代表队在于美国奥兰多市举行的重要事件世界啦啦操锦标赛中，跻身世界前8强，为学校和中国赢得了荣誉。啦啦操运动自身所体现的动作干脆，爆发力强，刚柔相济，极富挑战性，音乐富有动感，充满激情，服饰华丽，道具和口号千变万化，运动员活力四射的激情表演等，无不体现出团队风貌和精神力量。啦啦操运动目前已成为高校大学生极为青睐的时尚运动之一。

第二节　啦啦操基本技术

啦啦操成套动作示范如下。

组合一（4个八拍）

<table>
<tr><td colspan="10">第一个八拍动作</td></tr>
<tr><td colspan="10">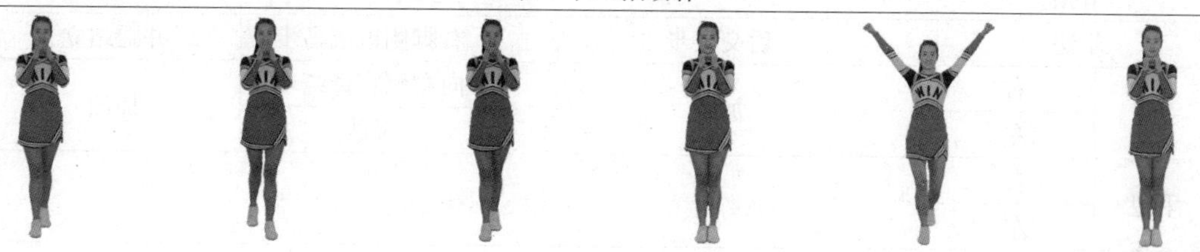
1　2　3　4　5、6　7、8</td></tr>
<tr><td colspan="2">节拍</td><td>1</td><td>2</td><td>3</td><td>4</td><td>5</td><td>6</td><td>7</td><td>8</td></tr>
<tr><td colspan="2">步法</td><td colspan="3">右脚开始向前走三步</td><td>左脚并于右脚</td><td colspan="2">右脚在前成小弓步</td><td colspan="2">并腿站立</td></tr>
<tr><td rowspan="2">手臂</td><td>右</td><td colspan="3" rowspan="2">加油</td><td rowspan="2">加油</td><td colspan="2" rowspan="2">高 V</td><td colspan="2" rowspan="2">加油</td></tr>
<tr><td>左</td></tr>
<tr><td rowspan="2">手型</td><td>右</td><td colspan="8" rowspan="2">拳</td></tr>
<tr><td>左</td></tr>
<tr><td colspan="10">第二个八拍动作</td></tr>
<tr><td colspan="10">
1　2　3、4　5、6　7、8</td></tr>
<tr><td colspan="2">节拍</td><td>1</td><td>2</td><td>3</td><td>4</td><td>5</td><td>6</td><td>7</td><td>8</td></tr>
<tr><td colspan="2">步法</td><td colspan="4">左脚侧迈，髋部左右摆动</td><td colspan="2">马步</td><td colspan="2">并腿站立</td></tr>
<tr><td rowspan="2">手臂</td><td>右</td><td colspan="4" rowspan="2">侧上冲拳两次</td><td colspan="2">向内绕环一周</td><td colspan="2" rowspan="2">短 T</td></tr>
<tr><td>左</td><td colspan="2">叉腰</td></tr>
<tr><td rowspan="2">手型</td><td>右</td><td colspan="8" rowspan="2">拳</td></tr>
<tr><td>左</td></tr>
<tr><td colspan="10">第三个八拍与第一个八拍动作相同，方向相反；第四个八拍与第二个八拍动作相同，方向相反</td></tr>
</table>

组合二（4 个八拍）

第一个八拍动作

1 2 3 4 5、6 7、8

节拍		1	2	3	4	5	6	7	8
步法		后交叉步				右脚侧迈成马步		并腿站立	
手臂	右	加油				向右侧直臂绕环		加油	
	左					叉腰			
手型	右	拳							
	左								

第二个八拍动作

1 2 3 4 5、6 7、8

节拍		1	2	3	4	5	6	7	8
步法		右脚向后漫步		并腿站立		并腿半蹲		并腿半蹲	
手臂	右	两手两侧画圆		加油	上 M	T		下 M	
	左								
手型	右	拳							
	左								

第三个八拍与第一个八拍动作相同，方向相反；第四个八拍与第二个八拍动作相同，方向相反

组合三（4 个八拍）

第一个八拍动作

1、2 3、4 5 6 7 8

节拍		1	2	3	4	5	6	7	8
步法		右脚脚尖侧点地		并腿站立		左脚侧迈	并腿	左脚侧迈	并腿
手臂	右	R		加油		上 A	加油	上 A	加油
	左								
手型	右	拳							
	左								

第二个八拍动作

1 2 3 4 5 6 7 8

节拍		1	2	3	4	5	6	7	8
步法		吸右腿	并腿	踢右腿	并腿	吸左腿	并腿	踢右腿	并腿
手臂	右	T				下 M			
	左								
手型	右	拳							
	左								
第三个八拍与第一个八拍动作相同，方向相反；第四个八拍与第二个八拍动作相同，方向相反									

组合四（4 个八拍）

第一个八拍动作

1 2 3 4 5 6 7 8

节拍		1	2	3	4	5	6	7	8
步法		右脚开始向前走三步			左脚并于右脚	分腿站立		马 步	并腿站立
手臂	右	从倒 V 到高 V				下 M		下 M	下 H
	左								
手型	右	拳							
	左								

第二个八拍动作

1、2 3、4 5、6 7、8

节拍		1	2	3	4	5	6	7	8
步法		右脚侧迈成马步		并腿站立		左脚侧迈成马步		并腿站立	
手臂	右	斜线		下 H		斜线		下 H	
	左								
手型	右	拳							
	左								
第三个八拍与第一个八拍动作相同，方向相反；第四个八拍与第二个八拍动作相同，方向相反									

组合五（4个八拍）

第一个八拍动作

1　2　3　4　5　6　7、8

节拍		1	2	3	4	5	6	7	8
步法		右脚开始向前走三步			左脚并于右脚	分腿站立，髋部左右摆动		分腿站立	
手臂	右	短剑			高冲拳	斜上冲拳	侧上冲拳	斜上冲拳	
	左								
手型	右	拳							
	左								

第二个八拍动作

1、2　3、4　5、6　7、8

节拍		1	2	3	4	5	6	7	8
步法		右脚侧迈成侧弓步		左脚侧迈成侧弓步		马步		并腿站立	
手臂	右	下L		下L		T		下H	
	左								
手型	右	拳							
	左								

第三个八拍与第一个八拍动作相同，方向相反；第四个八拍与第二个八拍动作相同，方向相反

组合六（4个八拍）

第一个八拍动作

1　2　3　4　5、6　哒拍　7　哒拍　8

节拍		1	2	3	4	5	6	7	8
步法		左脚并步后点		右脚并步后点		分腿顶右胯		顶胯两次	
手臂	右	T	斜下冲拳	T	斜下冲拳	侧下冲拳		侧下冲拳	
	左								

手型	右	拳							
	左								
第二个八拍动作									

1、2	3、4	5	6	7	8				
节拍		1	2	3	4	5	6	7	8
步法		右脚向右侧迈步		并腿站立		右脚向右侧迈步	并腿站立	右脚向右侧迈步	并腿站立
手臂	右	向后绕环				向后绕环		向后绕环	加油
	左	前平举				前平举		前平举	
手型	右	拳							
	左								
第三个八拍动作									

1、2	3、4	5、6	7、8						
节拍		1	2	3	4	5	6	7	8
步法		分腿站立		分腿站立		右脚向前迈步成小弓步		并腿站立	
手臂	右	向前平举		加油		放于右腿大腿上		下 H	
	左								
手型	右	拳							
	左								
第四个八拍动作									

1、2	3、4	5、6	7、8						
节拍		1	2	3	4	5	6	7	8
步法		右脚向前迈步成小弓步		并腿站立		分腿站立		并腿站立	
手臂	右	L		短 T		高 V		下 H	
	左								
手型	右	拳							
	左								

组合七（4 个八拍）

第一个八拍动作

1、2　　3、4　　5、6　　7、8

节拍		1	2	3	4	5	6	7	8
步法		分腿站立						移动身体重心	
手臂	右	短 T		高 V		放花球		叉腰	
	左							肩侧展	
手型	右	拳							
	左								

第二个八拍动作

1　　2　　3　　4　　5、6　　7、8

节拍		1	2	3	4	5	6	7	8
步法		右脚开始向前走三步			左脚并于右脚	小弓步		并腿站立	
手臂	右	倒 V				侧 K		下 H	
	左								
手型	右	拳							
	左								

第三个八拍动作

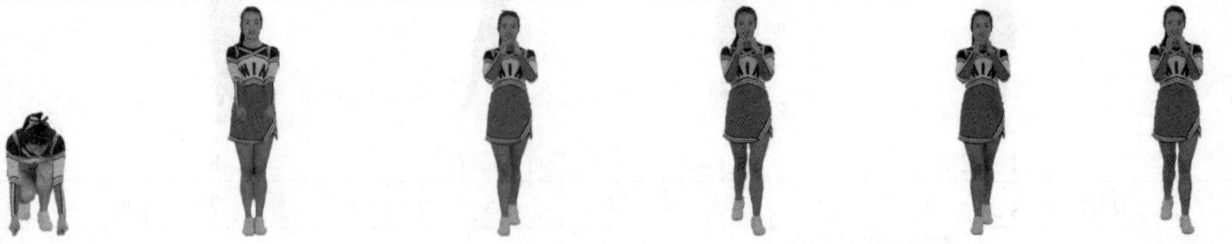

1、2　　3、4　　5　　6　　7　　8

节拍		1	2	3	4	5	6	7	8
步法		全蹲		并腿站立		右脚开始向前走四步			
手臂	右	捡花球		下 H		加油			
	左								
手型	右	拳							
	左								

第四个八拍动作									
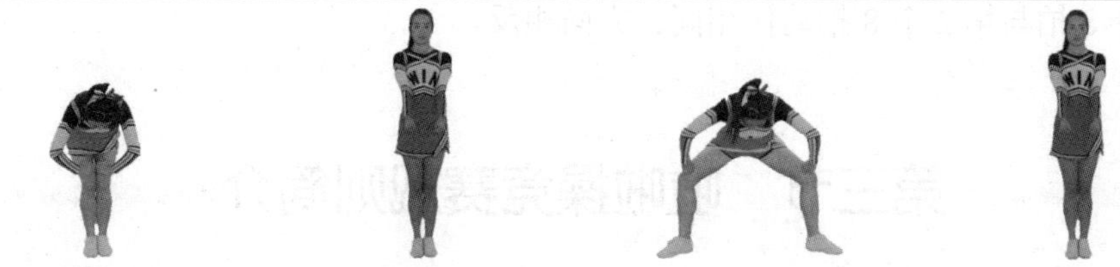									
1、2				3、4		5、6		7、8	
节拍		1	2	3	4	5	6	7	8
步法		并腿半蹲		并腿站立		分腿半蹲		并腿站立	
手臂	右	放于大腿上		下 H		放于大腿上		下 H	
	左								
手型	右	拳							
	左								

组合八（4 个八拍）

第一个八拍动作									

1	2	3	4	5	6	7	8		
节拍		1	2	3	4	5	6	7	8
步法		右脚开始向前走三步			左脚并于右脚	分腿站立			并腿站立
手臂	右	下 M				前平举	短 T	前平举	短 T
	左								
手型	右	拳							
	左								
第二个八拍动作									

1、2				3、4		5、6		7、8	
节拍		1	2	3	4	5	6	7	8
步法		并腿站立		半蹲		分腿小跳		并腿站立	
手臂	右	T		放于大腿上		高 V		下 H	
	左								
手型	右	拳							
	左								
第三个八拍与第一个八拍动作相同，方向相反；第四个八拍与第二八拍动作相同，方向相反									

第 3 个 8 拍与第 1 个 8 拍动作相同，方向相反。

第 4 个 8 拍与第 2 个 8 拍动作相同，方向相反。

第三节 啦啦操竞赛规则简介

一、全国啦啦操比赛规定动作竞赛规则

（一）总则

1. 宗旨

（1）为全国啦啦操规定动作比赛提供客观、统一的竞赛规则，保证比赛的客观性、公正性和规范性。

（2）为参赛者赛前训练和比赛提供指导依据。

（3）为裁判员公正、准确的评分提供客观依据。

2. 项目设置

（1）舞蹈啦啦操规定动作：① 花球舞蹈啦啦操规定动作；② 街舞舞蹈啦啦操规定动作；③ 爵士舞蹈啦啦操规定动作。

（2）技巧啦啦操规定动作：① 技巧啦啦操规定动作 0 级；②技巧啦啦操规定动作 1 级；③ 技巧啦啦操规定动作 2 级；④技巧啦啦操规定动作 3 级；⑤技巧啦啦操规定动作 4 级。

3. 组别设置

（1）幼儿组。

（2）儿童组。

（3）少年乙组。

（4）少年甲组。

（5）青年组。

4. 参赛人数及要求

（1）每队每项参赛人数为 8 ～ 24 人。

（2）参赛人员性别不限。

（3）每队可有 4 名替补队员。

5. 出场顺序

比赛的出场顺序在赛前由组委会统一抽签确定。

6. 比赛办法

预赛每队按赛前抽签顺序上场比赛，决赛每队按预赛成绩倒序上场比赛。

7. 比赛成绩与奖励

（1）预赛成绩不带入决赛，由决赛产生最终比赛成绩。

（2）奖项设置与奖励办法按具体比赛规程执行。

8. 服装与服饰

按2017—2020周期啦啦操竞赛规则执行。

9. 有关安全规定

按2017—2020周期啦啦操竞赛规则执行。

10. 场地与设备

（1）比赛场地为14x14平方米，后有特定标志的背景板。

（2）比赛有专业的放音设备，由大会统一播放音乐。

（3）裁判席设在比赛场地的正前方。

（二）评分方法及奖励

1. 评分标准及分值

啦啦操规定动作的评分采用100分制，裁判根据啦啦操2017—2020周期竞赛规则进行评判(评分细则见啦啦操规定动作评分表)。

2. 计分方式

（1）裁判人数：舞蹈啦啦操规定套路为9人，技巧啦啦操规定套路为10人，每名裁判100分为满分，去除一个最高分和一个最低分，其余分相加为最后得分。

3. 奖励方式

（1）各组别按决赛成绩取前八名，颁发证书。

（2）每名运动员均可获得荣誉证书。

（3）联赛、分站赛各组别前三名的队伍获得参加“年度全国啦啦操联赛总决赛啦啦操规定套路总决赛”的资格。

4. 裁判长减分

裁判长减分根据2017—2020周期啦啦操竞赛规则执行(评分细则见啦啦操规定动作减分表)。

5. 纪律处罚

对检录三次未到者、拒绝领奖者、不服从裁判者和有意干扰比赛者将视情况给予下列处罚。

（1）警告。

（2）取消比赛资格。

（3）取消成绩与名次。

6. 特殊情况

运动员在遇到以下特殊情况时，应立即停止做动作并向裁判长反映，在问题解决后重做，在成套动作结束后提出的要求将不被接受。

（1）播放错音乐。

（2）由于音响设备而出现的音乐问题。

（3）由于设备问题而出现的干扰（灯光、舞台、会场）。

7. 其他

上述情况以外的问题，将由仲裁委员会根据具体情况讨论解决，仲裁委员会的决定为最终决定。

（三）教练员、运动员、裁判员行为准则

1. 教练员行为准则

（1）熟知竞赛规程和竞赛规则。

（2）服从组委会领导，遵守大会的一切规定。

（3）在大会规定时间内，带领队员准时检录、试用场地、参赛。

（4）比赛时不得进入比赛场地。

（5）比赛中若发生非本队原因造成的比赛中断，有权向裁判长申请重做。

2. 运动员行为准则

（1）了解竞赛规程和竞赛规则。

（2）遵守大会的一切规定，服从大会的指挥。

（3）参加并积极配合由组委会召集的开幕式演练活动。

（4）提前 30 分钟做好赛前准备，按大会规定时间到检录处检录。

3. 裁判员行为准则

（1）从事该项目裁判工作的人员必须持有 2017—2020 周期啦啦操裁判员资格证书。

（2）必须精通 2017—2020 周期啦啦操竞赛规则、竞赛规程和规定动作评分办法。

（3）按比赛日程安排在指定时间到达赛场；准时参加相关会议。

（4）统一着装。男式，藏蓝色或黑色西服套装，全白色衬衣，黑色皮鞋及领带；女式，藏蓝色或黑色西服(裙)套装，全白色衬衣，黑色皮鞋。

（5）客观、准确地对比赛结果进行评判。

二、全国啦啦操比赛动作评分办法

（一）集体技巧啦啦操规定动作评分办法

集体技巧啦啦操规定动作的总分为 100 分。

1. 口号

感染观众的能力，在实施口号时托举和金字塔的适当使用，鼓励使用母语。满分为 10 分。

2. 托举

技巧与动作的难度性，同步性和多样性，底座的人数，托举的组数。满分为 25 分。

3. 金字塔

难度性，在完成金字塔过程中的整体连接，金字塔的同步性、完成情况和创新性。满分为 25 分。

4. 篮抛

技术技巧的执行，高度，同步性，难度性，多样性。满分为 15 分。

5. 翻腾

集体性，技术技巧的执行，难度性，正确技术要领，同步性（跳跃）。满分为 5 分。

6. 过渡与流畅性

成套中所有动作的转换及流畅性。满分为 5 分。

7. 总体印象、观众的反应（舞蹈）

满分为 10 分。

（二）集体花球啦啦操规定动作评分办法

集体花球啦啦操规定动作的总分为 100 分。

1. 技术

（1）动作技术的执行：手位动作精准、有力，步伐清晰，移动迅速。满分为 20 分。

（2）舞蹈动作技术的执行：身体的控制、延伸、平衡，动作的风格。满分为 10 分。

2. 团体协作能力

（1）动作与音乐的同步性：伴随音乐，动作整齐划一。满分为 10 分。

（2）动作的统一：每个人的动作要相同、清晰、干净和精准。满分为 10 分。

（3）空间的一致性：在成套和过渡动作中，人与人之间保持相等/正确的距离。满分为 10 分。

3. 编排

（1）队形的变换：队形清晰，变换流畅、自然，具有多样性。满分为 10 分。

（2）舞台效果、视觉效果：成套中层次、对比的编排新颖，视觉冲击力，花球的使用。满分为 10 分。

（3）保持原创：在成套中除队形、层次外，其他内容必须保持原创性。满分为 10 分。

4. 总体评价

（1）交流，公众形象，观众号召力。

（2）通过表演能力和观众吸引能力展现动态表演的能力。以合适的音乐、服装及编舞提升表演效果。总体评价满分为 10 分。

（三）集体街舞啦啦操规定动作评分办法

1. 技术

（1）动作技术的执行：动作展现出来的力度. 地面动作、停顿、配合、托举、技巧、跳跃等。满分为 20 分。

（2）舞蹈动作技术的执行：身体在 hip-hop 执行时的控制、平衡，身体各部位正确定位及动作的风格准确。满分为 10 分。

2. 团体协作能力

（1）动作与音乐的同步性：伴随音乐下，动作整齐划一。满分为 10 分。

（2）动作的统一：每个人的动作要相同、清晰、干净和精准。满分为 10 分。

（3）空间一致性：在成套和过渡动作中，人与人之间保持相等/正确的距离。满分为 10 分。

3. 编排

（1）队形的变换：队形清晰，变换流畅、自然，具有多样性。满分为 10 分。

（2）舞台效果、视觉效果：成套中层次、对比的编排新颖，视觉冲击力。满分为 10 分。

（3）保持原创：在成套中除队形、层次外，其他内容必须保持原创性。满分为 10 分。

4. 总体评价

（1）交流，公众形象，观众号召力。

（2）通过表演能力和观众吸引能力展现动态表演的能力。以合适的音乐、服装及编舞提升表演效果。总体评价满分为 10 分。

（四）集体爵士啦啦操规定动作评分办法

1. 技术

（1）动作技术的执行：动作展现出来的风格和力度，正确的跳跃、旋转、配合、托举等动作。满分为 20 分。

（2）舞蹈动作技术的执行：身体的控制、延伸、平衡，手臂/躯干/手/脚的正确定位。满分为 10 分。

2. 团体协作能力

（1）动作与音乐的同步性：伴随音乐，动作整齐划一。满分为 10 分。

（2）动作的统一：每个人的动作要相同、清晰、干净和精准。满分为 10 分。

（3）空间的一致性:在成套和过渡动作中，人与人之间保持相等/正确的距离。满分为 10 分。

3. 编排

（1）队形的变换：队形清晰，变换流畅、自然，具有多样性。满分为 10 分。

（2）舞台效果、视觉效果：成套中层次、对比的编排新颖，视觉冲击力。满分为 10 分。

（3）保持原创：在成套中除队形、层次外，其他内容必须保持原创性。满分为 10 分。

4. 总体评价

（1）交流，公众形象，观众号召力。

（2）通过表演能力和观众吸引能力展现动态表演的能力。以合适的音乐、服装及编舞提升表演效果。

总体评价满分为 10 分。

（五）全国啦啦操比赛规定动作减分办法

（1）人数不足或超出，每超出 1 人扣 3 分。

（2）技巧啦啦操口号时间不足 20 秒或超过 35 秒，扣 1 分。

（3）服装、鞋、道具、装饰等的脱落、掉落，扣 1 分。

（4）套路中断 5 ～ 10 秒，扣 3 分。

（5）套路中断 10 秒以上，扣 5 分。

（6）更改成套内容，扣 3 ～ 5 分。

（7）降低难度、技巧动作或某他动作等级，扣 5 分。

（8）难度、技巧、其他动作违例或越级，扣 5 分。

（9）其他规则违例（出现违规广告标贴），扣 1 ～ 5 分。

第四节　考核内容与标准

一级《花球啦啦操》考核内容与标准见表 15-4-1。

表 15-4-1 一级花球啦啦操考核内容与标准

按100分计	动作要求
90～100分	精神饱满，套路熟练，方向线路准确，动作和音乐完美结合，表现出一级花球啦啦操的特点和风格，能独立完成套路
80～89分	精神饱满，套路熟练，方向线路准确，动作和音乐完美结合，快慢相间，动作质量能体现出一级花球啦啦操的特点和风格，能独立完成套路
70～79分	精神饱满，套路基本熟练，方向线路准确，动作和音乐基本能结合，基本能体现出一级花球啦啦操的特点和风格，在规则规定的时间内完成套路
60～69分	能独立完成套路，套路不够熟练，动作质量不高，动作无明显错漏
60分以下	不能独立完成套路，动作质量差，不能体现出一级花球啦啦操的特点和风格，有错漏动作

【参考文献】

[1] 孙铁民，李慧娟.我国啦啦操运动现状的调查研究[J].西安体育学院学报，2005（7）：85-87.

[2] 李鸿.我国啦啦队运动的开展现状与对策研究[J].成都体育学院学报，2006，32（2）：89-91.

思政课堂

鲁晓雪等中国啦啦操运动员平时刻苦训练，将每一个动作和动作间的衔接把握得炉火纯青，最终在2019年夺得啦啦操世界锦标赛双人街舞冠军，为中国啦啦操乃至整个中国体育界增光添彩。

第十六章　体育舞蹈运动

本章导读

体育舞蹈也称为国际标准舞，它既不是传统体育，也不是传统舞蹈，而是体育与舞蹈的融合，是舞蹈的运动化和运动化的舞蹈。体育舞蹈是集体育、音乐、舞蹈于一体的，按国际规定标准化的标准舞动作，以锻炼身体、娱乐身心、提高审美能力和竞技比赛为目的的运动项目。

学习目标

1. 了解体育舞蹈的基本知识。
2. 了解西华大学体育舞蹈的开课舞种的基本技术。
3. 了解体育舞蹈的基本竞赛规则。
4. 了解西华大学体育舞蹈课程的考核内容与标准。

第一节　体育舞蹈运动概述

一、中国体育舞蹈概况

20 世纪 80 年代，体育舞蹈传入中国，此后在国内发展迅速。1991 年，中国体育舞蹈运动协会成立。1998 年，体育舞蹈被列为文化部“荷花奖”评奖单项。目前，体育舞蹈在我国受到了很多人的喜爱，正处在不断发展的过程中。

二、体育舞蹈的分类

体育舞蹈按舞蹈的风格和技术结构，分为现代舞（摩登舞）和拉丁舞两大类；按竞赛项目可分成三类，即现代舞、拉丁舞和团体舞。现代舞包括华尔兹、探戈、狐步舞、快步舞和维也纳华尔兹；拉丁舞包括桑巴、恰恰恰、伦巴、斗牛舞和牛仔舞。

（一）现代舞

现代舞具有端庄、含蓄、稳重、典雅的风格，舞步流畅，轻柔洒脱，舞姿优美，起伏有序，音乐节奏清晰，舞蹈富于技巧性，是老少皆宜的舞蹈。

（二）拉丁舞

拉丁舞绝大多数舞种起源于美洲，具有热情、奔放、浪漫的风格特点。拉丁舞的动作豪放粗犷，速度多变，手势和脚步内容丰富，充满激情，音乐节奏鲜明强烈，深受人们的喜爱。

（三）团体舞

团体舞是现代舞和拉丁舞的混合舞，8 对选手借助音乐的引导，用舞蹈在变化莫测的队形中编织出丰富多彩的图案。团体舞将音乐、舞姿、队形、图案和选手们和谐配合融为一体，这使体育舞蹈的风格特点更加鲜明。同一系列的舞种在风格和内容上有其共同特点，而每个舞种在步法、节奏、技术处理以至风格上也都有自己的独特之处。

三、各舞种的特点

（一）华尔兹

华尔兹也称圆舞，是现代舞中历史最悠久、生命力最强的舞蹈形式。华尔兹的风格特点是庄重典雅、华丽多彩，其动作流畅起伏，婉转多变，舞姿飘逸优美、文静柔和。舞蹈时，男伴似王子气宇轩昂，女伴似公主温文尔雅、雍容大方。华尔兹音乐为 3/4 拍，节奏中等，速度为每分钟 28 ～ 30 小节。

（二）探戈

探戈起源于非洲中西部的民间舞蹈探戈诺舞。探戈是最早被英国皇家舞蹈教师协会肯定，并加以规范的 4 个标准舞种之一。

探戈的舞步独树一帜，斜行横进，步步为营。探戈的动作刚劲锐利，欲进又退，欲退还前，动静快慢，错落有致，沉稳中见奔放，闪烁中显顿挫。探戈的音乐速度中等，气氛肃穆，以切分节奏为主，听之铿锵有声，可以振奋精神。

（三）狐步舞

狐步舞除具有华尔兹的典雅大方、舒展流畅和轻盈飘逸等特点之外，还具有平稳大方、悠闲自在、从容恬适的韵味。

狐步舞的舞步轻柔、圆滑、流畅，方位多变且不并步，在动作衔接中呈现出降中有升、升中有降的线行流动状。

狐步舞的音乐为 4/4 拍，速度中等，节奏明快，恬静而文雅，基本节奏与探戈相反，是慢、快、快。

（四）快步舞

快步舞的风格特点是轻快活泼，富于激情。舞步洒脱自由，饱含动力感和表现力。

快步舞的音乐为 4/4 拍，速度为每分钟 50 ～ 52 小节，基本节奏是慢、慢、快、快，慢、快、快、慢。

（五）维也纳华尔兹

维也纳华尔兹是社交舞中历史最悠久的舞种。维也纳华尔兹舞的风格特点是动作舒展大方、连绵起伏，节奏清晰，旋律活泼，动作优美，舞步轻快流畅，旋转性强。

维也纳华尔兹舞的音乐是 3/4 拍，速度为每分钟 56 ～ 60 小节。在比赛中，维也纳华尔兹常被放在第 5 项进行，选手有充沛的体力才能从容地完成这一舞蹈。

（六）桑巴

桑巴的风格特点是动作粗犷、起伏强烈，舞步奔放、敏捷，富有强烈的感染力。桑巴要求舞者在移动时沿舞程线绕场进行，因此它是拉丁舞中的一种行进性的舞蹈。桑巴音乐为 2/4 拍，速度为每分钟 48 ～ 65 小节。

（七）恰恰恰

恰恰恰

恰恰恰由非洲传入拉丁美洲后，在古巴获得了很大的发展，它是模仿企鹅姿态而创编的恰恰恰舞蹈。恰恰恰在动作编排上一反男子领舞的习惯，对男女动作不要求整齐统一，且多半是男子随后。恰恰恰的音乐曲调欢快有趣，为 4/4 拍，速度为每分钟 29 ～ 34 小节。

（八）伦巴

伦巴

伦巴的舞蹈风格是柔媚、抒情，是表现爱情的舞蹈。与其他拉丁舞不同，伦巴舞者在舞步运行中，其髋部富有魅力地扭摆，上身自由舒展，在抑扬的韵律节奏下，展现了文静、含蓄、柔媚的风格，也展示了女性婀娜多姿的美态。伦巴因历史悠久，舞型成熟，及其充满异国情调的独特风格，被誉为“拉丁舞之魂”。伦巴舞的音乐为 4/4 拍，速度为每分钟 27 ～ 31 小节。

牛仔舞

（九）斗牛舞

斗牛舞起源于西班牙，是模仿西班牙斗牛士的动作，体现西班牙风格的进行曲伴舞的一种拉丁舞。在舞蹈中，男士象征斗牛士，女士象征斗牛士的斗篷，因此该舞蹈表现了男子强壮英武和豪迈昂扬的气概。斗牛舞的音乐为 2/4 拍，速度为每分钟 60 ～ 62 小节。

（十）牛仔舞

牛仔舞原是美国西部牛仔跳的一种踢踏舞，盛行于 20 世纪二三十年代。牛仔舞节奏快，动作粗犷，带有举持舞伴和甩动的技巧，是表现牧人强健体魄和自由奔放情绪的舞蹈，具有独特的魅力。牛仔舞的音乐为 4/4 拍，速度为每分钟 42 ～ 44 小节。

第二节　体育舞蹈基本技术

一、舞蹈基本元素练习

（一）芭蕾基本元素练习

1. 芭蕾手型

手指并拢，自然伸直，中指、无名指和小指并拢，并与拇指一起稍向里合，食指微翘。

2. 芭蕾七位手

一位：两臂成弧形置于体前，指尖斜相对，掌心向内。

二位：两臂保持弧形前平举，略低于肩。

三位：两臂保持弧形上举。

四位：一手臂保持于三位，另一手臂回落到二位。

五位：一手臂保持于三位，另一手臂向侧打开。

六位：在三位的手臂下落至二位，另一手臂仍侧举。

七位：在二位的手臂向侧打开，另一手臂仍侧举，两手对称。

3. 勾、绷脚背

上身挺直，坐于地毯上，两臂置于体侧，两手中指指尖点地，先用力勾起两脚脚趾；再勾起脚背，脚跟用力前蹬，使脚背与小腿的角度越小越好；再绷脚背还原。

（二）体育舞蹈基本元素练习

1. 站姿（现代舞）

两脚并拢（现代舞），或脚跟靠拢，脚尖打开成小八字（拉丁），两脚均匀着地，两臂自然下垂。颈部和躯干自然挺直，把身体重心放在两脚之间，头、颈、躯干和腿在同一直线上，立腰、收腹、敛臀，头向上顶，气息向下沉。

2. 擦地（现代舞）

向前擦地：身体重心在主力腿上，动力腿保持正直，主力腿屈膝，动力腿绷脚向前擦地。擦地过程中，脚背外旋，脚跟用力向前顶，经半脚掌擦地阶段到脚背完全绷直，脚尖与主力腿在一条直线上，然后伸直主力腿，动力腿沿原路线收回。

向侧擦地：身体重心在主力腿上，动力腿保持正直，主力腿屈膝，动力腿绷脚向侧擦地，开始用全脚擦地，边擦边绷脚背，脚背推至最高点，脚尖点地，脚跟前顶，使腿部肌肉充分伸长，然后伸直主力腿，动力腿沿原路线收回。

向后擦地：身体重心在主力腿上，动力腿保持正直，主力腿屈膝，动力腿绷脚向后擦地，擦地过程中脚尖先行，动力腿尽量向后下方伸展，脚尖与主力腿在一条直线上，然后伸直主力腿，动力腿沿原路线收回。

3.摆荡练习（现代舞）

前摆：两脚并拢，以右腿为主力腿为例，右腿弯曲，左脚向前擦出，左脚脚跟着地，身体保持中正，使尾椎位于右脚正上方。右脚向后蹬地并滚动至脚尖着地，左脚全脚掌着地，身体重心前移，同时肩膀保持不动，腰胯发力向前顶，使上身的移动滞后于胯部的移动，使脊柱下端向前倾斜。

后摆：左脚向前蹬地并滚动至脚跟着地，右脚全脚掌着地，身体重心回到右脚，使身体沿原路线返回。

4.升降练习（现代舞）

升：两脚并拢，屈膝，两脚脚跟同时离开地面，身体重心前移至脚趾，边起脚跟边伸直膝关节，直至腿部肌肉拉紧，膝关节伸直，身体向上延伸。

降：两脚脚掌滚动落回地面，使膝关节随着脚跟落地而弯曲还原。

5.反身练习（现代舞）

准备姿势：两腿并脚站立，两臂侧平举，前臂弯曲，与上臂成 90°，掌心向前。以右腿为主力腿为例，右腿弯曲，左脚向前擦地，同时腰部带动上半身左转至上臂与左腿平行的位置。右腿伸直，在左脚沿原路线收回的同时，腰部带动上半身转动还原。右腿弯曲，左脚向后擦地，同时腰部带动上半身右转至上臂与左腿平行的位置。右腿伸直，在左脚沿原路线收回的同时，腰部带动上半身转动还原。

6.引带练习（现代舞）

两舞伴成闭式握抱姿态，身体重心放在主力腿，动力腿侧点地。男士引带女士移动，将身体重心移至动力腿，一边移动身体重心一边拧动身体，女士跟随。引带的动力来自于男士身体重心的移动，男士将此动力通过两舞者身体的 3 个接触点或接触面（膝关节至肋骨，手臂/肩部和手）同时传导给女士。

7.擦地（拉丁舞）

向前擦地：身体重心在主力腿上，动力腿保持正直，主力腿伸直，动力腿绷脚向前擦地。擦地过程中脚背外旋，脚跟用力向前顶，经半脚掌擦地阶段到脚背完全绷直，脚尖与主力腿在一条直线上，然后动力腿沿原路线收回。

向侧擦地：身体重心在主力腿上，动力腿保持正直，主力腿伸直，动力腿绷脚向侧擦地，开始用全脚擦地，边擦边绷脚背，将脚背推至最高点，脚尖点地，脚跟前顶，使腿部肌肉充分伸长，然后动力腿沿原路线收回。

向后擦地：身体重心在主力腿上，动力腿保持正直，主力腿伸直，动力腿脚尖向外并绷脚向后擦地，开始用全脚擦地，边擦边绷脚背，将脚背推至最高点，整条动力腿外旋至脚拇趾内侧点地，开胯，动力腿尽量向后下方伸展，使脚尖与主力腿在一条直线上，然后动力腿沿原路线收回。

8.转腰（拉丁舞）

两脚脚跟相靠，成小八字站位，两腿紧绷，两膝伸直，控制两肩不摇晃，以脊椎为中轴，带动脊椎中段做左右两侧的转动。

9.摆胯（拉丁舞）

两脚摆成小八字站位，两腿紧绷，两膝伸直，身体重心在主力腿上，动力腿踮起，尽量起脚跟，带动同侧胯部上升并向后旋转。

二、体育舞蹈部分舞种的基本技术

（一）华尔兹

1. 华尔兹的升降

（1）身体的升降。（图 16–2–1）

此动作的练习主要是让练习者体会踝关节、膝关节的屈伸，加强脚和身体的控制能力，提高身体升降的稳定性。

（2）手臂前后摆动的升降。（图 16–2–2）

随着膝、踝关节的屈伸，手臂前后摆转，练习者可以掌握升降摆转的延伸动作。

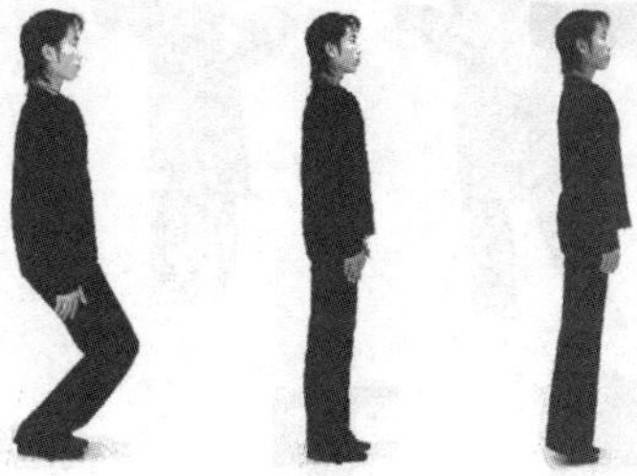

图 16–2–1

图 16–2–2

2. 握抱姿势

（1）闭式舞姿。（图 16–2–3）

男女舞伴相对站立，两脚并拢，脚尖对齐、正对前方。女士偏向男士右侧的 1/3，男女伴的右脚脚尖对准对方两脚的中线。男女伴的头都向左转，目光向同伴右肩方向看去。女士从臀部以上向后上方打开，男士左手与女士右手掌心相握，虎口向上，前臂与上臂的夹角为 135°，手的高度与女士右耳相平。男士右手五指并拢，轻轻置于女士左肩胛骨下端。女士左手四指并拢，将虎口放在男士右臂三角肌处。

（2）开式舞姿。

在闭式舞姿的基础上，男女舞伴的上身各向外打开 25°，头面向手的方向，目光从手的方向向远处延展，男士与女士的右髋部仍相靠不能打开。

3. 基本步法

（1）左脚并换步。（图 16–2–4）

男士左脚前进；女士右脚后退。

男士右脚横点稍前；女士左脚横步稍后。

男士左脚并右脚；女士右脚并左脚。

图 16–2–3

图 16–2–4

华尔兹铜牌二级组合-完整动作

华尔兹铜牌二级组合-分解动作

（2）左转步。（图 16–2–5）

共 6 步，节奏为 1、2、3、1、2、3。

男士左脚前进，开始左转；女士右脚后退，开始左转。

男士经右脚向侧横步，1 ～ 2 步转 1/4 周；女士左脚向侧横步，1 ～ 2 步转 3/8 周。

男士左脚并右脚，2 ～ 3 步转 1/8 周；女士右脚并于左脚，身体完成转动。

男士右脚后退，继续向左转；女士左脚前进，继续向左转。

男士左脚向侧横步，4 ～ 5 步转 3/8 周；身体稍转；女士右脚向侧横步，4 ～ 5 步转 1/4 周。

男士右脚并左脚，身体完成转动；女士左脚并于右脚，5 ～ 6 步转 1/8 周。

图 16–2–5

（3）右转步。（图 16–2–6）

共 6 步，节奏为 1、2、3、1、2、3。

男士右脚前进，开始右转；女士左脚后退，开始右转。

男士经左脚向侧横步，1 ～ 2 步转 1/4 周；女士右脚向侧横步，1 ～ 2 步转 3/8 周。

男士右脚并左脚，2 ～ 3 步转 1/8 周；女士左脚并于右脚，身体完成转动。

男士左脚后退，继续向右转；女士右脚前进，继续向右转。

男士右脚向侧横步，4 ～ 5 步转周；3/8 身体稍转；女士左脚向侧横步，4 ～ 5 步转 1/4 周。

男士左脚并右脚，身体完成转动；女士右脚并于左脚，5 ～ 6 步转 1/8 周。

图 16–2–6

（4）侧行追步。（图 16–2–7）

侧行追步有 4 步，3 拍走 4 步。节奏为 1、2、&、3，由开式舞姿开始。

男士右脚前进并交叉于反身动作及侧行位置，着地时，先脚跟后脚掌；女士左脚前进并交叉于反身动作位置，着地时，先脚跟后脚掌，开始左转。

男士左脚横步，着地时用脚掌；女士右脚横步，着地时用脚掌，1 ～ 2 步转 1/8 周。

男士左脚并于右脚，着地时用脚掌；女士左脚并于右脚，着地时用脚掌，2 ～ 3 步转 1/8 周，身体稍转。

男士右脚横步稍后，着地时先脚掌后脚跟；女士右脚横步稍后，着地时先脚掌后脚跟。

图 16–2–7

（5）V字步。（图 16–2–8）

男士左脚前进；女士右脚后退。

男士右脚向斜内侧前进；女士左脚斜退。

男士左脚在侧行位置交叉于右脚后；女士右脚在侧行位置交叉于左脚后。

（6）外侧右转步。（图 16–2–9）

节奏为 1、2、&、3，由侧位开始。

男士右脚前进并交叉于反身动作及侧行位置；女士左脚前进并交叉于反身动作及侧行位置。

男士左脚向侧；女士右脚向侧。

男士右脚在侧行位置交叉于右脚后；女士左脚并于右脚。

男士左脚向侧且稍前进；女士右脚向侧并稍后退。

（7）右旋转步。（图 16–2–10）

右旋转步有 6 步，节奏为 1、2、3、1、2、3。

男士右脚前进开始右转；女士左脚后退开始右转。

男士左脚向侧横步，1 ～ 2 步转 1/4 周；女士右脚向侧横步，1 ～ 2 步转 3/8 周，身体稍转。

男士右脚并于左脚，2 ～ 3 步转 1/8 周；女士左脚并于右脚，身体完成稍转。

男士左脚后退，左脚保持在反身动作位置中（轴转）右转 1/2 周；女士右脚前进（轴转）右转 1/2 周，跟脚。

男士右脚前进继续右转跟掌；女士左脚后退，并向左侧继续右转跟掌。

男士左脚横步稍后 5 ～ 6 步转 3/8 周，掌跟；女士右脚经左脚斜进 5 ～ 6 步转 3/8 周。

图 16–2–8

图 16–2–9

图 16-2-10

（8）踌躇步。（图 16-2-11）

男士左脚前进开始左转，着地时先脚掌后脚跟；女士右脚后退开始左转，着地时先脚掌后脚跟。

男士右脚横步 1 ～ 2 步转 1/4 周，着地时用脚掌；女士左脚横步 1 ～ 2 步转 1/4 周，着地时用脚掌。

男士左脚并于右脚，不置重量 2 ～ 3 步转 1/8 周（掌跟中心在右脚）；女士右脚并于左脚，不置重量 2 ～ 3 步转 1/8 周（掌跟中心在左脚）。

（9）后叉形步。（图 16-2-12）

男士在反身动作位置中左脚后退；女士在反身位置及外侧中右脚前进。

男士右脚斜退；女士左脚向侧。

男士在侧行位置中，左脚交叉于右脚后；女士在侧行位置中，右脚交叉于左脚后。

图 16-2-11

图 16-2-12

（二）探戈

1. 握抱姿势

男伴的右脚回收半脚，并到左脚内侧脚弓处，前后错开半个脚，身体重心下沉，膝关节弯曲并松弛。左手回收，肘关节上抬，前臂内收角度加大（接近 90° ）。男士右手略向下，斜插女伴的脊椎骨略靠近右肩胛骨的地方（不要超过脊柱）；女士的左手拇指贴向掌心，四指并拢，虎口处抵住男伴的上臂外侧靠近腋部。男伴右肘与女伴左肘部相重叠，即男伴右肘骨抵住女伴的左肘内窝。男女伴的目视方向与华尔兹相同，时有闪回的动作。男伴与女伴的位置是 1/3 微贴，接触点是膝关节及髋部到腹部的位置。（图 16-2-13）

2. 基本步法

（1）二常步。（图 16-2-14）

二常步有两步，节奏为慢、慢。

男士左脚前进；女士右脚后退。

男士右脚前进；女士左脚后退。

（2）直行侧步。（图 16–2–15）
直行侧步有 3 步，节奏为快、快、慢。
男士左脚前进；女士右脚后退。
男士右脚向侧稍后退；女士左脚向侧稍前进。
男士左脚前进；女士右脚后退。

图 16–2–13

图 16–2–14

图 16–2–15

（3）并脚结束。（图 16–2–16）
并脚结束有 3 步，节奏为快、快、慢。
男士右脚后退；女士左脚前进。
男士左脚横步稍前，左转 1/4 周；女士右脚横步稍后，左转 1/4 周。
男士右脚并于左脚；女士左脚并于右脚。
（4）右摇转步。（图 16–2–17）
男士右脚前进；女士左脚后退。
男士左脚向侧并稍后；女士右脚前进。
男士身体重心回到右脚，1 ～ 3 步右转 1/4 周；女士左脚后退，1 ～ 3 步右转 1/4 周。

图 16–2–16

图 16–2–17

（5）基本左转。（图 16–2–18）
基本左转有 6 步，节奏为快、快、慢、快、快、慢。
男士在反身位置中左脚前进；女士在反身位置中右脚后退。
男士右脚向侧并稍后退；女士左脚向侧并稍前进。
男士左脚交叉于右脚之前；女士右脚并于左脚且稍后退。
男士右脚后退；女士左脚前进。
男士左脚向侧稍前进；女士右脚向侧并稍后退。
男士右脚并左脚且稍退后；女士左脚并且右脚且稍前进。

图 16-2-18

（6）行进连步。（图 16-2-19）

行进连步有 2 步，节奏为快、快。

男士在反身位置中左脚前进；女士在反身位置中右脚后退。

男士右脚向侧并在侧行位置中稍后退；女士左脚向侧并在侧行位置中稍后退。

（7）并式侧行步。（图 16-2-20）

并式侧行步有 4 步，节奏为慢、快、快、慢。

在侧行位置上开始。

男士在侧行位置中，左脚向侧；女士在侧行位置中，左脚向侧。

男士右脚前进并交叉于反身动作位置与侧行位置中；女士右脚前进并交叉于反身位置与侧行位置中。

男士左脚向侧并稍前进；女士左脚向侧。

男士右脚向侧并稍后退；女士右脚交叉于左脚之后。

恰恰恰双人铜牌组合-完整动作

图 16-2-19

图 16-2-20

（三）恰恰恰

1. 握抱姿势

（1）闭式舞姿。男女舞伴相对而立，两臂相抱，两脚分开，与肩同宽。收腹挺胸，上体前倾。（图 16-2-21）

（2）开式舞姿。男女舞伴相对而立，对视，身体重心在任意脚上，但两人身体重心所在脚相反，一只手相握，另一臂侧平举。（图 16-2-22）

图 16-2-21

图 16-2-22

2. 基本步法

（1）锁步。

【前进锁步】

准备姿势：两脚前后开立，左脚在前，身体重心在左脚上。

2 拍：右脚向前一步，身体重心前移。

& 拍：左腿跟进，膝关节贴住右腿腘窝。

3 拍：右脚继续向前一步，身体重心前移。

4 拍：左脚向前一步，身体重心移至左脚前脚掌。

& 拍：右腿跟进，膝关节贴住左腿腘窝。

1 拍：左脚继续向前一步，身体重心前移。

前进锁步如图 16-2-23 至图 16-2-29 所示。

图 16-2-23

图 16-2-24

图 16-2-25

图 16-2-26

图 16-2-27

图 16-2-28

图 16-2-29

【后退锁步（与前进锁步方向相反）】

准备姿势：两脚前后开立，左脚在后，身体重心在左脚上。

2 拍：右脚向后一步，身体重心后移。

&拍：左腿向后跟进，左腿腘窝贴住右腿膝关节。

3 拍：右脚继续向后一步，身体重心后移。

4 拍：左脚向后一步，身体重心后移。

&拍：右腿向后跟进，右腿腘窝贴住左腿膝关节。

1 拍：左脚继续向后一步，身体重心后移。

（2）左右横并步。（图 16–2–30 至图 16–2–35）

【左横并步】

准备姿势：左脚侧点的开式舞姿。

2 拍：左脚向前，脚尖外转。

3 拍：还原身体重心于右脚。

4 拍：左脚经右脚向左侧迈一步。

&拍：右脚向左脚并合。

1 拍：左脚向左横跨一步，同时身体重心移至左脚，右脚脚尖点地。

【右横并步（接左横并步）】

2 拍：右脚后退。

3 拍：身体重心还原于左脚。

4 & 1 拍：向右的恰恰追步（右左右）。

图 16–2–30

图 16–2–31

图 16–2–32

图 16–2–33

图 16–2–34

图 16–2–35

（3）纽约步。（图 16–2–36 至图 16–2–40）

准备姿势：男士左脚侧点地的开式舞姿。

2 拍　男：左脚向右前迈步，右转 1/4 周成并肩位，左手拉女士右手前平举，右臂侧平举，身体重心左移。女：右脚向左前迈步，左转 1/4 周成并肩位，右手拉男士左手前平举，左臂侧平举，身体重心右移。

3 拍　男：右脚在原地，身体重心移至右脚。女：左脚在原地，身体重心移至左脚。

4 & 1 拍　男：左脚向左的横并步，身体左转 1/4 周，两手与女士两手相握在体前。女：右脚向右的横并步，身体右转 1/4 周，两手与女士两手相握在体前。

第二小节，男女士的动作互换。

图 16–2–36

图 16–2–37

图 16–2–38

图 16–2–39

图 16–2–40

（4）定点转。（图 16–2–41 至图 16–2–45）

准备姿势：男士右脚侧点的开式舞姿。

2 拍　男：右脚向左前迈步，身体左转 1/4 周成并肩位，右手拉女士手向右伸臂，身体重心移至右脚。女：左脚向右前迈步，身体右转 1/4 周成并肩位，左手与男士右手相贴，身体重心移至左脚。

3 拍　男：以右脚为轴，左转 1/2 周，身体重心前移，落在左脚上。女：以左脚为轴，右转 1/2 周，身体重心前移，落在右脚上。

4 & 1 拍　男：右脚前进，身体左转 1/4 周，身体重心移至右脚，向右横并步。两手与女士两手相握在体前。女：左脚前进，身体右转 1/4 周，身体重心移至左脚，向左横并步。

图 16–2–41

图 16–2–42

图 16–2–43

图 16-2-44

图 16-2-45

（5）扇形步。（图 16-2-46 至图 16-2-50）

准备姿势：开式舞姿。

2 拍　男：右脚后退，身体重心移至右脚。女：左脚前进，身体重心移至左脚。

3 拍　男：左脚在原地，身体重心移至左脚。女：右脚后退，左转 1/8 周。

4 拍　男：右脚横步稍上前，左转 1/8，右手向右侧展开。女：左脚后退，左转 1/4 周。

&拍　男：左脚追并右脚，左转 1/8 周。女：右脚交叉在左脚前。

1 拍　男：右脚横步，右手向侧打开，脚位与女士成扇形。女：左脚后退，左手向侧打开，脚位与男士成扇形。

图 16-2-46

图 16-2-47

图 16-2-48

图 16-2-49

图 16-2-50

（6）曲棍步。（图 16-2-51 至图 16-2-60）

准备姿势：扇形位舞姿开始。

2 拍　男：左脚前进，身体重心移至左脚。女：右脚收并左脚，身体重心移至右脚，左脚提踵，屈膝。

3 拍　男：右脚在原地，身体重心移至右脚，左手拉女伴右手上举。女：左脚前进，右手随男士左手上举。

4 拍　男：左脚并于右脚。女：右脚前进，身体重心移至右脚。

&拍　男：右脚并于左脚。女：左脚交叉在右脚后面。

1 拍　男：左脚向侧一小步，左手继续上举。女：右脚前进，身体重心移至右脚，右手上举至额前上方。

2 拍　男：右脚斜退左后方，右转 1/8 周，左手上举至女士头顶。女：左脚前进，左转 1/8 周。

3 拍　男：左脚踏转，身体重心移至左脚。女：右脚前进，左转 3/8 周。

4 拍　男：右脚前进。女：左脚后退，左转 1/8 周。

&拍　男：左脚交叉在右脚后面。女：右脚交叉在左脚前面。

1 拍　男：右脚前进，身体重心移至右脚。女：左脚后退，身体重心移至左脚。

图 16–2–51

图 16–2–52

图 16–2–53

图 16–2–54

图 16–2–55

图 16–2–56

图 16–2–57

图 16–2–58

图 16–2–59

图 16–2–60

（7）臂下右转步。（图 16–2–61 至图 16–2–65）

准备姿势：右脚侧点的开式舞姿。

2 拍　男：右脚后退，左手握女伴的手上举。女：左脚向右前方前进且越过身体。

3 拍　男：左脚在原地。女：右转 3/4 周，转成左脚在后，身体重心右移。

4 &1拍　男：右脚向右横并步。女：左脚向侧，右转 1/4 周，向左横并步。

图 16–2–61

图 16–2–62

图 16–2–63

图 16-2-64

图 16-2-65

（8）手接手。（图 16-2-66 至图 16-2-70）

准备姿势：男士右脚侧点地的开式舞姿。

2 拍　男：左脚后退一步，左转 1/4 周，右手向前单拉手势。女：右脚后退一步，右转身 1/4 周，左手向前单拉手势。

3 拍　男：身体重心回右脚，右肩与女士左肩相靠。女：身体重心回左脚。左肩与男士右肩相靠。

4 & 1 拍　男：右转身 1/4 周，成双拉手势，左脚向左横并步。女：左转身 1/4 周，成双拉手势，右脚向右横并步。

2 拍　男：右脚后退一步，右转 1/4 周，成单拉手势。女：左脚后退一步，左转身 1/4 周，成单拉手势。

3 拍　男：身体重心回左脚。左肩与女士右肩相靠。女：身体重心回右脚。右肩与男士左肩相靠。

4 & 1 拍　男：左转身 1/4，成双拉手势，右脚向右横并步。女：右转身 1/4 周，成双拉手势，左脚向左横并步。

图 16-2-66

图 16-2-67

图 16-2-68

图 16-2-69

图 16-2-70

第三节　体育舞蹈竞赛规则简介

一、比赛的场地

体育舞蹈比赛场地长 23 米，宽 15 米，选手按逆时针方向行进，交换舞程线时应过中心线。

二、比赛的音乐

决赛时，比赛音乐每曲时长为 2 分 30 秒，其他级别比赛每曲时长不得少于 1 分 30 秒。

三、比赛的服装

现代舞比赛中，男子穿燕尾服，女子穿不过脚踝的长裙；拉丁舞服装应有拉美风格，男女选手服装必须协调。专业选手背号为黑底白字，业余选手背号为白底黑字。

四、比赛的种类

体育舞蹈比赛分团体赛和个人赛两种，按预赛（淘汰赛）、复赛（选拔赛）、半决赛（资格赛）、决赛（名次赛）的程序进行。

五、比赛的项目

体育舞蹈比赛的项目主要包括现代舞五项全能、现代舞单项、拉丁舞五项全能、拉丁舞单项、十项全能、现代团体舞、拉丁团体舞。

六、比赛的裁判员

体育舞蹈比赛裁判员的人数应为单数，这是因为在比赛时，选手能否进入下一轮比赛，是依据裁判员的 2/3 或 3/5 的比例选票决定出来的。

七、比赛的评判依据

（1）基本技术：基本动作；姿态；平衡稳定；移动。

（2）音乐运用：对节奏、风格的理解和表现。

（3）舞蹈风格：区别各种不同舞种之间的风格差别；个人风格的展现。

第四节　考核内容与标准

体育舞蹈的考核内容为双人配合完成套路。双人配合完全成套路评分标准见表 15–4–1。

表 15–4–1　双人配合完成套路评分标准

评分标准	分值
动作完成规范准确、熟练，姿态优美；动作与音乐的配合协调一致；有较强的表现力	90～100
动作完成规范准确、熟练，姿态优美；动作与音乐的配合协调一致	80～90
动作完成较规范准确、熟练，姿态较优美；动作与音乐的配合协调一致	70～80
动作熟练；动作与音乐的配合不能协调一致	60～70
动作不熟练，姿态无美感；动作与音乐的配合不能协调一致	<60

【参考文献】

[1] 姜桂萍.舞蹈 体育舞蹈 艺术体操[M].桂林：广西师范大学出版社，2000.

[2] 赵晓玲.体育舞蹈教程[M].重庆：重庆大学出版社，2017.

[3] 张瑞林.体育舞蹈[M].北京：高等教育出版社，2011.

[4] 杨斌.形体训练纲论[M].北京：北京体育大学出版社，2002.

思政课堂

中国体育舞蹈运动员李天翔一丝不苟、不断追求极致，在1987年成为第一个代表中国出国参加世界体育舞蹈大赛并获得世界体育舞蹈奖项的运动员，之后他还参与制定了中国体育舞蹈行业标准，为中国体育舞蹈的发展做出了卓越贡献。

第十七章　瑜伽运动

本章导读

本章主要内容包括瑜伽溯源、瑜伽基本技术及西华大学开设瑜伽课程的基本情况。

学习目标

1. 了解瑜伽的起源与锻炼价值。
2. 掌握瑜伽的基本技术，提高柔韧素质。

第一节　瑜伽运动概述

一、瑜伽的概念与锻炼价值

（一）瑜伽的起源与定义

1. 瑜伽的起源

瑜伽起源于古印度，距今约有5000年的历史，是东方古老的健身术之一。

2. 瑜伽的定义

瑜伽的含义为“一致”或“和谐”，意为把使得内心平和与身体健康更为和谐统一。

瑜伽运动是一种系统的修身养心方法，主要包括调身的体位法、调息的呼吸法、调心的冥想法，以促进身心健康。

（二）瑜伽的锻炼价值

（1）修身养性，调理身心。瑜伽的休息术能够使人心静，更好地陶冶情操，让人更加自信，更加热爱生活。

（2）消除疲劳，缓解压力。瑜伽的呼吸法，可以使练习者排出体内的废气，缓解其紧张和疲劳，减轻其工作和生活的压力。

（3）舒展身体，控制体重。瑜伽的体位法，可按摩练习者的身体器官，促进其血液循环，伸展其僵硬的肌肉，使其关节灵活，从而达到改善体质、控制体重的目的。

二、西华大学瑜伽课程教学任务

结合访谈和问卷调查结果，西华大学体育学院在设计瑜伽课的教学目标和教学任务时主要考虑学校体育场馆设施的状况、学生的专业特点、学生的整体情况，以及校教务处安排课程的教学时限等。具体来说，西华大学体育学院瑜伽课的教学任务主要涉及以下几个方面：① 舒缓学生紧张的神经，减轻学习、生活带给其的压力；② 提高学生的身体素质，使学生掌握瑜伽的基本技术、技能、方法；③ 使学生形成正确的身体姿态，增强其关节的灵活性、肌肉的弹性，促进学生身体的全面发展；④ 培养和提高学生自编、自练的能力，为终身体育打下基础，使其终身受益；⑤ 培养学生端正、积极向上的生活态度，促使其树立正确的世界观、人生观、价值观。

第二节　瑜伽技术及考核标准

一、瑜伽练习的基本条件

瑜伽练习的基本条件主要有以下几点。

（1）明亮开放的空间。

（2）场地必须是结实和稳固的。

（3）安静的环境，温度适中，避免太阳直射，手机调成静音。

（4）专业瑜伽垫或防滑垫。

（5）着装舒适、宽松、有弹性，让身体能够自由运动。

（6）赤脚练习，如果太冷可以穿袜子。

（7）练习之前不要进食，饱餐后要停留 3 ～ 4 小时后再练习。

（8）练习前请尽量清空身体。

（9）正式上课前做简单的热身运动。

基本坐姿练习

二、瑜伽的专业术语

（一）坐姿

坐姿主要有前倾式和后仰式。前倾式主要有钻石式、束角式、跨骑式、单腿交换伸展式、射箭式、背部伸展式、牛面式、船式。后仰式主要有猫伸展式、骆驼式、眼镜蛇式、蝗虫式、弓式、鱼式、狗伸展式、桥式。

（二）站姿

站姿主要有山式、弯腰伸展式、侧面弯腰伸展式、战士第一式、战士第二式、三角伸展式、旋转三角式、侧三角伸展式。

（三）平衡姿势

平衡姿势主要有树式、战士第三式、半月式、鹰式、舞蹈式、平衡式、支架式、斜支架式、孔雀式、后仰支架式、乌鸦式、手倒立式。

（四）倒立姿势

倒立姿势主要有肩倒立式、犁式、蝎子式、头倒立式。

（五）休息和放松姿势

休息和放松姿势主要有仰卧放松功、卧英雄功、半身仰卧放松功。

三、瑜伽授课的基本内容

（一）瑜伽呼吸

1. 呼吸的基本方法

呼吸的基本方法主要有腹式呼吸、胸式呼吸、完全呼吸。

2. 呼吸控制法

呼吸控制法主要有喉式呼吸控制法、清凉式呼吸控制法、左右筋络呼吸控制法。

瑜伽呼吸

（二）瑜伽体位

1. 三角式

站立，挺直腰背，两臂自然垂于体侧。脊椎往上延伸、拉高，肩放松，做深呼吸。吸气，两脚打开，距离约为两个肩宽，右脚脚尖朝向右侧，左脚脚尖朝前，身体保持挺直；呼气，两手抬起，与肩平行，保持 1 次呼吸的时间；吸气，身体向右侧弯曲，右手握住右脚脚踝；左臂上举，指尖朝上。头部转动，面部朝向上方，目视左手指尖，呼气时，左手向上拉伸。保持 3 ～ 5 次呼吸的时间，感受到侧腰和腿部的拉伸。呼气时，恢复到准备姿势，换方向练习。

三角式

2. 鸟王式

山式站立，屈左膝，让左大腿从外侧缠绕右腿，左腿勾住右小腿，两臂前平举，右臂在上，左臂在下，互抱肩肘，上臂不动，前臂互相缠绕，两手掌心相对。吸气，延展脊柱向上；呼气，身体前倾，松开手臂，松开并放落两腿，做反侧练习。

3. 战士三式

山式准备姿势，吸气，两臂经身体两侧向上抬起，两手于头顶合十，手指交叉握紧，食指伸直合并，两肘伸直，上臂贴耳，手臂尽量向上伸展。右脚向前迈一大步，吸气，左脚脚跟抬起，目视身体前地板上一点；呼气，保持髋部成水平，收紧肌肉，从手到脚固定成一条直线，上身下压。除右腿，整个身体与地面平行，右腿膝关节伸直。均匀呼吸，保持 20 ～ 30 秒。吸气，放下左腿，轻动两脚，换另一侧腿重复相同动作，然后呼气，回到准备姿势。

战士三式

船式

4. 船式

仰卧，两腿并拢伸直，两臂放在身体两侧，掌心向下。吸气，用腹肌的力量带动头部、上身、两臂同时抬起，两臂侧平举，掌心向下。两腿伸直并拢，抬离地面，与地面成 45°，保持数秒；呼气还原。

5. 下犬式

跪立，挺直腰背，臀部坐到脚跟上做深呼吸。吸气，身体向上伸直，头部、肩部、腰部和臀部都处在同一直线上；呼气，手臂向前举起，带动身体前倾，直至额头触地，臀部不要离开脚跟。两手落在头部前侧的垫子上，上身前移，调整手臂和大腿间的距离，保持手臂和大腿都与地面垂直；吸气，臀部抬起，伸直两腿膝关节，手掌和脚掌紧贴地面，完成此动作后呼气。每次吸气时，腰背往下压，臀部向上提拉。保持 2 次呼吸的时间。

6. 半鱼王式

坐在垫子上，两腿向前伸直；左膝弯曲，左腿大腿和小腿折叠，把左脚放在臀部下方；右膝弯曲，抬起右腿，把右腿放在左大腿外侧，使右脚脚踝外侧触碰到放在地面上的左大腿外侧。右腿胫骨与地面垂直；躯干向右转 90°，直到左腋窝抵住右大腿外侧。当腋窝越过右膝后呼气，伸展左臂，绕右膝扭转；右手置于臀部后方，手指指向后方，颈部可以向左转，目视左肩前方。由于横膈膜受到脊椎扭转时的挤压，练习者起初呼吸会变得急促，但不必紧张，经过一段时间的练习后，就可以在正常呼吸下保持这个姿势 1 分钟。身体慢慢地放松，右腿伸直，然后左腿也伸直。

7. 拜日式

拜日式

拜日式动作要领。

站直身体，一边吐气一边把两手放到胸前合掌。

吸气，手臂向上伸直，放在耳朵两侧，上体后仰，臀部往前推。

吐气，手掌平放于地面，让手指及脚趾成一直线。头尽量贴近膝关节。

吸气，右腿尽量往后伸，让右膝着地（下次改换左腿往后伸）。

憋气，把左腿往后伸直，成伏地挺身姿势。

吐气，膝关节弯曲，膝关节、胸、额头着地。

吸气，臀部往前推，头向后仰并扩胸，成眼镜蛇式。

吐气，手脚不动，臀部尽量往上推，成倒 V 姿势。

吸气，右脚跨出并放在手中间，左膝着地，眼睛往上看（下次则改换左脚向前跨）。

吐气，把左脚往前收，膝关节伸直，额头贴近膝关节。

吸气，全身尽量向后伸展。

吐气，恢复站姿，两脚并拢，两手下垂于身体两侧。

以上是拜日式的 12 个姿势（后屈式、前屈式、骑马式、平板式、月亮式、八体投地式、眼镜蛇式、山岳式、月亮式、骑马式、前屈式、祈祷式）。

四、高校瑜伽课教学内容与课时安排

西华大学的瑜伽课程受师资和场地设施的影响，开课时间较短，一般以公共选修课的形式开设。西华大学体育学院有 4 名瑜伽教师，每学期开设 2 ～ 4 个瑜伽教学班，每个班的课时为 16 学时。据教师反映，瑜伽课的教学任务过于繁重，基本上没有时间进行较为系统的瑜伽原理、姿势、呼吸等相关知识的教学和练习，很难满足学生对瑜伽的学习需求。如果开设 32 学时，学生练习的效果就明显会好得多，因此，有必要延长瑜伽课的授课时间，强化授课效果。

五、瑜伽课考试内容与考核方法

目前，西华大学体育学院瑜伽课的总成绩包括瑜伽技能考试成绩（比重较大）、理论考试成绩、学生平时表现成绩。

在技能考试中，一般让学生自选 5 ～ 6 个姿势进行考试，规定姿势有其自身的锻炼价值和功效。但瑜伽练习更注重练习者自身的感受，可以让练习者用心观察、认真体验瑜伽姿势带给自己的感觉；另外，瑜伽练习虽然是一种很安全的运动，但这并不说明每一个姿势都适合每一个练习者，练习者要根据自身的健康水平和状况选择适合自己的姿势（如患有高血压的人不应练习一些翻转或头部低于腰部的姿势）。因此，在之后的瑜伽技能考试中，教师可以考虑让学生自己去选择适合自己身心状况的姿势（上课学习过的）这一实践考核方式，这样比较科学、合理，也可以发挥学生的自主权，更好地激发学生的锻炼兴趣。

【参考文献】

[1] 李建欣.论印度瑜伽哲学思想的发展（下）[J].南亚研究，1998（2）：38-45.
[2] 李秉德，李定仁.教学论[M].北京：人民教育出版社，2000.
[3] 王道俊，王汉澜.教育学[M].北京：人民教育出版社，1989.

思政课堂

中国瑜伽练习者王媛在平时生活中不断通过练习瑜伽锻炼身体，并坚持健康的生活方式。在北京2022年冬奥会开展前夕，中国奥委会邀请王媛进行网络瑜伽授课，带动全民网络健身，引导大众共同追求健康的生活方式。

第十八章　桥牌运动

本章导读

桥牌是一种高雅、竞技性很强的智力性游戏。桥牌具有逻辑严谨、变化无穷、趣味性强等特点，对培养独立的思维能力与决策应变能力及团队合作竞争意识有着极其重要的作用。桥牌承载着思维的艺术、创造的艺术，是协作的艺术和斗争的艺术。桥牌与围棋、国际象棋等均为世界智力运动的竞赛项目。

1980 年，中国桥牌协会成立。随后，桥牌在我国不断普及和发展。目前，桥牌已成为我国众多高等院校的选修课程之一。

学习目标

1. 了解桥牌的术语和得分计算方法。
2. 了解桥牌的自然叫牌体系和基本打牌程序。
3. 了解桥牌的做庄、防守及考核内容与标准。

第一节　桥牌术语

一、花色

低级花色：方块、梅花。
高级花色：黑心、红心。
花色级别从小到大顺序为：♣、◇、♡、♠。
各花色从小到大顺序为：2、3、4、5、6、7、8、9、10、J、Q、K、A。

二、长套

5 张及以上的同花色牌称为长套，即可叫套。

三、短套

3 张及以下的同花色牌称为短套。

四、平均牌型

4–3–3–3、4–4–3–2、5–3–3–2（5 张应为低级花色），适合做无将定约。

五、非平均牌型

5–4–3–1（5 张应为高级花色）、5–5–2–1、5–4–4–0、6–4–2–1、6–3–2–2，适合做有将定约。

六、奇型牌型

6–5–1–1、6–6–1–0、7–4–1–1、7–5–1–0、7–6–0–0 等，适合做有将定约。

七、大牌点

计算牌力的量化单位。A—4 点、K—3 点、Q—2 点、J—1 点（10 以下的不点），一副牌四门花色共计 40 点，一般来说，高于 10 点的牌就称为强牌。

八、定约

定约是为完成打牌目标，牌手们共同设置的一个约定。

（1）有将定约：约定某一门花色为将牌。

（2）无将定约：约定不以任何花色为将牌，叫牌时简称 NT。

九、牌墩

4 位牌手按规定的顺序打出一轮 4 张牌，这 4 张牌即构成一墩，一副牌（52 张）共计 13 个牌墩。在每个牌墩相同花色中较大的牌为赢墩，有将定约时，缺门可以将吃而获得赢墩，若有两家以上的将吃，以将牌较大者为赢墩。

定约方要完成规定的牌墩为：叫品的级数 +6。

例如，3NT，定约方需要完成的牌墩为：3+6 ＝ 9 墩。

十、有局和无局

有局和无局的局况是预先设定好的。在不同的局况下，完成或未完成定约所得的奖分、罚分是有区别的。

十一、成局和未成局

定约的基本分超过 100 为成局，定约的基本分未超过 100 为未成局。完成成局和完成未成局定约奖励分的差异是很大的。具体成局的定约如下。

3NT：40+30 × 2=100。

4 ♡、4 ♠：30 × 4=12。

5♣、5◇：20×5=100。

其他加倍和再加倍基本分超过 100 分的定约。

十二、满贯

完成 6 级有将或无将定约，并且赢得一副牌中 12 墩牌称为小满贯，完成 7 级有将或无将定约，并且赢得一副牌中全部 13 墩牌称为大满贯。完成满贯后的奖励分是所有定约中最高的。

十三、“宕”“成”“超”

为完成定约所规定的牌墩叫“宕”，刚好完成定约所规定的牌墩叫“成”，超额完成定约所规定的牌墩叫“超”。

成局的条件：从理论上讲，同伴联手的牌点超过 25 点可完成 3NT、4♡、4♠定约，超过 27 点可完成 5♣、5◇定约。

十四、满贯的条件

超过 33 点可完成小满贯定约，超过 37 点可完成大满贯定约。当然，这只能是定约叫成局和满贯的参考，具体的定约要根据具体的情况来处理。

第二节　自然叫牌体系

叫牌体系繁多。无论哪种体系都有它的优势，也有其不足，因此不能说某一种体系比另一种体系好，而是各有优势。自然叫牌体系使用的叫牌信息空间相对较小，是一种较为简单的叫牌方法，入门容易，无疑是初学者的首选。下面介绍的是较受欢迎的美国黄卡自然叫牌体系。

一、开叫

开叫见表 18-2-1。

表 18-2-1　开叫

叫牌	牌点	牌型
≥	≥12P	♣/◇≥3张
1♡、1♠	≤12P	♡/♠≥5张
1NT	15～17P	平均型
2♣	≤22P	任何型
2◇、2♡、2♠	6～11P	◇/♡/♠=6张
2NT	20～21P	平均型

续表

叫牌	牌点	牌型
3♣、3♢、3♡、3♠	8～11P	♣/♢/♡/♠≥7张
PASS	≥11P	不符合阻击叫牌型条件
开叫1♣后再叫♢/♡/♠/跳叫♣	19～21P	所叫花色≥5张

【例】

♠ 9874

♡ AK5

♢ 863

♣ AQ7

开叫：1♣

二、开叫后的应叫和再叫

（一）1♣/1♢开叫后的应叫和再叫

1♣/1♢开叫后的应叫和再叫见表 18-2-2。

表 18-2-2　1♣/1♢开叫后的应叫和再叫

应叫	开叫人再叫
PASS：0～5P	低限PASS，高限做争叫
2♣、2♢：6～9P，4张+，无4高花	（1）平叫不逼叫。 （2）逆应叫逼叫一轮。 （3）跳叫新花逼局
1♡、1♠：6P+，4张+	（1）平叫不逼叫。 （2）跳叫逼局
2♡、2♠、3♣、3♢：16P	（1）加叫应叫花色进局。 （2）3NT：不支持应叫花色
1NT：6～9P，平均型； 2NT：12～15P； 3NT：16～18P	（1）♣：斯台曼高花问叫，有4张以上高花，寻求高花4～4配套。 （2）加叫3NT进局，没有4张高花

（二）1♡、1♠开叫后的应叫和再叫

1♡、1♠开叫后的应叫和再叫见表 18-2-3。

表 18-2-3　1♡、1♠开叫后的应叫和再叫

应叫	开叫人再叫
PASS：0～5P	低限PASS，高限继续叫
1NT：6～9P，无支持	低限PASS，高限继续叫
2NT：雅各比，11P+，4张+支持	（1）回叫3♡/3♠，12～13P，进局邀叫。 （2）4♡/4♠，14P+。 （3）其他叫牌，满贯试探

续表

应叫	开叫人再叫
2♡/2♠：6～9点，所应叫花色≥3张支持开叫花色	（1）PASS：低限。 （2）3♡、3♠：持高限15点，进局邀请，其他花色有单/缺牌型或所叫花色≥6张
3♡/3♠：10～11点，所应叫花色≥3张支持开叫花色	（1）PASS：低限，没有单/缺牌型。 （2）加叫进局：低限，其他花色有单/缺牌型或所叫花色≥6张。 （3）加叫进局：持高限15点。 （4）3NT：3◇应叫
4♡、4♠：12P点≥	一般不叫
平叫新花：6P+，5张+	逼叫一轮

（三）1NT 开叫后的应叫和再叫

1NT开叫后的应叫和再叫见表 18-2-4。

表 18-2-4　1NT 开叫后的应叫和再叫

应叫	开叫人再叫
PASS：0～5P	一般不叫
2♣：6P+，斯台曼高花问叫，有4张以上高花，寻求高花4～4配套	（1）2◇：低限，无高套。 （2）2♡/2♠：所叫花色4张。 （3）2NT：高限，无高套。 （4）3♡/3♠：高限，所叫花色4张
2◇/2♡：6P+，转移叫	（1）2♡/2♠：低限。 （2）3♡/3♠：高限，3+张
2♠：6P+，转移至3♣，5+♣/5+◇	（1）PASS：低限。 （2）逼叫一轮：高限
2NT 8～9P，没有4张高花，进局邀请叫	（1）高限3NT。 （2）低限PASS
3NT：10+，没有4张高花	PASS
4♣：戈伯问叫A	

（四）2 ♣开叫后的应叫和再叫

2 ♣开叫后的应叫和再叫见表 18-2-5。

表 18-2-5　2 ♣开叫后的应叫和再叫

应叫	开叫人再叫
2◇：0～7P	（1）2♡、2♠、3♣、3◇：22～24P，5+张。 （2）NT：22～24P，平均型
2♡、2♠、3♣、3◇：6P+，所叫花色≥5张	（1）加叫应叫花色进局，3+张。 （2）3NT：应叫3♣/3◇，其他花色没有单/缺牌型。 （3）4NT：A问叫，满贯试探叫牌
2NT：8P+，平均型	3♣：斯台曼高花问叫，有4张以上高花，寻求高花4～4配套

（五）2 ◇、2 ♡、2 ♠、3 ♣、3 ◇、3 ♡、3 ♠开叫后的应叫和再叫

2 ◇、2 ♡、2 ♠、3 ♣、3 ◇、3 ♡、3 ♠开叫后的应叫和再叫见表 18–2–6。

表 18–2–6　2 ◇、2 ♡、2 ♠、3 ♣、3 ◇、3 ♡、3 ♠开叫后的应叫和再叫

应叫	开叫人再叫
PASS：没有足够的进局赢墩	
加叫同伴花色：邀请进局	高限进局，低限PASS
加叫同伴花色进局：有足够的进局赢墩	PASS
叫新花：逼叫	寻求最佳定约
3NT：有足够的进局牌点，同伴花色外的花色有止张	PASS

（六）2NT 开叫后的应叫和再叫

2NT开叫后的应叫和再叫见表 18–2–7。

表 18–2–7　2NT 开叫后的应叫和再叫

应叫	开叫人再叫
PASS：0～4P	不叫
3♣：5P+，斯台曼高花问叫	（1）3◇：无高套； （2）3♡、3♠：所叫花色4张
3◇、3♡：转移叫	按要求转移至3♡/3♠
3♠：低花斯台曼	（1）4♣、4◇：4+张 （2）3NT：无低花4+张
3NT：3～8点，没有4张高花	PASS

三、防守叫牌

在对方开叫后己方参与的叫牌，又称为争叫。争叫灵活性较强，根据情况的变化来区别对应，下面提供一个大致的原则。

（一）对方一副花色开叫后的争叫

对方一副花色开叫后的争叫见表 18–2–8。

表 18–2–8　对方一副花色开叫后的争叫

争牌	牌点	牌型
不跳叫的花色争叫	8+P	5+张
花色跳争叫	6+	6+张
1NT	16～18P	平均型、对方花色有止
技术性加倍	12P+	其他花色有3张以上

续表

争牌	牌点	牌型
扣叫对方花色	15P+	
跳争叫NT（麦克尔斯扣叫）	8P+	扣叫低花有5～5高花、高花有5～5低花

（二）对方 1NT 开叫后的争叫

对方 1NT开叫后的争叫见表 18–2–9。

表 18–2–9　对方 1NT 开叫后的争叫

争牌	牌点	牌型
加倍	15P+	有半坚固套或18+P
2♣、2◇、2♡、2♠	10P+	实套
2NT	10P+	双底5–5或任意强5–5
3♣、3◇、3♡、3♠	弱牌	阻击

四、问叫

按特定的约定而进行要求必须回答的叫牌，其目的是进一步探明双方牌的情况，做出最佳定约。

（一）斯特曼问叫

斯特曼问叫即高花问叫。当开叫人叫 1NT、2NT、3NT后，应叫人叫 2♣、3♣、4♣，或应叫人应叫 1NT、2NT、3NT后，开叫人再叫 2♣、3♣、4♣。此问叫的目的是寻求 4–4 高套配合。被问叫人按下面规定进行回答。

（1）同级叫◇或NT（当用 2◇问叫时）：无高套。

（2）同级叫♡：有 4 张♡；有可能有 4 张♠。

（3）同级叫♠：有 4 张♠。

（4）同级叫 NT：有双高套（2◇问叫除外）。

（二）黑木问叫

黑木问叫是目前叫牌中使用较多的一种A问叫的方法。当叫牌中感觉有满贯时，为了弄清A、K的情况使用的一种叫牌语言。当应叫人或开叫人再叫时突然跳叫 4♣或 4NT时，就是问对方拥有A的情况，具体回答如下。

（1）4◇/5♣：0 个A。

（2）4♡/5◇：1 个A。

（3）4♠/5♡：2 个A。

如果问叫人继续叫 5♣或 5NT，则是问拥有K的情况，回答同上。

五、牺牲叫牌

牺牲叫牌即少输为赢的一种叫牌，就是在判断对方能够完成他们所叫定约的情况下，主动叫牌抢打定约，即使打宕的宕分也没有对方完成定约的得分高，从而得到便宜。在使用牺牲叫牌时必须遵守“二三原则”，“二三原则”就是在判断对方能够完成成局定约的情况下，争叫定约坐庄，即使对方加倍，在有局的情况下能控制宕二，无局的情况下宕三以内，其罚分的结果比对方完成成局的分少。

【例】南北方有局，东家持有下面一副牌：

♠ AK10984
♡ 85
◇ 9764
♣ 7

叫牌过程如下。

北	东	南	西
1♡	–	4♡	–
–	4♠	×	–
	–	=	

我们来计算一下如果南北 4 ♡完成和东西 4 ♠被加倍宕 3 的得分情况：

4 ♡＝

基本分：30×2=60

奖励分：500

合计：120+500=620

4 ♠×，−3

宕墩罚分：100+200+200=500

经比较，东西做牺牲叫牌赚了 120 分。

第三节 做 庄

首攻方出牌明手亮牌后，庄家根据自己和同伴（明手方）的 26 张牌即可计算出赢墩和输墩，确定打牌的思路并决定打牌方法。下面介绍几种基本的做庄打法。

一、飞牌

飞牌也叫偷牌，成功率为 50%。

【例】

KJ8
┌ N ┐
Q95 W E 743
└ S ┘
A10J62

南出 2，若西跟Q，北则用K盖吃；若西跟 9 或 5，北则出J上升为赢墩。

二、将牌处理

（一）吊将

在打有将定约时，敌方持有的将牌随时都威胁着定约的安全，通常情况下，进手后首先要把将牌清完。

【例】

♠ KJ
♡ AQJ6
◇ A75
♣ K83
┌ N ┐
W　　E
└ S ┘
♠ Q1096
♡ K9753
◇ K8
♣ A97

南打 6 ♡，西首攻♣ 6。分析：只要树立♠来垫去一墩♣，6 ♡即成功。但若西 ♣ 为单张，在树立♠时脱手，东打出♣西将吃，则定约下一。因此，只要进手后立即清完将牌，则定约成功。

（二）将吃获取赢墩

有时在某门花色中有输墩，而明手的这门花色正好为短套，因此他的将牌就可以用来将吃处理该花色的输墩。

【例】

♠ K532
♡ 7
◇ A742
♣ 10854
┌ N ┐
W　　E
└ S ┘
♠ AQJ96
♡ A62
◇ QJ5　　♣ Q3

南打 4 ♠，西首攻♡ Q。南♡ A进手后一定不能吊将，而是出♡ 2，北将吃再用将牌回手，再出♡ 6 再将吃。到此，定约方输一副◇和两副♣，4 ♠完成。

（三）交叉将吃

条件是定约方各持单张或缺门花色，打完双方短花色牌，使用各自的将牌将对方的输墩将吃。

【例】

♠ KQ96
♡ A953
◇ A9542
♣ 8

┌ N ┐
W　　E
└ S ┘

♠ AJ103
♡ Q82
◇ 10
♣ J965

南打 4♠，西首攻♣A 吃进后打♣K，南将吃拔◇10 后再打◇南将吃，南出♣北将吃。这样交叉将吃完♣和◇获得八墩将牌，加上一副♡A 和一副◇A 十个赢墩即完成4♠定约。

三、树立长套

庄家赢墩不够时，可树立一长套（5 张以上）获取赢墩，具体方法是把敌方在该花色的牌打光后，己方的小牌就变为赢墩。

【例】

AK973

┌ N ┐
W　　E
└ S ┘

842

该套庄家联手共有 8 张牌，出AK后送一墩，若敌方 2–3 分布即可获取两个赢墩，即使敌方 1–4 分布，也可获取一个赢墩。

四、忍让

忍让法通常在无将定约时采用，又叫断桥法，即不急于拿取赢墩，而等待敌方短方该花打完后使之桥路切断后再获取赢墩的方法。

92

┌ N ┐
KQ10873 W　　E J5
└ S ┘

A64

南打无将定约，西首攻K，北出 2，东出K，这时南忍让放小，待第二墩时再用A拿这一墩后东即使再进手也没有该花色打，避免西再进手，此花色即安全了。

五、投入

投入是将一门或两门花色打完后，以某门花色投入敌方一家或任一家，迫使敌方回出有利于己方的牌，从而获取赢墩的打法。

【例】

♠ AQJ6
♡ K3
◇ 9876
♣ A32

┌ N ┐
W　　E
└ S ┘

♠ K10987
♡ A5
◇ AQ10
♣ KQ9

南打6♠，西首攻♡Q，南♡A吃进。接连清完将牌，打完♣和◇北进手出◇，南◇10投入西，这时西若出◇南◇Q成为赢墩，若出其他花色北将吃，南垫◇Q，保证◇已没有输墩。

六、移花接木

移花接木也叫为输墩垫输墩打法，即防守方攻出的花色正好是你的缺门，不必将吃而垫去其他一花色输墩。

【例】

♠ A97
♡ A97
◇ K952
♣ Q104

┌ N ┐
W　　E
└ S ┘

♠ 653
♡ AKQJ6
◇ –
♣ KJ852

南4♡，西首攻◇3。南不将吃而垫去北一墩♠，否则如果敌方将牌♡为2–4分布，定约就非宕不可。

七、桥

“桥”是打牌环节中特别要考虑的问题，若联手牌的“桥”断掉就无法获取无桥方的赢墩，造成定约无法完成或超墩。

【例】

♠ 654
♡ 54
◇ 432
♣ AKQ54

┌ N ┐
W　　E
└ S ┘
♠ K32
♡ A32
◇ AKQ
♣ 8762

南打 3NT，西首攻♡ K。北摊牌后，南家计算一墩♡，三墩◇，五墩 ♣ 定约刚好完成。问题是要兑现北家的♣，必须是利用♣的桥进手（因其他花色没有进手张），这时必须用♣ AKQ 垫去♣ 876，否则桥路堵塞不能兑现第四墩、第五墩♣，定约不能完成。

第四节　防　守

防守方同伴之间是相互看不见对方牌情况的盲打，因此出色的防守才是一个牌手真正实力的体现。防守虽然是盲打，但是可以通过同伴间出牌信息的设定来相互协作、相互理解、相互默契配合，变盲打为有目的的积极防守来击败定约方或者尽量减少超墩。防守是打桥牌的难点，下面介绍一些基本的防守技巧。

一、首攻

首攻是防守的最基本环节。如果首攻正确，定约方就可能失败或者不能超额完成定约，反之亦然。首攻的第一张牌，一定要根据综合信息认真分析情况综合考虑。

（1）攻同伴叫过花色的大牌：通常同伴有大牌。

（2）攻敌方没有叫过的花色：一般来讲，该花色可能是敌方的弱处。

（3）有奖定约时，攻短套：寻求将吃。

（4）攻将牌：防止敌方的短将牌无法将吃。

（5）攻同伴有试攻性加倍的花色：同伴在该花色有大牌或为长套。

（6）攻连接张大牌：次张大牌可能变为赢墩。

（7）首攻 A：满贯定约时。

（8）无论是有将定约还是无将定约，一般不攻敌方的长套。

（9）无将定约时攻长套的第四张：利用“十一计算法则”知道庄家有几张大于首攻的牌。

【例】

106
┌ N ┐
J8753　W　　E　AQ2
└ S ┘
K94

西首攻 5，北摊牌后东根据“十一计算法则”：11-5 = 6 算出北、东、南共有 6 张大于 5 的牌，除去自己两张和北一张，南家还有两张比 4 大的牌。这样就给在此门花色上的防守创造了有利的条件。

二、防守信号

防守信号是通过一些设定的出牌、跟牌、垫牌信号，向同伴传递信息，变盲打为有目的的防守为击败定约方创造条件。

（1）大小回声信号：有将定约时大欢迎，小反对；无将定约时小欢迎，大反对。

（2）奇偶数信号：先大后小表示偶数，先小后大表示奇数。

（3）花色选择信号：通常用于有将定约时，当跟一张明显的大牌时要求同伴回另外两门花色中级别较低的一门。反之要求同伴回另外两门花色中级别较高的一门。

第五节　考核内容与标准

一、新睿桥牌学堂手机软件完成练习得分

完成 300 副练习：60 分。
完成 400 副练习：65 分。
完成 500 副练习：70 分。

二、新睿桥牌学堂手机软件班内比赛排名

前 50%：75 分。
前 40%：80 分。
前 30%：85 分。
前 20%：90 分。
前 10%：100 分。

【参考文献】

[1] 三航桥牌俱乐部编写小组. 桥牌基础教程[M]. 北京：人民体育出版社，2005.
[2] 董岩. 桥牌叫牌一点通[M]. 北京：北京体育大学出版社，2008.

思政课堂

2006年，平时训练刻苦的中国桥牌运动员福中、赵杰在比赛中一丝不苟、用心配合、戒骄戒躁，稳扎稳打地击败了一组组对手，最终夺得了第12届世界桥牌锦标赛公开双人赛冠军，这是中国桥牌史上的第一个世界冠军。

第十九章　花样跳绳运动

本章导读

跳绳是中国传统体育项目，这项运动在我国已有数千年的历史。唐朝称跳绳为“透索”，宋朝称其为“跳索”，清朝称其为“绳飞”，清末之后才称其为“跳绳”。在跳跃时，按不同情况编排各种动作花样，并根据节奏与旋律伴以适宜的音乐，就是花样跳绳。花样跳绳有助于提高身体素质，并可使人们领略到运动的快乐，还可培养不服输的精神。

学习目标

1. 了解花样跳绳运动的相关知识、锻炼价值及注意事项。
2. 掌握花样跳绳基本技术。
3. 了解花样跳绳的竞赛规则。

第一节　花样跳绳运动概述

一、花样跳绳运动简介

花样跳绳是新兴的体育运动项目。它是在汲取中华民族传统跳绳运动的精华并结合现代表演项目特色的基础上发展而来的，融汇街舞、体操、武术、杂技、音乐等现代元素精粹，在绳艺、绳技、绳舞、绳操等方面使跳绳者的个性得到淋漓尽致的发挥，更加突出其休闲性、娱乐性、趣味性和健身效果。花样跳绳花式繁多、新颖别致、动感十足、引人注目，是深受青少年喜爱的时尚运动之一。

跳绳是古老的中华传统体育运动之一。花样跳绳是在跳绳这一中国传统体育运动项目的基础上创新发展而来的体育运动项目，在我国得到了年轻人的广泛喜爱和参与。2021 年，全国跳绳推广委员会成立。

二、花样跳绳运动的锻炼价值

（1）运动负荷量可随意调节，跳绳节拍快慢皆可，适合不同体能的人群参与。

（2）跳绳时手、足、脑并用，有助于提高身体的运动负荷量及灵敏程度。

（3）每跳绳一下，犹如背负相当于个人体重的物件跳一下，有助于增强个人的肌肉耐力和心肺功能。

（4）跳绳是全身运动，能够加速人体新陈代谢，改善血液循环，强化血管功能。

（5）经常进行跳绳运动有助于保持良好体态，促进身心健康。

（6）跳绳可以促进骨细胞代谢，防止骨质软化，有增加骨强度、预防骨质疏松的作用。

三、花样跳绳运动的注意事项

（1）须在平滑地面进行，最好在垫子上跳绳。

（2）室内跳绳时，锻炼者须留意天花板的高度，应远离挂墙风扇及家具杂物。

（3）多人跳绳时，锻炼者须留意人与人之间的距离，避免打伤他人或被他人的绳子打伤。

第二节　花样跳绳基本技术

花样跳绳基本技术主要有个人花样、双人花样和多人花样跳绳 3 种。本节重点介绍个人花样跳绳和双人花样跳绳。

个人花样—左中右跳

一、个人花样

（一）左中右跳

左中右跳如图 19-2-1 所示。

图 19-2-1

（二）左右钟摆跳

左右钟摆跳如图 19-2-2 所示。

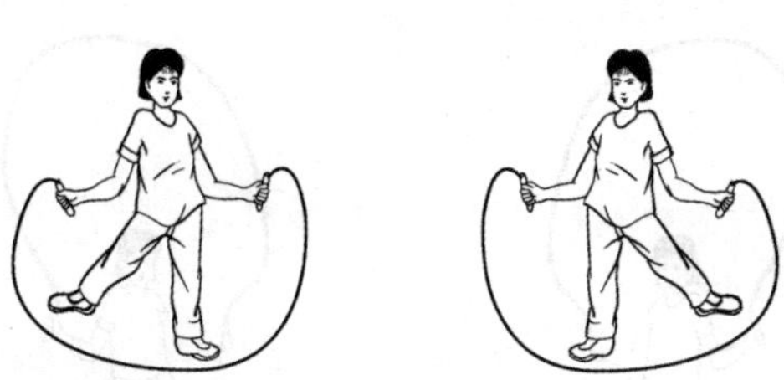

图 19-2-2

（三）前绳交叉及后绳交叉跳

前绳交叉及后绳交叉跳如图 19-2-3 所示。

图 19-2-3

（四）开合跳

开合跳如图 19-2-4 所示。

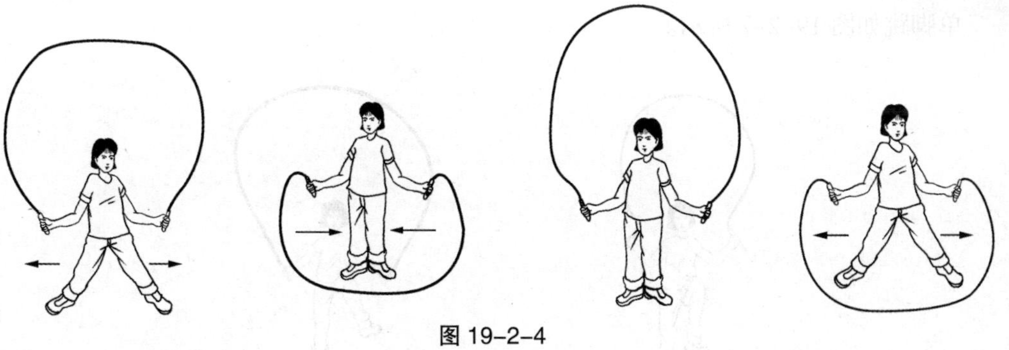

图 19-2-4

（五）扭动跳

扭动跳如图 19-2-5 所示。

个人花样—左右钟摆跳

个人花样—前绳交叉及后绳交叉跳

个人花样—扭动跳

个人花样—开合跳

图 19-2-5

（六）胯下一跳、胯下二跳

胯下一跳、胯下二跳如图 19-2-6 所示。

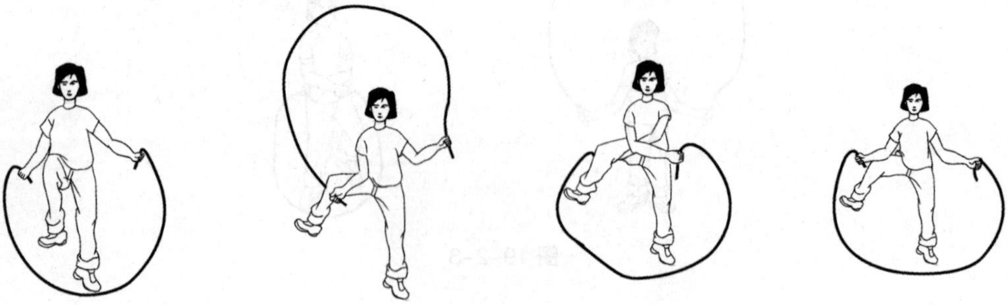

图 19-2-6

（七）单脚跳

单脚跳如图 19-2-7 所示。

图 19-2-7

（八）脚踝跳

脚踝跳如图 19-2-8 所示。

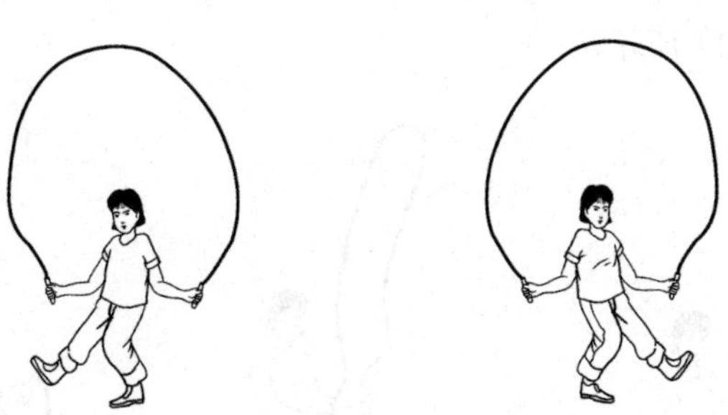

图 19-2-8

（九）脚步花样——踢腿或肯肯舞跳

脚步花样——踢腿或肯肯舞跳如图 19-2-9 所示。

图 19-2-9

肯肯舞跳（提膝跳+踢腿跳）具体内容如下。

（1）第一跳，提膝跳。

（2）第二跳，两脚跳。

（3）第三跳，踢腿跳。

（4）第四跳，两脚跳。

（十）不同摆绳花样（无须跳过绳子）

花样一如图 19-2-10 所示。

图 19-2-10

个人花样—脚步花样

不同摆绳花样—花样一

不同摆绳花样—花样二

花样二如图 19–2–11 所示。

图 19–2–11

花样三如图 19–2–12 所示。

图 19–2–12

二、双人花样

（一）朋友跳

朋友跳如图 19–2–13 所示，可加入转身跳等动作。

图 19–2–13

（二）单侧回旋跳

单侧回旋跳如图 19–2–14 所示。

双人花样—
朋友跳

双人花样—
单侧回旋跳

图 19-2-14

（三）横排跳

横排跳如图 19-2-15 所示。

图 19-2-15

双人花样—横排跳

（四）连锁跳

连锁跳如图 19-2-16 所示，练习者可随意加减人数，若绳子没有绳柄，则需要在跳动时转动绳头。

双人花样—连锁跳

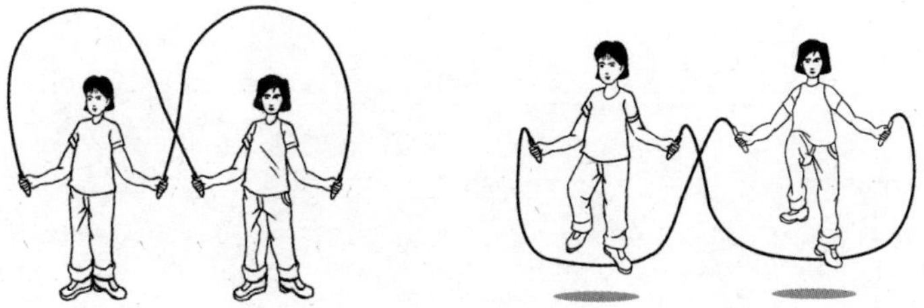

图 19-2-16

【参考文献】

[1] 吴玉华，曾飙，宁亮生，等.客家体育：中华传统民俗体育[M].北京：中国经济出版社，2007.

[2] 张梅娟.花样跳绳的育人功能研究[J].时代教育，2016（12）：216.

思政课堂

2018年，中国花样跳绳运动员叶锦夫获得世界跳绳锦标赛冠军。他平时刻苦训练，坚持健康的生活方式，并掌握了高难度的花样跳绳方法，最终拿到了世界冠军的荣誉。

附　录　学生体质健康测试

附录一　《国家学生体质健康标准（2014 年修订）》简介*

一、说明

《国家学生体质健康标准》（以下简称《标准》）是国家学校教育工作的基础性指导文件和教育质量基本标准，是评价学生综合素质、评估学校工作和衡量各地教育发展的重要依据，是《国家体育锻炼标准》在学校的具体实施，适用于全日制普通小学、初中、普通高中、中等职业学校、普通高等学校的学生。

本标准的修订坚持健康第一，落实《国家中长期教育改革和发展规划纲要（2010—2020 年）》《国务院办公厅转发教育部等部门关于进一步加强学校体育工作若干意见的通知》《教育部关于印发〈学生体质健康监测评价办法〉等三个文件的通知》有关要求，着重提高《标准》应用的信度、效度和区分度，着重强化其教育激励、反馈调整和引导锻炼的功能，着重提高其教育监测和绩效评价的支撑能力。

《标准》从身体形态、身体机能和身体素质等方面综合评定学生的体质健康水平，是促进学生体质健康发展、激励学生积极进行身体锻炼的教育手段，是国家学生发展核心素养体系和学业质量标准的重要组成部分，是学生体质健康的个体评价标准。

《标准》将适用对象中的大学部分分为以下组别：大学一、二年级为一组，三、四年级为一组。

大学各组别的测试指标均为必测指标。其中，身体形态类中的身高、体重，身体机能类中的肺活量，以及身体素质类中的 50 米跑、坐位体前屈为各年级学生共性指标。

《标准》的学年总分由标准分与附加分之和构成，满分为 120 分。标准分由各单项指标得分与权重乘积之和组成，满分为 100 分。附加分根据实测成绩确定，即对成绩超过 100 分的加分指标进行加分，满分为 20 分；大学的加分指标为男生引体向上和 1000 米跑，女生 1 分钟仰卧起坐和 800 米跑，各指标加分幅度均为 10 分。

根据学生学年总分评定等级：90.0 分及以上为优秀，80.0 ～ 89.9 分为良好，60.0 ～ 79.9 分为及格，59.9 分及以下为不及格。

---

* 节选自教育部印发的《国家学生体质健康标准（2014年修订）》。

每个学生每学年评定一次，记入"《国家学生体质健康标准》登记卡"。特殊学制的学校，在填写登记卡时可以按规定和需求相应地增减栏目。学生毕业时的成绩和等级，按毕业当年学年总分的50%与其他学年总分平均得分的50%之和进行评定。

学生测试成绩评定达到良好及以上者，方可参加评优与评奖；成绩达到优秀者，方可获体育奖学分。测试成绩评定不及格者，在本学年度准予补测一次，补测仍不及格，则学年成绩评定为不及格。普通高等学校学生毕业时，《标准》测试的成绩达不到50分者按结业或肄业处理。

二、单项指标与权重

大学各年级单项指标与权重见附表1–1。

表1–1 大学各年级单项指标与权重

测试对象	单项指标	权重
大学各年级	体重指数（BMI）	15%
	肺活量	15%
	50米跑	20%
	坐位体前屈	10%
	立定跳远	10%
	引体向上（男）/1分钟仰卧起坐（女）	10%
	1000米跑（男）/800米跑（女）	20%

注：体重指数（BMI）= 体重（千克）/ 身高^2（米^2）。

三、测试评分表

《国家学生体质健康标准（2014年修订）》中大学阶段的测试评分表见附表1–2至附表1–8。

附表1–2 体重指数（BMI）单项评分表 （单位：千克 / 米^2）

等级	单项得分	大学男生	大学女生
正常	100	17.9 ~ 23.9	17.2 ~ 23.9
低体重	80	≤17.8	≤17.1
超重	80	24.0 ~ 27.9	24.0 ~ 27.9
肥胖	60	≥28.0	≥28.0

附表 1–3 大学男生各测试项目评分表 （大一、大二适用）

等级	单项得分	肺活量/毫升	50米跑/ 秒	坐位体前屈/厘米	立定跳远/厘米	引体向上/ 次	耐力跑1000米/(分:秒)
优秀	100	5040	6.7	24.9	273	19	3:17
	95	4920	6.8	23.1	268	18	3:22
	90	4800	6.9	21.3	263	17	3:27
良好	85	4550	7.0	19.5	256	16	3:34
	80	4300	7.1	17.7	248	15	3:42
及格	78	4180	7.3	16.3	244		3:47
	76	4060	7.5	14.9	240	14	3:52
	74	3940	7.7	13.5	236		3:57
	72	3820	7.9	12.1	232	13	4:02
	70	3700	8.1	10.7	228		4:07
	68	3580	8.3	9.3	224	12	4:12
	66	3460	8.5	7.9	220		4:17
	64	3340	8.7	6.5	216	11	4:22
	62	3220	8.9	5.1	212		4:27
	60	3100	9.1	3.7	208	10	4:32
不及格	50	2940	9.3	2.7	203	9	4:52
	40	2780	9.5	1.7	198	8	5:12
	30	2620	9.7	0.7	193	7	5:32
	20	2460	9.9	–0.3	188	6	5:52
	10	2300	10.1	–1.3	183	5	6:12

附表 1–4 大学男生各测试项目评分表 （大三、大四适用）

等级	单项得分	肺活量/毫升	50米跑/ 秒	坐位体前屈/ 厘米	立定跳远/厘米	引体向上/ 次	耐力跑1000米/（分:秒）
优秀	100	5140	6.6	25.1	275	20	3:15
	95	5020	6.7	23.3	270	19	3:20
	90	4900	6.8	21.5	265	18	3:25
良好	85	4650	6.9	19.9	258	17	3:32
	80	4400	7.0	18.2	250	16	3:40

续表

等级	单项得分	肺活量/毫升	50米跑/秒	坐位体前屈/厘米	立定跳远/厘米	引体向上/次	耐力跑1000米/(分:秒)
及格	78	4280	7.2	16.8	246		3:45
	76	4160	7.4	15.4	242	15	3:50
	74	4040	7.6	14.0	238		3:55
	72	3920	7.8	12.6	234	14	4:00
	70	3800	8.0	11.2	230		4:05
	68	3680	8.2	9.8	226	13	4:10
	66	3560	8.4	8.4	222		4:15
	64	3440	8.6	7.0	218	12	4:20
	62	3320	8.8	5.6	214		4:25
	60	3200	9.0	4.2	210	11	4:30
不及格	50	3030	9.2	3.2	205	10	4:50
	40	2860	9.4	2.2	200	9	5:10
	30	2690	9.6	1.2	195	8	5:30
	20	2520	9.8	0.2	190	7	5:50
	10	2350	10.0	−0.8	185	6	6:10

附表 1-5　大学女生各测试项目评分表　　（大一、大二适用）

等级	单项得分	肺活量/毫升	50米跑/秒	坐位体前屈/厘米	立定跳远/厘米	1分钟仰卧起坐/次	耐力跑800米/(分:秒)
优秀	100	3400	7.5	25.8	207	56	3:18
	95	3350	7.6	24.0	201	54	3:24
	90	3300	7.7	22.2	195	52	3:30
良好	85	3150	8.0	20.6	188	49	3:37
	80	3000	8.3	19.0	181	46	3:44
及格	78	2900	8.5	17.7	178	44	3:49
	76	2800	8.7	16.4	175	42	3:54
	74	2700	8.9	15.1	172	40	3:59
	72	2600	9.1	13.8	169	38	4:04
	70	2500	9.3	12.5	166	36	4:09
	68	2400	9.5	11.2	163	34	4:14
	66	2300	9.7	9.9	160	32	4:19
	64	2200	9.9	8.6	157	30	4:24
	62	2100	10.1	7.3	154	28	4:29
	60	2000	10.3	6.0	151	26	4:34

续表

等级	单项得分	肺活量/毫升	50米跑/秒	坐位体前屈/厘米	立定跳远/厘米	1分钟仰卧起坐/次	耐力跑800米/（分:秒）
不及格	50	1960	10.5	5.2	146	24	4:44
	40	1920	10.7	4.4	141	22	4:54
	30	1880	10.9	3.6	136	20	5:04
	20	1840	11.1	2.8	131	18	5:14
	10	1800	11.3	2.0	126	16	5:24

附表 1–6　大学女生各测试项目评分表　　（大三、大四适用）

等级	单项得分	肺活量/毫升	50米跑/秒	坐位体前屈/厘米	立定跳远/厘米	1分钟仰卧起坐/次	耐力跑800米/（分:秒）
优秀	100	3450	7.4	26.3	208	57	3:16
	95	3400	7.5	24.4	202	55	3:22
	90	3350	7.6	22.4	196	53	3:28
良好	85	3200	7.9	21.0	189	50	3:35
	80	3050	8.2	19.5	182	47	3:42
及格	78	2950	8.4	18.2	179	45	3:47
	76	2850	8.6	16.9	176	43	3:52
	74	2750	8.8	15.6	173	41	3:57
	72	2650	9.0	14.3	170	39	4:02
	70	2550	9.2	13.0	167	37	4:07
	68	2450	9.4	11.7	164	35	4:12
	66	2350	9.6	10.4	161	33	4:17
	64	2250	9.8	9.1	158	31	4:22
	62	2150	10.0	7.8	155	29	4:27
	60	2050	10.2	6.5	152	27	4:32
不及格	50	2010	10.4	5.7	147	25	4:42
	40	1970	10.6	4.9	142	23	4:52
	30	1930	10.8	4.1	137	21	5:02
	20	1890	11.0	3.3	132	19	5:12
	10	1850	11.2	2.5	127	17	5:22

附表 1-7 大学生加分指标测试项目评分表一 （单位：次）

加分	引体向上（男）		1分钟仰卧起坐（女）	
	大一、大二	大三、大四	大一、大二	大三、大四
10	10	10	13	13
9	9	9	12	12
8	8	8	11	11
7	7	7	10	10
6	6	6	9	9
5	5	5	8	8
4	4	4	7	7
3	3	3	6	6
2	2	2	4	4
1	1	1	2	2

注：引体向上（男）、1 分钟仰卧起坐（女）均为高优指标，学生成绩超过单项评分 100 分后，以超过的次数所对应的分数进行加分。

附表 1-8 大学生加分指标测试项目评分表二 （单位：秒）

加分	1000米跑（男）		800米跑（女）	
	大一、大二	大三、大四	大一、大二	大三、大四
10	-35	-35	-50	-50
9	-32	-32	-45	-45
8	-29	-29	-40	-40
7	-26	-26	-35	-35
6	-23	-23	-30	-30
5	-20	-20	-25	-25
4	-16	-16	-20	-20
3	-12	-12	-15	-15
2	-8	-8	-10	-10
1	-4	-4	-5	-5

注：1000 米跑（男）、800 米跑（女）均为低优指标，学生成绩低于单项评分 100 分后，以减少的秒数所对应的分数进行加分。

附录二 《国家学生体质健康标准（2014 年修订）》相关样表

国家学生体质健康标准》登记卡（大学样表）、免予执行《国家学生体质健康标准》申请表（样表）见附表 2–1、附表 2–2。

附表 2–1 《国家学生体质健康标准》登记卡（大学样表）

学校＿＿＿＿＿＿

姓名		性别		学号	
院（系）		民族		出生日期	

单项指标	大一			大二			大三			大四			毕业成绩	
	成绩	得分	等级	成绩	得分	等级	成绩	得分	等级	成绩	得分	等级	得分	等级
体重指数（BMI）（千克/米^2）														
肺活量（毫升）														
50米跑（秒）														
坐位体前屈(厘米）														
立定跳远（厘米）														
引体向上（男）/ 1分钟仰卧起坐(女)（次）														
1000米跑（男）/ 800米跑(女)（分：秒）														
标准分														
加分指标	成绩	附加分		成绩	附加分		成绩	附加分		成绩	附加分			
引体向上（男）/ 1分钟仰卧起坐(女)（次）														
1000米跑（男）/ 800米跑(女)（分：秒）														
学年总分														
等级评定														
体育教师签字														
辅导员签字														

注：高等职业学校、高等专科学校参照本样表执行。

学校签章：　　　　　　年　　月　　日

附表 2-2 《国家学生体质健康标准》申请表（样表）

<table>
<tr><td>姓名</td><td></td><td>性别</td><td></td><td>学号</td><td></td></tr>
<tr><td>班级/院（系）</td><td></td><td>民族</td><td></td><td>出生日期</td><td></td></tr>
<tr><td>原因</td><td colspan="5">申请人：
年　月　日</td></tr>
<tr><td colspan="2">体育教师签字</td><td></td><td>家长签字</td><td colspan="2"></td></tr>
<tr><td>学校体育部门意见</td><td colspan="5">学校签章：
年　月　日</td></tr>
</table>

注：中等职业学校及普通高等学校的学生，“家长签字”由学生本人签字。

附录三　学生体质健康测试方法

一、身高

受试者赤足，以立正姿势站在身高计的底板上（上肢自然下垂，两脚脚跟并拢，两脚脚尖分开约 60°）。脚跟、骶骨部及两肩胛区与立柱相接触，躯干自然挺直，头部正直，耳屏上缘与眼眶下缘成水平位（附图 3–1）。测试人员站在受试者右侧，将水平压板轻轻沿立柱下滑，轻压于受试者头顶。测试人员读数时，两眼应与压板水平面等高。测试结果以厘米为单位，保留一位小数。测试误差不得超过 0.5 厘米。

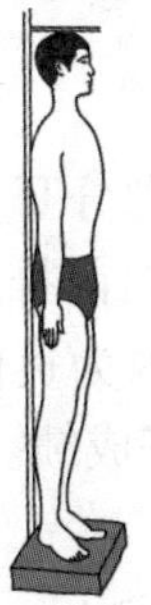

附图 3–1

二、体重

测试时，体重秤应放在平坦的地面上。受试者赤足，男性受试者身着短裤（附图 3–2），女性受试者身着短裤、短袖衫，站在秤台中央。测试结果以千克为单位，保留一位小数。测试误差不超过 0.1 千克。

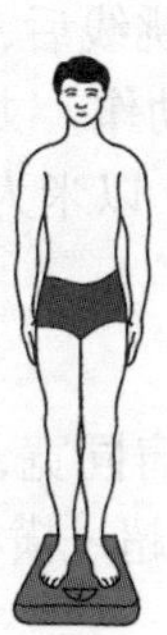

附图 3–2

三、肺活量

测试人员告知受试者不必紧张，以中等速度和力度尽全力吹气效果最好。令受试者手持吹气口嘴，面对肺活量计站立试吹 1 次或 2 次，首先看仪表有无反应，还要试口嘴或鼻处是否漏气，调整口嘴和用鼻夹（或自己捏鼻孔）；学会深吸气（避免耸肩提气，应该像闻花似的慢吸气）。测试时，受试者进行一两次较平日深一些的呼吸动作后，更深地吸一口气，屏住气向口嘴处慢慢呼出至不能再呼为止，防止此时从口嘴处吸气，测试中不得中途二次吸气。吹气完毕后，液晶屏上最终显示的数字即肺活量值。每位受试者测 3 次，每次间隔 15 秒，记录 3 次数值，选取最大值作为测试结果。以毫升为单位记录测试成绩，不计小数。

四、50 米跑

受试者至少两人一组进行测试，采用站立式起跑姿。受试者听到“跑”的口令后开始起跑。发令员在发出口令的同时要摆动发令旗。计时员视旗动开表计时，在受试者的躯干部到达终点线的垂直面时停表。以秒为单位记录测试成绩，精确到小数点后 1 位，小数点后第二位数按非 0 进 1 原则进位，如 10.11 秒读成 10.2 秒。

五、坐位体前屈

受试者两腿伸直，坐在平地上，两脚分开 10 ～ 15 厘米，两脚平蹬测试纵板，上体前屈，两臂伸直，用两手中指指尖逐渐向前推动游标，直到不能前推为止（附图 3–3）。测试计的测试纵板内沿平面为 0 点，向内为负值，向前为正值。以厘米为单位记录测试成绩，保留 1 位小数。测试两次，取最好成绩。

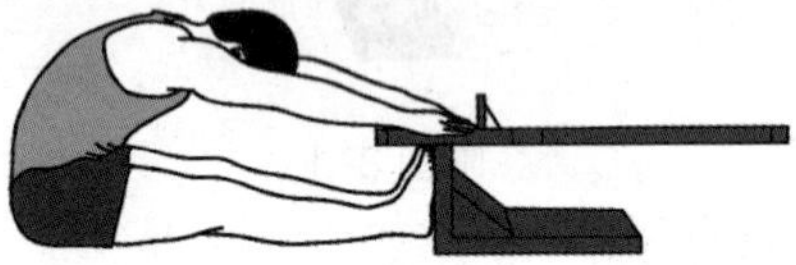

附图 3–3

六、立定跳远

受试者两脚自然分开站立，站在起跳线后，脚尖不得踩线（最好用线绳做起跳线）。两脚原地同时起跳，不得有垫步或连跳动作。丈量起跳线后缘至最近着地点的垂直距离。每人试跳 3 次，记录其中成绩最好一次。以米为单位，保留 2 位小数。

七、引体向上（男）

受试者跳起，两手正握杠，两手与肩同宽，成直臂悬垂。静止后，两臂同时用力引体（身体不能有附加动作），上拉到下颌超过横杠上缘为完成 1 次。记录引体次数。

八、1 分钟仰卧起坐（女）

受试者仰卧于垫上，两腿稍分开，屈膝约成 90°，两手手指交叉抱于脑后。受试者坐起时，两肘触及或超过两膝为完成 1 次。仰卧时，两肩胛必须触垫。测试人员发出“开始”口令的同时开表计时，记录 1 分钟内完成次数。1 分钟到时，受试者虽已坐起，但肘关节未达到两膝者不计该次数，精确到个位。（附图 3–4）

附图 3-4

九、1000 米跑（男）、800 米跑（女）

受试者至少两人一组进行测试，采用站立式起跑姿势。当听到“跑”的口令后，受试者开始起跑。计时员视旗动开表计时，在受试者的躯干部到达终点线垂直面时停表。以分、秒为单位记录测试成绩，不计小数。

参考文献

[1] 唐觅. 科学运动手册[M]. 北京：新华出版社，2016.
[2] 姚鸿恩. 体育保健学[M]. 4版. 北京：高等教育出版社，2006.
[3] 张钧, 张蕴琨. 运动营养学[M]. 2版. 北京：高等教育出版社，2010.
[4] 韩桂凤. 现代教学论[M]. 北京：北京体育大学出版社，2003.
[5] 王保成, 王川. 田径运动理论创新探索[M]. 北京：北京体育大学出版社，2003.
[6] 李树君, 刘福林. 现代田径运动[M]. 大连：大连出版社，1992.
[7] 冯连世，冯美云，冯炜权. 优秀运动员身体机能评定方法[M]. 北京：人民体育出版社，2003.
[8] 刘丹. 足球运动训练与比赛监控的理论及实证[M]. 北京：人民体育出版社，2012.
[9] 托马斯・赖利，A. 马克・威廉姆斯. 足球与科学[M]. 曹晓东，译审. 北京：人民体育出版社，2011.
[10] 王世安. 篮球[M]. 北京：人民体育出版社，1992.
[11] 孙民治. 篮球运动高级教程[M]. 北京：人民体育出版社，2000.
[12] 孙民治. 篮球运动教程[M]. 北京：人民体育出版社，2007.
[13] 杨桦, 祝莉. 现代篮球战术[M]. 成都：电子科技大学出版社，1997.
[14] 威塞尔. 篮球运动技术从入门到精通[M]. 北京：人民邮电出版社，2016.
[15] 杨科. 篮球技战术教学训练与探索[M]. 北京：新华出版社，2017.
[16] RonEkker. NBA篮球训练法[M]. 北京：化学工业出版社，2013.
[17] 中国篮球协会. 篮球规则2020[M]. 北京：北京体育大学出版社，2020.
[18] 中国篮球协会. 篮球裁判员手册[M]. 北京：北京体育大学出版社，2017.
[19] 黄汉升. 球类运动：排球[M]. 北京：高等教育出版社，2009.
[20] 中国排球协会. 排球竞赛规则2013—2016[M]. 北京：人民体育出版社，2013.
[21] 胡启凯. 乒乓球学练理论与实践指导[M]. 北京：中国书籍出版社，2014.
[22] 中国乒乓球协会. 乒乓球竞赛规则2016[M]. 北京：北京体育出版社，2017.
[23] 肖杰. 羽毛球运动理论与实践[M]. 北京：人民体育出版社，2011.
[24] 中国羽毛球协会. 羽毛球竞赛规则2021[M]. 北京：北京体育大学出版社，2011.
[25] 刘仁健. 羽毛球[M]. 北京：科学出版社，2010.
[26] 白波，周文胜，闫美怡. 网球快速入门与实战技术[M]. 成都：成都时代出版社，2014.
[27] 陈建强. 网球学与练[M]. 上海：复旦大学出版社，2010.
[28] 陈治. 现代网球技术教学与训练新探[M]. 北京：人民体育出版社，2011.
[29] 张耆，黄蔚，王军. 网球教学理论与训练方法[M]. 北京：中国商务出版社，2011.

[30] 唐小林. 网球运动教学与训练[M]. 北京：人民体育出版社，2009.
[31] 全国体育学院教材委员会. 游泳运动[M]. 北京：人民体育出版社，2001.
[32] 全国体育学院教材委员会. 游泳[M]. 北京：人民体育出版社，1991.
[33] 梅雪雄. 游泳[M]. 北京：高等教育出版社，1999.
[34] 科斯蒂尔. 游泳[M]. 北京：人民体育出版社，2002.
[35] 金斯坦. 游泳[M]. 长沙：湖南文艺出版社，2002.
[36] 许琦. 游泳裁判必读[M]. 北京：北京体育大学出版社，2002
[37] 国家体育总局职业技能鉴定指导中心. 跆拳道[M]. 北京：高等教育出版社，2010.
[38] 何俊. 搏击跆拳道[M]. 北京：北京体育大学出版社，2002.
[39] 李德祥. 跆拳道[M]. 北京：北京体育大学出版社，2000.
[40] 刘东智. 健身教练[M]. 北京：高等教育出版社，2009.
[41] 相建华. 私人健身教练[M]. 北京：高等教育出版社，2012.
[42] 刘石峰. 器械健身完全指南[M]. 成都：成都时代出版社，2008.
[43] 朴桂焕. 男性健身全攻略[M]. 长春：吉林科学技术出版社，2011.
[44] 周西宽.　体育基本理论教程[M]. 北京. 人民体育出版社，2004.
[45] 肖光来. 健美操[M]. 北京：人民体育出版社，2008.
[46] 肖旭，胡志. 大学体育实用教程[M]. 北京：北京体育大学出版社，2010.
[47] 杨爱华，王媛，陈凤超，等. 大学体育与健康[M]. 成都：西南交通大学出版社，2017.
[48] 孙铁民，李慧娟. 我国啦啦操运动现状的调查研究[J]. 西安体育学院学报，2005（7）：85-87.
[49] 李鸿.　我国啦啦队运动的开展现状与对策研究[J]. 成都体育学院学报，2006，3（2）：89-91.
[50] 姜桂萍. 舞蹈体育舞蹈艺术体操[M]. 桂林：广西师范大学出版社，2000.
[51] 赵晓玲. 体育舞蹈教程[M]. 重庆：重庆大学出版社，2017.
[52] 张瑞林. 体育舞蹈[M]. 北京：高等教育出版社，2011.
[53] 杨斌. 形体训练纲论[M]. 北京：北京体育大学出版社，2002.
[54] 三航桥牌俱乐部编写组. 桥牌基础教程[M]. 北京：人民体育出版社，2005.
[55] 董岩. 桥牌叫牌一点通[M]. 北京：北京体育大学出版社，2008.
[56] 吴玉华，曾飙，宁亮生，等. 客家体育：中华传统民俗体育[M]. 北京：中国经济出版社，2007.
[57] 张梅娟. 花样跳绳的育人功能研究[J]. 时代教育，2016（12）：216.